U0622724

剑魂箫韵

龚自珍传

陈歆耕 著

作家出版社

中国历史文化名人传

组委会名单

主任：李 冰
委员：何建明 葛笑政

编委会名单

主任：何建明
委员：郑欣淼 李炳银 何西来 张 陵 张水舟 黄宾堂

文史组专家成员（按姓氏笔划为序）

王春瑜 王家新 王曾瑜 孙 郁 刘彦君 李 浩 何西来
郑欣淼 陶文鹏 党圣元 袁行霈 郭启宏 黄留珠 董乃斌

文学组专家成员（按姓氏笔划为序）

王必胜 白 烨 田珍颖 刘 茵 张 陵 张水舟 李炳银
贺绍俊 黄宾堂 程步涛

出版说明

　　中华民族五千年文明史中，涌现了一大批杰出的文化巨匠，他们如璀璨的群星，闪耀着思想和智慧的光芒。系统和本正地记录他们的人生轨迹与文化成就，无疑是一件十分有必要的事。为此，中国作家协会于2012年初作出决定，用五年左右时间，集中文学界和文化界的精兵强将，创作出版《中国历史文化名人传》大型丛书。这是一项重大的国家文化出版工程，它对形象化地诠释和反映中华民族文化的基本精神，继承发扬传统文化的精髓，对公民的历史文化普及和建设社会主义文化强国都具有重要而深远的意义。

　　这项原创的纪实体文学工程，预计出版120部左右。编委会与各方专家反复会商，遴选出在中国文化发展史上产生过重大影响的120余位历史文化名人。在作者选择上，我们采取专家推荐、主动约请及社会选拔的方式，选择有文史功底、有创作实绩并有较大社会影响，能胜任繁重的实地采访、文献查阅及长篇创作任务，擅长传记文学创作的作家。创作的总体要求是，必须在尊重史实基础上进行文学艺术创作，力求生动传神，追求本质的真实，塑造出饱满的人物形象，具有引人入胜的故事性和可读性；反对戏说、颠覆和凭空捏造，严禁抄袭；作家对传主要有客观的价值判断和对人物精神概括与提升的独到心得，要有新颖的艺术表现形式；新传水平应当高于已有同一人物的传记作品。

为了保证丛书的高品质，我们聘请了学有专长、卓有成就的史学和文学专家，对书稿的文史真伪、价值取向、人物刻画和文学表现等方面总体把关，并建立了严格的论证机制，从传主的选择、作者的认定、写作大纲论证、书稿专项审定直至编辑、出版等，层层论证把关，力图使丛书经得起时间的检验，从而达到传承中华文明和弘扬杰出文化人物精神之目的。丛书的封面设计，以中国历史长河为概念，取层层历史文化积淀与源远流长的宏大意象，采用各个历史时期最具代表性的文化符号与雅致温润的色条进行表达，意蕴深厚，庄重大气。内文的版式设计也尽可能做到精致、别具美感。

中华民族文化博大精深，这百位文化名人就是杰出代表。他们的灿烂人生就是中华文明历史的缩影；他们的思想智慧、精神气脉深深融入我们民族的血液中，成为代代相袭的中华魂魄。在实现"中国梦"的历史进程中，必定成为我们再出发的精神动力。

感谢关心、支持我们工作的中央有关部门和各级领导及专家们，更要感谢作者们呕心沥血的创作。由于该丛书工程浩大，人数众多，时间绵延较长，疏漏在所难免，期待各界有识之士提出宝贵的建设性意见，我们会努力做得更好。

《中国历史文化名人传》丛书编委会

2013 年 11 月

龚自珍

目录

引子 剑与箫

公元二○一四年六月中某日，我终于从沉埋已久的堆积如山的关于龚自珍的故纸堆中抬起头来，长长地吁了一口气。我感到可以坐到电脑桌前，敲打键盘，来写一部龚自珍的传记了。

一个可以感觉到其生命体温——有着棱角分明脸颊的普通而又伟大的思想文化巨人，正从纸页内走出，深深地嵌入到我的电脑屏幕上。他在历史的深处与现实中的我，似乎开始了一场超越时空的心灵对话。在喧闹的市廛，他旁若无人般把我拉到他的身边，席地而坐，就着一壶老酒，自斟自饮，酒到酣处，妙语迭出，谈笑风生，嬉笑怒骂，指点江山，且歌且泣……路人侧目而视，有熟悉者悄语：这就是"龚呆子"。

其实，"龚呆子"大脑神经至死也没有出现任何问题，他的"呆"主要是指不考量周围环境和权衡个人利弊，常常发表批评朝政和官僚阶层的出格言论。

对于龚自珍的外表，魏源之子所撰《羽琌山民逸事》中有描述："四顶中凹，额罄下而颅上印（同'昂'），短矮精悍，两目炯炯，语言多滑稽，面常数日弗盥沐。"在龚自珍之子龚橙的妻弟陈元禄眼中，定公"性不喜修饰，故衣残履，十年不更"。这样一位不拘小节的人，其行止常怪诞不羁到不可思议的地步，有逸事二则为证：先生一日在某戏园与友人聚会，众人谈及龚氏家学，多赞语。谈及其父龚丽正，先生评其所学曰："稍通气。"再论其叔父、礼部尚书龚守正，先生大笑曰："一窍不通。"边笑谈边将足置桌上，背向后倾，不小心座椅歪倒，先生扑身倒地，引来满园哄堂笑声。还有更离奇的故事，先生过扬州，寄居在好友魏源之絜园。一日夕，坐桌上，与一众访客高谈阔论。待到送客时，先生脚上靴子不知为何不见了，只好光脚送客。数日后，魏源之子在先生卧榻帐顶处找到了靴子。原来，先生在忘情笑谈时，手舞足蹈，把靴子甩飞了。①

时人多有目睹，公"在京师，尝乘驴车独游丰台，于芍药深处藉地坐，拉一短衣人共饮，抗声高歌，花片皆落。益阳汤郎中鹏过之，公亦拉与共饮。郎中问同坐何人，公不答。郎中疑为仙，又疑为侠，终不知其人"。②

癫狂之人，内心必有痛彻心扉处。上天常常捉弄人，他想获取的虽耗尽心力孜孜以求，偏偏却无法得到；他所不屑的某些东西，上天偏偏又要赐予他。是耶非耶，喜耶悲耶，谁能说得清楚？

龚自珍此种变态之癫狂，也许正为天才之特征。世界上很多天才学人，皆为癫狂之人，诸如卢梭、尼采、叔本华等等。上帝给了他们超人的才智，也难免赋予他们俗人所难理解之怪癖。呜呼，别人视我为怪物，我视他人皆浊流。

---

① 据孙文光、王世芸编《龚自珍研究资料集》第110页，黄山书社1984年12月版。
② 据孙文光、王世芸编《龚自珍研究资料集》第57页，黄山书社1984年12月版。

"剑"与"箫"是龚自珍在诗词中反复呈现的意象。且让我们先来品味一下这些有关"剑"与"箫"的诗句——

怨去吹箫，狂来说剑，两样消魂味。

（词《湘月》）

一箫一剑平生意，负尽狂名十五年。

［诗《漫感》，作于道光三年（1823）］

气寒西北何人剑？声满东南几处箫？

［诗《秋心三首》，作于道光六年（1826）］

少年击剑更吹箫，剑气箫心一例消。

（《己亥杂诗》第九十六首）

沉思十五年中事，才也纵横，泪也纵横，双负箫心与剑名。

（词《丑奴儿令》）

……①

剑则刚，箫则柔。剑，意味着豪气冲天，箫，意味着低回沉吟；剑必雄奇，箫必哀婉；剑寓驰骋疆场、马革裹尸，箫寓美人经卷、吟诗作文……这样两种似乎截然对立的意象，却浑然统一在龚自珍的身上。狂

---

① 《龚自珍全集》第565、467、479、518、577页，上海古籍出版社1975年2月版。

放不羁与柔情似水，杂糅而形成一种特异的气质。当然，在不同的情境和心境下，他在诗词中出现的"剑"与"箫"，总折射出彼时彼地不同的心绪，被赋予不同的内蕴。

剑与箫——两个刚柔相济的意象，正反映出龚自珍人格形象的多元组合。让我们在两种不同的音符回旋中，来从容审视这位伟大的文化巨人的行状和内心。这也许是一组通向龚自珍心灵的密码，一把打开他心扉之门的钥匙。

龚自珍一生的理想就是要做一位像王安石那样的政治改革家。年少时，他曾经把王安石的《上神宗书》接连抄写九遍，向往像王安石那样成为国家最高统治者的"改革设计师"，用手中握有的权力，挽盛极而衰的大清王朝于既倒，是他人生的最大抱负；遗憾的是，他始终无法进入已经开始朽烂的帝国大厦殿堂，最多也就曾在走廊边有过徘徊，他离那个可以参与政治顶层设计的核心权力阶层，距离有目力无法企及之遥远。或许，这个王朝已经不需要和无法消受这样目光穿透王朝肌体的思想者。他想做"名臣"，结果却做了"名士"。他想做一个治国平天下的践行者，却成了"文章惊海内"的诗文大家。于是，清朝历史上少了一位有远大政治抱负的宰辅，而成就了一位思想文化巨匠。对于今人来说，龚自珍的政治抱负，或许就是一个悲剧性的"乌托邦幻想"，但他的启蒙思想和精美的诗文，却是延续中华民族思想文脉，永远镌刻在史册上的宝藏。

在龚自珍复杂而多元的人格中，我想在开篇的简短文字中特别强调一点：龚先生是一个很有情趣的人。人无趣，心胸必逼窄，必蝇营狗苟于算计他人。一个人"牢骚满腹"不奇怪，要看他喜欢发什么样的"牢骚"？如果他的"牢骚"是对一个时代的制度和政治伦理的批判，那么，这是一种高境界的"牢骚"，"牢骚"就成了"离骚"；当一个人的"牢骚"，总是从一己利益出发，斤斤计较于个人得失时，其人格必然低下，其为人必然无趣。我在这里提供一个小小的细节，来说明龚先生是如何充满生活情趣的。

在一首诗中他写道：

偶赋凌云偶倦飞，偶然闲慕遂初衣。
偶逢锦瑟佳人问，便说寻春为汝归。①

这首诗是龚自珍《己亥杂诗》之一百三十五首，是他对仕途彻底厌倦辞官南返途中写就。大意是说，我也曾有过得意的时候，但现在已经如倦飞的鸟一样，要回到生活的原初，过一种闲适自在的生活了。就在此返回途中，偶然遇到陌生的奏瑟的佳人询问，我便说我正是为了寻找爱情为了寻找你这样的美人而来的啊！

其时有人读此诗后，讥刺龚先生为"轻薄之人"。这恰恰说明了，生活中很多人是多么的无趣啊！

---

① 《龚自珍全集》第 522 页，上海古籍出版社 1975 年 2 月版。

上部

巨匠

第
一
章

惊
雷

"避席畏闻文字狱"

在了解龚自珍发出那些惊世骇俗的批判清王朝的言论之前，我们有必要对龚自珍所处的历史环境做一些俯瞰式的扫描。

在诸多的历史环境元素中，最需要我们重点关注的是清王朝的思想文化政策。

清王朝立国之后，为了巩固其统治，对知识分子，尤其是汉人知识分子采取怀柔兼镇压的两手政策，这种胡萝卜加大棒的方式，对一时的社会和政权稳定是有效的。但靠此种方式来持久地使得一个社会繁荣发展，处于良性上升的轨道，则无异于痴人说梦。一个基本事实是，言论的闭塞，思想的禁锢，必然导致一个社会思想僵化，人才极度匮乏。怎么能寄望于一个思想呆滞愚蠢的社会还能不断地走向强盛？愚民的后果必然是，产生愚民土壤的社会管理层也日益变得愚蠢和低能。参天大树不会从这样的土地上凌空而起。

让今人感到不可思议的是，清朝最繁盛的康乾时期，也是文字狱最多最密集发生的时期。按理，一个政权在稳定后，应该更多地开放言路，以吸纳各种有利于社会发展的谏议，才能激发社会发展的内在活力。但清廷却反其道而行之，对不同政见一味采取打压的政策。在清朝前期的一百五十年间，有记录的较大的文字狱发生了一百六十余起。仅仅是乾隆一朝六十年，即发生文字狱一百三十余起。动辄即对持不同政见者、对圣上不恭者采取凌迟、戮尸、枭首、斩立决等酷刑。①那个附庸风雅，号称写有数万首诗词，自我感觉似乎是天下第一才子的乾隆皇帝，对异己士人的迫害，其手段之酷烈超过了康熙、雍正。当有人告发因编辑《国朝诗别裁集》而闻名的大学者沈德潜，在《咏黑牡丹》诗中有"夺朱非正色，异种也称王"的句子，是对清廷大不敬时，即使沈德潜已经去世，这个乾隆连死人也不放过，下令废除爵衔，并砸毁其墓园碑碣。②

清代除了从肉体上消灭那些持不同政见者，为了统一思想，对传统典籍和同代名士著作的禁毁也是空前的，可以称之为中国历史上的文化大浩劫。据郭伯恭《四库全书纂修考》统计，在《四库全书》编纂期间的十多年里，约有十万部书籍被销毁。据陈乃乾《焚书总录》提供的数据，被清人全毁掉的书有两千四百五十二种，被抽毁的书有四百零二种，全部相加计有近三千种。

明末清初诗人王撰曾有诗云："数声哀怨半天闻，无限离愁寄白云。矰缴每从文字起，书空咄咄却忧君。"③这是清初士人在文化高压政策下发出的痛苦呻吟。

---

① 据王彬著《禁书·文字狱》第92页，中国工人出版社1992年9月版。
② 据陈铭著《龚自珍评传》第52页，南京大学出版社2011年4月版。
③ 据王彬著《禁书·文字狱》第4页，中国工人出版社1992年9月版。

到了龚自珍的笔下，则有名句描述其时知识分子的普遍心态："避席畏闻文字狱，著书都为稻粱谋。"我们大概不免会感到诧异，"文字狱"三字会在龚自珍的诗中直接出现，这本身就是可能招来杀身之祸的。

有评论者认为，中国历史上首例"文字狱"是从西汉杨恽案肇始的。[①]《汉书·杨恽传》记载，西汉景帝时位列九卿的杨恽被诬免官，回到老家秦地，置产业，筑宅室，通宾客，躬耕田垄间的小日子过得有滋有味。这也罢了，但他过小日子的动静也闹得忒大了，时而与奴婢一起鼓瑟而歌，酒酣耳热后又击缶呜呜呼叫，并作诗曰："天彼南山，芜秽不治。种一顷豆，落而为萁。人生行乐尔，须富贵何时？……"不久，天降日食之灾。大自然发生的灾害，跟这个杨恽有什么鸟关系？他喝的是自家酿的酒，吃的是自家地里种的粮，他和自家奴婢奏瑟高歌，干卿何事？偏偏就有那种摇尾文人，写奏章告他："骄奢不悔过，日食之咎，此人之致。"皇帝正为日食之灾而犯愁，此奏章帮助他找到一个"替罪羊"，于是将奏章下交廷尉按验。廷尉断杨恽大逆无道罪，将其腰斩。杨恽的妻儿则被流放到酒泉郡。[②]

称此为中国历史上首例因言获罪的"文字狱"案，大概未必准确。再往前追溯，应该从秦始皇"焚书坑儒"就开始了吧？从那开始，"禁书"总是与残害知识分子的"文字狱"牵连在一起，在每个新建的王朝类似案件总也不断地上演。但手段之残暴，规模之大，时间持续之久，则要数清王朝，就连秦始皇在陵墓里也要自叹弗如了。清人的文字狱，从顺治二年（1645）滥觞。这年清朝举行第一次乡试。有人发现河南一举人的试卷中，将"皇叔父"多尔衮，写成了"王叔父"，被视为

---

① 据孙钦善选注《龚自珍诗词选》第 19 页，中华书局 2009 年 8 月版。

② 据孙钦善选注《龚自珍诗词选》第 20 页，中华书局 2009 年 8 月版。

对多尔衮的大不敬，牵连两位主考官被革职议罪。紧接其后是顺治四年（1647）发生的僧人释函可案。[①]此人其父曾为明末礼部尚书，后家道衰落，于明崇祯十三年（1640）出家。清顺治二年（1645）函可到南京游历，住友人处，在顺治四年（1647）从南京去广东，出南京城门时被清朝士兵查获所携经笥中有南明福王答阮大铖书及《变纪》史稿。这还了得，不仅仅因为福王是南明弘光小朝廷的皇帝，也不仅仅因为阮大铖原为明末阉党成员，他们都是清王朝的死敌，最为清王朝所不能容忍的是那部《变纪》手稿中，翔实记录了南明将士抗击清兵的死难事迹。这岂不是指着和尚的脑袋骂"秃驴"吗？于是，函可被投入大牢，并立即押送北京。次年被定罪后流放东北沈阳。应该说，函可没有因此而脑袋搬家，就已经算是幸运的了。清人没有杀他，并不是因为清人对他有丝毫的怜悯之心，而是因为清人尚未意识到，文人通过反清的文字记录或进行舆论发动，可能对王朝统治稳定性构成颠覆性威胁。函可事件的发生，似乎给了他们一个警示。在对此后发生的类似案件的处理上，清王朝在文字狱中开始血花四溅了。

其后文字狱接连发生，如黄毓祺复明诗词案、冯舒以《怀旧集》案、张缙彦诗序案……大大小小因文字获罪的案件绵延不绝，其中处理手段最残暴、最让朝野震动的要数庄廷鑨修订刻印《明史》案。这个庄廷鑨，是浙地的富人，某日购得明代已故首辅所著《明史概》残稿，他请有关文人对残稿进行了增补修改，并将书稿更名为《明书辑略》，又邀请查继佐、陆圻、范骧等十几位著名文人校改把关，然后以自己的名字刻版行世。这个庄先生犯了两个低级错误，一是这本是当朝十分犯忌之事，怎可大张旗鼓地进行修订和刻版发行，明着要给官家抓把柄；二是

---

① 据王彬著《禁书·文字狱》第 83 页，中国工人出版社 1992 年 9 月版。

腰包里有些银子你干吗搞得那么张扬，弄得四邻八舍都知道，就容易被贼眼盯住。现在他遇到的麻烦是，不是贼惦记，而是一些无赖之徒，竟然经常有意买来他刻版发行的《明书辑略》，闯进他宅子，敲诈他钱财。庄先生如果不给钱，无赖之徒即扬言要告到官府，让他坐大牢去。用此等手段到庄府勒索，居然常常得手。有无赖之徒，屡屡以此手段获得银子而归。有一个名吴之荣的小官僚，因贪污受贿而被关入牢内，刑满释放，身无分文，衣食无着，一牢吏居然授之以到庄宅敲诈钱财之法。某日，他果真就从市面购得《明书辑略》，也持书至庄宅，与庄先生谈判要钱。大概他要价太高了，超过了庄先生的承受能力，庄就婉言拒绝了他的无理要挟。那意思就是说，我这里没有那么多银子满足你的要求，你要告我悉听尊便。吴某诈财不得，火冒三丈，就跑到北京，将书中犯忌之语摘录下来，密告之朝廷，于是案发。据史料记载，此事发生在顺治十八年（1661），而决于康熙二年（1663），前后历时三年。凡与庄先生有关族人，凡参与此书编写校改之人，即使是那些刻书、印书、订书、送版的工人，也都统统在被杀之列。受牵连被杀者七十余人，其中十八人被凌迟。有一刻字匠临刑哭曰："上有八十之母，下有十八之妻，我死妻必嫁，母其谁养？"话毕，脑袋被砍下，其首滚到了自家门口，因其行刑处离他自家门口不远。在处决犯案者时，本案的主角庄廷钺已经死去，但他的坟墓仍被掘开。他的尸体是被碎戮，还是被鞭笞则不得而知。此案处置之惨烈残忍，让听闻者无不毛骨悚然。

更可怕的是，此案成为清王朝一个处理同类"文字狱"案件的模板，此后类似的事件又接踵发生。其案发的密集程度，超过了以往历朝历代。当那些小说、影视剧中，用尽笔墨影像歌颂清帝王文治武功时，笔者提醒那些作家、编创人员，在肯定某些帝王开疆拓土的功绩时，也不应忘记，清王朝几乎把华夏大地变成迫害异己知识分子的屠宰场。

以此，大概我们可以理解龚自珍诗中描述的其时知识分子的普遍心态，为何是"避席畏闻文字狱，著书都为稻粱谋"了。[1]

衰世

在清王朝对异己知识分子的长期血腥镇压下，士人们为了避免脑袋搬家，也为了谋取碗里的"稻粱"，除了"摇尾"，便只有"闭嘴"。

但也有敢于既不"摇尾"，也不"闭嘴"的——那就是龚自珍。

龚自珍得以存在，既说明龚自珍的直言无忌的胆略，也说明清王朝这个曾经的巨人内脏已经开始空心化。它对异己分子的钳制，已经有些心有余而力不足了。财富的两极分化，使得社会成了一个巨大的火药桶，一有导火索，即刻被引爆。一方面是那些大官僚、大地主、大商人，囤积大量钱粮、珍宝，他们以炫富奢华为荣，过着一掷千金、纸醉金迷的糜烂生活；另一方面是，平民百姓在贫困线上苦苦挣扎。龚自珍的诗《馎饦谣》反映了当时物价飞涨而导致民不聊生的社会状况："父老一青钱，馎饦如月圆。儿童两青钱，馎饦大如钱。"（馎饦，是古代的一种面食，形状应该是圆圆的像大饼。）在父亲一辈手上，用一青钱，可以买到像月亮般大的面饼；而到了儿子辈，用两青钱，却只能买到像一块青钱那么小的饼子了。

社会因贫富两极分化而不断发生痉挛，其外在形态是不断发生的农民起义和暴动。

嘉庆十八年（1813）七月十八日，清嘉庆帝启程前往承德北部的

---

[1] 据陈铭著《龚自珍评传》第52页，南京大学出版社2011年4月版。

木兰围场行猎后不久，发生了一起严重的宫廷事变。几十名天理教徒装扮成小商小贩，挑着筐子，内藏刀械，杀死守门士兵，在太监的接应下攻入了皇宫内院，与清军交战了两天一夜，搅得壁垒森严的宫禁天翻地覆。虽然此事最终以天理教徒的失败告终，但在代表皇权威仪的清朝宫殿内，区区数十人，居然险些闹出让清王朝倾覆的内应外合的造反事件，不仅在清王朝历史上仅有，在中国漫长的历史上也极为罕见。

嘉庆皇帝为此而下罪己诏。当嘉庆帝从围猎场遭遇惊魂后回到京城，在进入朝阳门时，满朝大臣聚集在朝阳门御道两侧跪迎。嘉庆帝不理睬迎驾的王公大臣，而是出人意料地下马，走向站在路边执行警戒任务的清军士兵，嘘寒问暖，以示安抚。随后，嘉庆帝命群臣前往乾清门，跪听他的《罪己诏》。听完皇上的检讨书，群臣痛哭失声。①

这一事件表面看似乎带有极大的偶然性，其实正是大清王朝开始走向衰落的重要拐点和信号。历史重大走向的信息，往往正是通过一些看似偶然的事件来传递的。

这个王朝会因为皇帝的一份《罪己诏》，从此改弦更张，变革图强吗？通过持续的思想文化禁锢高压政策，还能使摇摇欲坠的大厦继续挺立吗？

不妨看看，龚自珍是如何思考这些关系王朝命运的问题的。一位思想家的思想从何而来？应该说，既有对优秀思想文化传统基因的承续，更多的是来自对现实社会的质疑与批判。

批判性的思维方式贯穿了龚自珍的一生。

他的最重要的思想贡献，是最早发出了清王朝走向"衰世"的警示

① 据萧一山著《清代通史》第二卷第 257 页，华东师范大学出版社 2006 年 3 月版。

信号。这也是近代思想启蒙运动的滥觞。

　　在乙亥（1815）、丙子（1816）年间，龚自珍二十八岁时，写下二十五篇政论文章（现存十一篇），总名为《乙丙之际箸议》。且来读读其中的第九篇：

　　　　吾闻深于《春秋》者，其论史也，曰：书契以降，世有三等。三等之世，皆观其才；才之差，治世为一等，乱世为一等，衰世别为一等。

　　　　衰世者，文类治世，名类治世，声音笑貌类治世。黑白杂而五色可废也，似治世之太素；宫羽淆而五声可铄也，似治世之希声；道路荒而畔岸臁也，似治世之荡荡便便；人心混混而无口过也，似治世之不议。左无才相，右无才史，阃无才将，庠序无才士，陇无才民，廛无才工，衢无才商，抑巷无才偷，市无才驵，薮泽无才盗，则非但鲜君子，抑小人甚鲜。[①]

　　这是文章的第一二节，笔者未加注释。如果读者阅读时因文言文而有难以理解处，不妨跳过去。我这里做一个浓缩性的翻译。这两节的大意是——根据古代的史书，把不同的历史阶段分为三个不同的类型：治世、乱世和衰世。区分这三种不同时世的标准，是看这个时代所拥有的人才的差别。所谓衰世，从表象看似乎跟治世没有什么区别，诸如文章用词的讲究，人们的言谈容态等等也都跟治世很像。但你仔细观察下去，就看出问题来了。尤其是看人才的状况，衰世的一个重要特征是人才的极度匮乏和平庸。不用说，庙堂之上缺少雄才大略的才相，没有才

---

① 《龚自珍全集》第 6 页，上海古籍出版社 1975 年 2 月版。

华横溢的史官，边塞没有能够威震一方武功高强的将领，学校里面没有聪明优秀的学子，就是在田垄间，也没有善于耕作的农夫，在集市上也看不到手艺精湛的工匠和经营有道头脑精明的商人，甚至在山野丛林中也没有精于盗窃的强盗，就连小巷子里的小偷这样的鸡鸣狗盗之徒，也技艺极差。唉，人才匮缺到了什么程度呢？除了上面说的这些，还有就是处在这样的衰世，固然风度儒雅胸怀坦荡的君子极罕见，就连精于利害算计的小人也几乎看不到。

请想象一下，在龚自珍的笔下，这个时代的人才平庸到了什么地步？连手段高强的小偷和精于算计的小人也难寻觅。这样的年代已经"衰"到一败涂地了，怎么还配称之为"盛世"呢？那么，是什么原因造成了人才的如此平庸呢？且继续看龚自珍的分析：

> 当彼其世也，而才士与才民出，则百不才督之缚之，以至于戮之。戮之非刀、非锯、非水火；文亦戮之，名亦戮之，声音笑貌亦戮之。戮之权不告于君，不告于大夫，不宣于司市，君大夫亦不任受。其法亦不及要领，徒戮其心，戮其能忧心、能愤心、能思虑心、能作为心、能有廉耻心、能无渣滓心。又非一日而戮之，乃以渐，或三岁而戮之，十年而戮之，百年而戮之。才者自度将见戮，则蚤夜号以求治。求治而不得，悖悍者则蚤夜号以求乱。夫悖且悍，且暗然瞠然以思世之一便已，才不可问矣，向之伦瑅有辞矣。然而起视其世，乱亦竟不远矣。
>
> 是故智者受三千年史氏之书，则能以良史之忧忧天下，忧不才而庸，如其忧才而悖；忧不才而众怜，如其忧才而众畏。履霜之屏，寒于坚冰。未雨之鸟，戚于飘摇。痹瘃之疾，殆于痈疽。将萎之华，惨于槁木。三代神圣，不忍薄谪士勇夫，而

厚豢弩羸，探世变也，圣之至也。

读者诸君想必注意到，这段话中有一个名句，是广被人熟知，今天仍经常使用的，即"将萎之华，惨于槁木"。非精研文言文者，可能对这段话也难一下子弄明白。我这里就照样简述一下大致要义：所谓衰世，是一个习惯"枪打出头鸟"的时代。只要发现有才华的人出现，许多平庸之辈就会采取各种手段来监视他们、束缚他们，乃至将他们杀害。杀害他们的手段不是用刀、用锯子、用水火，而是用文章、用名誉、用美言和颜。这些手段可以说是软性的杀人不见血的方式。这类"劣币驱逐良币"的种种手段，通常是不会广而告之的，君主和大夫也不会过问这类事情。这样的对优秀人才的残害，往往不是从肉体上消灭对方，而是从精神上摧残对方，使之不再有忧国忧民之心，不再有发愤图强的精神，不再有思考的能力，不再有廉耻之心，也不再有拒绝同流合污洁身自好的品质。这样一种软性的摧残人才的方式，往往是渐进式的让人才如同温水煮青蛙似的不知不觉地死去。也有极个别的清醒之人，意识到了这一点，于是就大声疾呼，希冀一个政治清明的社会出现；而那些性格强悍之人，觉得采取呼吁的方式难以奏效，可能就会走向山野沼泽，谋求用叛乱的途径与社会对抗。如此下去，这样的衰世，就离发生动乱不远了。因而那些有清醒头脑的有识见的人，他们以数千年的历史为鉴，忧虑着天下的兴衰，他们忧庸才无能，就如忧有才华的人竟敢反叛；他们忧无才之人却受到众人的爱怜，就如忧有才华的人却受到众人的畏惧。穿草鞋走在严霜上，比踩在坚冰上还要感到寒冷；暴风雨即将来临前的小鸟，比风雨中的小鸟还要感到恐慌；得了风湿痨病的人，其生命比患有痈疮的人更危险；将要萎谢零落的花朵，比枯槁的树木让人觉得更凄惨。夏、商、周三代圣明的君主，之所以不敢轻薄那些有文才有武艺的优秀人才，而厚待那些怯懦平庸之辈，是因为他们看到了影响社会兴衰变化的根本原因。

在此文的后半部分，龚自珍在分析导致人才普遍平庸的原因时，似乎是把根由归结到大多数人自甘平庸也不允许他人不平庸的心态和环境氛围。但到了文尾，我们看到，他用春秋笔法，借古代圣君，把剑戟指向了当朝最高统治者。

为了自我保护而不被小人构陷，我们就不难理解，龚自珍为何采取"药方只贩古时丹"的手法，来为自己裹上隐形的历史外衣了。

"石呆子"与"石狮子"

其实，让我们回溯一下，读一读龚自珍在嘉庆十九年（1814）二十三岁时写就的另一组著名的政论文章《明良论》（四篇），就可以得出结论，龚自珍批判的剑头已经明确地指向最高统治者了。《明良论》的篇名典出《尚书·益稷》中"元首明哉，股肱良哉"，即论明君与良臣。[1]

从这些精彩的政论中可看到，龚自珍的又一大思想贡献是对清王朝扼杀人才的官僚制度进行了深度解剖和抨击。要感受这一点，还是要从解读具体的篇章入手。这是《明良论三》：[2]

敷奏而明试，吾闻之乎唐、虞；书贤而计廉，吾闻之乎成周。累日以为劳，计岁以为阶，前史谓之停年之格。吾不知其

① 据章培恒等主编的《龚自珍诗文选译》第11页，凤凰出版传媒集团2011年5月版。
② 《龚自珍全集》第33页，上海古籍出版社1975年2月版。

始萌芽何帝之世，大都三代以后可知也。

借古讽今应该不是今人的发明，古代那些批评时政的文人，为了躲避文禁，也都得借用此种手法。夏、商、周是经常被颂扬的对象，至于这三个朝代是不是十分完美并不重要，颂扬它们为的是讥刺现实，同时又避免让当朝圣上及那些"摇尾"官僚们抓到把柄。龚自珍在这里也是先从古圣贤说起：听取臣子报告自己履行职能的情况，考核他们的政绩，我听说从唐尧虞舜时代就开始这么做了；而记下贤能的人，以及考查臣子是否廉明公正，我听说周代就这样做了。至于以年限和资格来做升官的依据，我不知道此种做法起始于哪个朝代，但我可以肯定地说，这种做法是在夏、商、周之后才有的。

现在的情况是怎样的呢？作者接下来说：

今之士进身之日，或年二十至四十不等，依中计之，以三十为断。翰林至荣之选也，然自庶吉士至尚书，大抵须三十年或三十五年，至大学士又十年而弱。非翰林出身，例不得至大学士。而凡满洲、汉人之仕宦者，大抵由其始宦之日，凡三十五年而至一品，极速亦三十年。贤智者终不得越，而愚不肖者亦得以驯而到。此今日用人论资格之大略也。

夫自三十进身，以至于为宰辅、为一品大臣，其齿发固已老矣，精神固已惫矣，虽有耆寿之德，老成之典型，亦足以示新进；然而因阅历而审顾，因审顾而退葸，因退葸而尸玩，仕久而恋其籍，年高而顾其子孙，儽然终日，不肯自请去。或有故而去矣，而英奇未尽之士，亦卒不得起而相代。此办事者所以日不足之根原也。

　　龚自珍在这里描绘了一幅所处年代清王朝的升官图。一位想进入此仕途的年轻人，从三十岁开始从底层一级一级台阶往上爬，如果还算顺利，爬到相当于宰辅的一品大臣位子，大概要三十五年左右。等到可以有参政话语权时，其人已垂垂老矣。虽然看起来，此等高官似乎阅历很丰富，就算德高望重吧，但这样的人在官场经过多年的煎熬，已经精疲力衰了。他们谨小慎微，左顾右盼，成日担心自己有任何出格言论而把官位丢了，这样的人怎么还能寄望他们会有什么作为？这就造成庸碌之人占据高位，有才学想做事的年轻人却难有出头之日。于是造成各个阶层想做事能做事的人越来越少。

　　　　城东谚曰："新官忙碌石呆子，旧官快活石狮子。"盖言夫资格未深之人，虽勤苦甚至，岂能冀甄拔？而具形相向坐者数百年，莫如柱外石狮子，论资当最高也。如是而欲勇往者知劝，玩恋者知惩，中材绝侥幸之心，智勇苏束缚之怨，岂不难矣！至于建大猷，白大事，则宜乎更绝无人也。其资浅者曰：我积俸以俟时，安静以守格，虽有迟疾，苟过中寿，亦冀终得尚书、侍郎。奈何资格未至，哓哓然以自丧其官为？其资深者曰：我既积俸以俟之，安静以守之，久久而危致乎是。奈何忘其积累之苦，而哓哓然以自负其岁月为？其始也，犹稍稍感慨激昂，思自表现；一限以资格，此士大夫所以尽奄然而无有生气者也。当今之弊，亦或出于此，此不可不为变通者也。

　　这里说的是论资升官带来的恶果。其文大意是——
　　正如民间流行的俗谚所说："年轻的官员忙碌得就跟石碾子似的不

停地转，而那些老官僚就如同城门口的石狮子，坐在那里静默养神。"但是那些勤苦的新官，并不因为他们辛苦忙碌就会得到破格提升和重用。要论资历，大概谁也比不过那些石狮子，它们的历史大概总有数百年了吧？这样一种官场生态，要让那些有才干想做事之人得到激励，让那些玩忽职守之人受到惩戒，让那些平庸之人杜绝不劳而升官的欲望，只有鬼才相信。在这样一种官场生态下，也别指望有敢于为国家利益建言献策的有雄才大略的人出现。年轻人想，我就这么一天天熬下去，总有媳妇熬成婆的时候，干吗要多言多语，一不小心反而影响自己的前程？而那些老官僚的心理是，我已经熬出头了，现在安享我的官位带来的种种既得利益就可以了，何必要多操心，没准儿弄得上司、皇上不开心，反而把官位弄丢了。这样一种普遍不思进取的心态，造成各个官僚阶层死气沉沉，只有混日子的人，而无慷慨激昂朝气蓬勃为国家操劳之人。今天很多社会弊病就出在这里，这就是不变革不行的原因所在啊！

"约束之，羁縻之"

如果说龚自珍的抨击，在这里指向了大清王朝的用人机制，到了《明良论四》①中，则把批判的矛头指向了当朝的君主集权制度。龚自珍吃了豹子胆了？他的脑袋为何没有因此而搬家？让我们看看他的文章是如何表述的。

龚自珍此文的核心问题，谈的是高度敏感的君主集权与分权的问题。这个问题也可以说是封建社会长期困扰专制帝王的老问题。大多数

---

① 《龚自珍全集》第 34 页，上海古籍出版社 1975 年 2 月版。

帝王不是高度集权，把社会钳制压迫得死气沉沉，就是因权力过于分散而导致诸侯割据，皇帝则成了被诸侯或大臣玩弄于股掌的摆设。能够在这两者之间，取得一种智慧平衡的极少见。总的来说，高度集权是封建专制社会的主流。拥有至高权力的帝王——可以随心所欲挥舞手中权杖的帝王，很难战胜自己对权力的迷恋。古代没有人意识到，不受监督的权力必然滋生腐败。无数的历史现象启迪后人：权力可以使一个怯懦的人变得狂傲无知，权力可以使一个心地善良的人变成杀人不眨眼的恶魔，权力又如"毒品"，一旦吸上很难戒掉。世界上只有极少数具有远见卓识的政治家，可以超越权力的依附和迷恋，为推动历史文明的进程，理智而清醒地抗拒权力的诱惑。

龚自珍在文中写道：

庖丁之解牛，伯牙之操琴，羿之发羽，僚之弄丸，古之所谓神技也。

这里，龚自珍又借古代的那些掌故来发起议论了。古代的庖丁、伯牙、羿、僚，都是掌握了神奇绝技的天才能人。但是，如果用种种所谓苛刻的规矩来束缚他们，让庖丁多割一刀不行，少割一刀也不行；要求伯牙操琴时，只能想着"高山"，而不能思"流水"；规定羿在挽弓射箭时，只能向哪个方向，不能向哪个方向……那么，他们的那些绝技也就无法表现出来。天才神人可能就成为动辄得咎的庸人。

人有疥癣之疾，则终日抑搔之，其疮痏，则日夜抚摩之……而乃卧之以独木，缚之以长绳，俾四肢不可以屈伸，则虽甚痒且甚痛，而亦冥心息虑以置之耳。何也？无所措术故也。

一个人身上长了疥疮，痒痛难熬，总是要用手去抓去挠，这是人的本能。但如果把他捆绑在一根独木上，他再痛再痒四肢也就无法动弹了。这样一种状况，很像当时各个层面的衙门和官吏。朝廷有很多琐碎的戒律，让他们手脚被捆绑着。

> 约束之，羁縻之，朝廷一二品之大臣，朝见而免冠，夕见而免冠……

那些掌管主要权力的大臣们，早晚见皇上时，都要脱帽……"天子"理应管管那些关系到社稷命运和百姓生活的大事，在这些国家大计上做出有眼光和符合实际的决策，而不用去管那些脱帽还是摘帽的鸡毛蒜皮的小事。那些具体的执行大政方针的事情，应该交给大臣们去办，给予他们履行职能的权力。想想那些古代圣君们是如何治理天下的吧——

> 为天子者，训迪其百官，使之共治吾天下，但责之以治天下之效，不必问其若之何而以为治，故唐、虞三代之天下无不治；治天下之书，莫尚于六经。六经所言，皆举其理、明其意，而一切琐屑牵制之术，无一字之存……

在这里，龚自珍又开始"药方只贩古时丹"了——你看远古那些圣明的天子们，与大臣共享治理天下的权力，他们只看大臣治理天下的效果，至于用了哪些具体的方略，天子是不用过问的。在六经中，阐述的都是治理天下的大道理，无一字谈那些琐屑的律令、规则等。因此，圣明的天子只需——"总其大端而已矣"。

如果像前面所述那样——"虽圣如仲尼，才如管夷吾，直如史鱼，忠如诸葛亮……"也不可能充分施展他们的才华，更何况现在那些既无性情又无学术的庸常之人呢？他们本来就无大的才学，再加之用种种琐屑的律令加以束缚，就更别寄望于他们还能对社稷建功立业了。

无须再做更多的引录和解读，读者诸君已经很清楚了。龚自珍在文中大胆地提出了分权和放权的问题，这当然是向"皇权"挑战的大逆不道的出格之论了。

"梅"病了，人知否

到了道光十九年（1839），龚自珍在从北京辞官南返，回到昆山羽琌山馆后写下的著名篇章《病梅馆记》中，作者以病梅作喻，热切地呼唤人性的自由和个性的解放。这样一种呼唤，已经蕴含着近代中国现代化的思想萌芽了。此文只有三百余字，既是思想犀利的杂文，也是千古传诵的美文。想了解龚自珍者，不能不读此文：

> 江宁之龙蟠，苏州之邓尉，杭州之西溪，皆产梅。或曰：梅以曲为美，直则无姿；以欹为美，正则无景；以疏为美，密则无态。固也。此文人画士，心知其意，未可明诏大号，以绳天下之梅也；又不可以使天下之民，斫直，删密，锄正，以夭梅、病梅为业以求钱也。梅之欹，之疏，之曲，又非蠢蠢求钱之民，能以其智力为也。有以文人画士孤癖之隐，明告鬻梅者，斫其正，养其旁条，删其密，夭其稚枝，锄其

直，遏其生气，以求重价，而江、浙之梅皆病。文人画士
之祸之烈至此哉！

予购三百盆，皆病者，无一完者，既泣之三日，乃誓疗
之，纵之、顺之，毁其盆，悉埋于地，解其棕缚。以五年为期，
必复之全之。予本非文人画士，甘受诟厉，辟病梅馆以贮之。

呜呼！安得使予多暇日，又多闲田，以广贮江宁、杭州、
苏州之病梅，穷予生之光阴以疗梅也哉！①

读此文，我们当然要跳出其字面指向，而深探其内蕴。从文字
看，似乎仅仅是在论梅，但文字背后是论人。这是其一。梅花被扭
曲、被捆缚、被删斫，似乎其祸首是文人画士的病态审美情趣。错
也，人如梅，扭曲国民普遍性人格的祸首该是谁呢？那个束缚人的精
神枷锁是什么制度呢？而操控这个制度掌握无上权力的人是谁呢？这
是稍作思考就可以找到明确答案的。龚自珍身体力行地辟病梅馆，让
梅回归自然自由生长，当然也不仅仅是指梅。我们当然也不必像今日
有些学人热衷于过度阐释一样，把龚自珍的批判理解为是明确要解构
掉那个扼杀人的个性的专制统治制度。但我们从他大骂"文人画士"
扭曲梅的病态需求，到呼唤让梅树自然生长，是可以明确感受到他对
扼杀人性的大清王朝制度的不满和憎恶的。这样一种精神利刃，本质
上无疑是砍向封建专制的。

---

① 据章培恒等主编《龚自珍诗文选译》第 111 页，凤凰出版传媒集团 2011 年 5 月版。

"山中之民"

在《尊隐》中，龚自珍呼唤一种"理想人格"的出现。[1]他不吝笔墨，赞誉那些隐于山野丛林中的"傲民"，他借史官的口吻认为，"百媚夫，不如一猖夫也；百酣民，不如一瘁民也；百瘁民，不如一之民也。""一之民"即"山中之民"。他们往往是在一个王朝进入黄昏时多起来。他们以"仁心为干，古义为根，九流为华实，百氏为枇藩"，即"以仁善之心做树干，古代义理做树根，九流学术做花果，诸子百家做篱笆"。[2]这样一种"山中之民"，一旦"有大音声起，天地为之钟鼓，神人为之波涛矣"。

这样一类吸天地之气，融古今思想精华，修健朗身心，而能在合适的时机，挽历史狂澜的"理想人格"会存在吗？这是龚自珍向往追求的一种至高人格境界吗？

笔者在品读龚自珍的诗文以及了解他的传记生平资料时发现，龚自珍的思想是有一条主线脉络的，那就是聚焦于——人，人才，人格。他的所有批判性思维围绕此轴心而展开。

他衡量一个朝代盛衰的标准是什么？是这个朝代拥有什么样层级的人才！

他考量一个朝代制度是否先进的标准是什么？是能否让真正的优秀人才尽其所能！

[1] 参见彭平一、汪建华《论龚自珍的理想人格》，刊《中国哲学史》2005年第4期。
[2] 参见章培恒等主编《龚自珍诗文选译》第38页，凤凰出版传媒集团2011年5月版。

他测量一个社会能否充满活力的标准是什么？那就是这个社会国民是否具有理想的人格！

人才决定一个社会的未来。当一个社会连像样的小偷都贫乏的时候，这样的社会还能继续走向强盛吗？

第二章

殿军

"一代文字之雄"

有人对龚自珍的文章、诗、词的艺术成就进行排序，认为他的诗名最大，或说成就最高。其次是文，再其次是词。我认为这样的排序是没有多少意义的。从龚自珍本人来说，他用力最大的是文章，其因并不是他特别喜欢写文章，而轻视诗词艺术。而是受传统儒教的影响，认为只有把文章写好了，才能步入仕途，实现他的做"名臣"，而不是做"名士"的政治抱负。其次，写文章才能更完整准确地表达他对社会现实的批判性思考。

他的文章当然堪称一代之雄。康有为称赞龚自珍的散文为"清朝第一"。[①]《清史列传》将龚文与桐城派文比较，认为"自珍文如徂徕、新

---

① 据陈铭著《龚自珍评传》第 291 页，南京大学出版社 2011 年 4 月版。

甫（'徂徕''新甫'皆为古代山名），相与揖让俯仰于百里之间，不自屈抑，盖一代文字之雄……"这里仅仅是对彼此的文章艺术做比较，如果综合考量，桐城派文怎可与龚文等量齐观？龚自珍的文章首先是思想的载体，他的散文成就也不仅仅体现在文字的运用、文体的变化等方面。又有学者认为，龚自珍的散文，恰恰是摆脱了"桐城义法"的影响，以强烈的批评精神和丰富多变的表现样式，而独树一帜。清代的另一位学者吴兰修则称龚文"瑰玮渊奥，如黄山云海，不可方物"。谭嗣同在《致汪康年梁启超书（一）》赞誉龚自珍的文章："其中颇具微言大义，而妙能支离闪烁，使粗心人读之不觉，亦大奇。"[1]龚自珍的散文艺术成就之高，无疑在学界是有共识的。

　　仅靠写诗是当不了官的。历代的科举考试中，没有听说纯以写诗才能论高下的。科举考试中，虽有"试帖诗"一档，但毕竟不是正题。也因此，在龚自珍的人生中曾有三次"戒诗"的经历。"戒"——为的是不要让此类雕虫技艺耽误了自己建功立业的正途。但偏偏是"戒"后便"破"，"破"后又"戒"，"戒"后又"破"……如此反反复复，最终他未能实现成为"名臣"的理想，却成为中国文学史上不朽的诗词大家。这种"有意栽花花不发，无心插柳柳成荫"的现象，在中国历史上是一出不断上演的悲喜剧。从孔子、庄子、司马迁、屈原、杜甫、李白，到苏东坡、柳永、曹雪芹、龚自珍等看，这些名垂青史的文学大家，几乎都是官场上的失意者。"文场"和"官场"，是两个不同的"气场"，从历史事实看，两者几乎很难兼容。极少数如王安石者，官至宰辅，虽然诗文也是大家，但他的大名主要还是与"熙宁变法"联系在一起。

---

① 引自孙文光、王世芸编《龚自珍研究资料集》第125页，黄山书社1984年12月版。原文见《谭嗣同全集》增订本下册，中华书局1981年1月版。

龚自珍的外祖父段玉裁是今文经学大家，在龚自珍二十余岁时，他读到了龚自珍的诗文，大加赞誉。具体评介，本传在"段玉裁"专节中再详加阐述。①

同时代的学人张维屏在给龚自珍的信中，称其诗文为"能自树立而不因循者"，并预言："名山盛业，又当为足下期之。"也就是说，龚自珍的诗文，不因袭古人，是自成一家的。同时又如"名山盛业"，是可以久远地流传下去的。他的评判是精准的，经得起历史检验的。

另一位同时代的重要学者、诗人吴嵩梁，在《定庵文集》后写下如此批语："定庵之文俯视百家，其论事者齐乎管；其言理者齐乎荀；其言情者齐乎屈宋。然犹病其列于子，未进于经也。及读至《平均篇》《农宗》《五经大义终始论》各篇，则庶几七十子所述、二戴所录之流亚矣乎！"②

研究龚自珍的当代学者陈铭先生透露，在毛泽东著作引用过的古典诗词中，唯有一首龚自珍的诗被毛泽东在文中全首引用。这首诗是《己亥杂诗》第一百二十五首："九州生气恃风雷，万马齐喑究可哀。我劝天公重抖擞，不拘一格降人才。"毛泽东喜欢这首诗，引用这首诗，或有其特殊的历史背景和语境，并不能因此就说明龚诗是历史上成就最高的诗人。得到学界普遍认同的一种说法是——

龚自珍是清代第一诗文大家，是中国文学史上最后一位在旧体诗词艺术成就方面，可与李白、杜甫、苏东坡、陆游等量齐观的大家，是中国旧体诗词的"殿军"，其后再无人可以进入中国古典诗词大家的第一梯队。

---

① 据陈铭著《剑气箫心——龚自珍传》第 29 页，浙江人民出版社 2005 年 7 月版。
② 引自樊克政著《龚自珍年谱考略》第 244 页，商务印书馆 2004 年 5 月版。

叹息的雷

在品读龚自珍的诗文时，最突出的强烈感受是，贯穿于他诗文中的强烈的批判精神和忧患意识。如果撇开这一点，来谈他的诗文成就，那就是本末倒置了。人格、境界、性情，始终是写出妙文的最本质的前提。技巧可以复制，而人格、境界、性情可以说是无法复制的。正如金圣叹在点评汉文帝《赐尉佗书》时说："文字只要从一片心地流出，便正看、侧看、横看、竖看，具有种种无数美妙，任凭后来何等才人，含毫沉思，直是临摹一笔不得也。"

龚自珍本人作文写诗，都主张要有真性情，反对粉饰太平的虚伪文风。他在《歌筵有乞书扇者》中写道："天教伪体领风花，一代材人有岁差。我论文章恕中晚，略工感慨是名家。"与前人推崇唐诗的"盛唐气象"不同，他更欣赏中晚唐那种感时忧世的诗歌。

关于他的文章，在前章中已有较详尽的阐述。下面主要谈谈他的诗词。嘉庆二十二年（1817），龚自珍遵父嘱，将他的诗文集呈给江南著名老学者王芑孙审阅，这位老先生在回信中用严厉的词句将龚自珍批评了一通，称其"诗中伤时之语，骂坐之言，涉目皆是，此大不可也"。这位老学究的批评，恰恰反证了龚自珍诗词中对社会现实的批判精神。

"批评"有时其实就是"表扬"，就看你怎么理解。

让我们从一些具体的作品入手来感受这一点吧！

请看下面两首，其一写于嘉庆二十四年（1819），此间共写了十四首，这是第十二首：

楼阁参差未上灯，菰芦深处有人行。

凭君且莫登高望，忽忽中原暮霭生。①

此诗题于北京陶然亭壁。其意为高高低低的楼阁内，尚未点亮灯光。远眺在芦苇深处影影绰绰有人在行走。请君勿要登高远望，整个中原就如同这临近黑夜的景色一样，已然暮气沉沉了。

其二写于道光七年（1827），总题为《自春徂秋，偶有所触，拉杂书之，漫不诠次，得十五首》，这首是其中之二：

黔首本骨肉，天地本比邻。

一发不可牵，牵之动全身。

圣者胞与言，夫岂夸大陈？

四海变秋气，一室难为春。

宗周若蠢蠢，嫠纬烧为尘。

所以慷慨士，不得不悲辛！

看花忆黄河，对月思西秦。

贵官勿三思，以我为杞人！②

诗中"嫠"意指寡妇。让我用口语略叙诗意：黎民百姓和天地自然都是相互依存、浑然一体的，这并非我夸大其辞。天下都已经进入树叶

① 《龚自珍全集》第442页，上海古籍出版社1975年2月版。
② 《龚自珍全集》第485页，上海古籍出版社1975年2月版。参见孙钦善选注《龚自珍诗词选》第77页，中华书局2009年8月版。

凋零、冷风萧瑟的秋天了，某一家怎么可能生活在万物复苏、生气勃勃的春天。如果天下发生了动乱，寡妇织的布匹也都化为尘土灰烬了。因而那些忧国忧民之士，不得不为之慷慨悲歌。此时谁还有心思看花赏月？看花时不由自主就会想到漫漶成灾的黄河，举首望明月时，就会想到西北边境发生的危机。贵人们请三思，这并不是我在独自杞人忧天。

请注意这两首诗句中的意蕴相近的句子："凭君且莫登高望，忽忽中原暮霭生"与"四海变秋气，一室难为春"。这难道是盛世景象吗？毫无疑问，龚自珍在诗中，也在频繁地发出"衰世"的警示信号。那些还沉醉在歌舞酒肉之中的达官贵人，那些成天与狮子猫为伴的官僚富豪们，他们正享受着"盛世"的快乐，是绝对不会听到这暴风雨来临前的惊雷之声的。什么叫"天下皆醉我独醒"，此其谓也！浑浑噩噩者，今朝有酒今日醉；而清醒之士则在绝望中遭受身心之折磨。想挽狂澜而乏力，想扭乾坤而皆梦。

请看在这样一种"衰世"下的官场，最为得宠的是什么样的官场人格？
《己亥杂诗》第二百一十首，也许在龚自珍的所有诗词中，不算知晓度最高的。诗曰：

> 缱绻依人慧有馀，长安俊物最推渠。
> 故侯门第歌钟歇，犹办晨餐二寸鱼。①

这首诗写的是清代宫廷的宠物狮子猫，又名波斯猫。相传此物明末由波斯传入中国。清代仕宦贵族之家，蓄养此宠物成风，成为达官贵

---

① 《龚自珍全集》第529页，上海古籍出版社1975年2月版。参见孙钦善选注《龚自珍诗词选》第170页，中华书局2009年8月版。

人之时尚。《清稗类钞》记载："历朝宫禁卿相家多蓄狮猫。咸丰辛亥五月，太监白三喜使其犹子曰大者，进宫取狮猫，遂获咎。"想想看，该太监为了获得那只狮子猫，竟不惜违反宫禁而丢掉饭碗。此猫受到达官贵人的娇宠，并非因其会捉老鼠，在捉老鼠这种本该是猫的本业上，该猫"虽驯而笨"，但它自有讨主人欢心的长处，即其貌可赏，其态可掬，其行娇媚，让主人的贵族心态可以得到充分满足。龚自珍写此猫，虽然不会捉老鼠，但在表现与主人亲密无间上，其实是非常狡诈乖巧的。那些仕宦贵族之家，即使在半夜三更、歌舞夜宴结束之后，还得连夜给狮子猫准备早餐。猫乎？人乎？此诗笔笔写猫的媚态——"缱绻依人"，其实是在为那些"摇尾"奴才画像。同时又揭露贵族之家奢靡淫逸的生活。那些"肉食者"皆成了"狮子猫"，还有谁来仗义执言，操劳社稷大事？

这样一种猥琐的人格形象，正好与龚自珍呼唤的理想中的"山中之民"的人格形象，可以互为参照。

下面这首《伪鼎行》，有人说是政治抒情诗。我以为准确说应该是"政治批判诗"。这首诗在龚自珍的诗中，可以说是一首奇诗。他借一只"伪鼎"的破碎发表自己的观感，批判的锋芒直指那些尸位素餐、昏庸度日的官僚们：

皇帝七载，青龙丽于丁，招摇西指，爰有伪鼎爆裂而砰磤。

孺子啜泣相告，隶妾骇惊，龚子走视，碎如琉璃一何脆且轻？

佹离俹癫百丑千怪如野干形，厥怒虎虎不鸣如有声。然而无有头目，卓午不受日，当夜不受月与星；

徒取云雷傅汝败漆朽壤，将以盗膻腥。内有饕餮之馋腹，外假浑沌自晦逃天刑。四凶居其二，帝世何称？

　　主人之仁不汝埋榛荆，俾登华堂函牛羊，垂四十载，左揖
琴钟右与虡镶并。主人不厌豰汝，汝宜自憎！福极而碎，碎如
琉璃脆且轻。

　　东家有饮器，昨堕地碎声嘤嘤；西家有屠狗盏，今日亦堕
地不可以盛。千年决无土花蚀，万年吊古之泪无由生。

　　吁！宝鼎而碎则可惜，斯鼎而碎兮于何取荣名？请诹龚子
《伪鼎行》。①

　　鼎本是皇家重要的礼器。皇家制鼎，是一项重要而严肃的工程。
《史记·封禅书》记述："黄帝采首山铜，铸鼎于荆山下。鼎既成，有
龙垂胡髯，下迎黄帝。"常言"一言九鼎"，是说这人说的话，其分量之
重已经无人可与之比肩了。比之后来用滥了的"一句顶一万句"，要形
象而更有力道。可是龚自珍却遇到这么一件怪事，一只本来坚固无比的
所谓宝鼎，却如琉璃般破碎了。这只鼎无疑是冒充宝鼎的"伪鼎"。可
是这只"伪鼎"，却在庙堂混迹了四十载，日日享受着各种美味。这个
外装混沌糊涂之貌的"伪鼎"，一旦落到地上，便如琉璃般化为一堆碎
片，连东家的普通"饮器"和西家的"屠狗盏"都不如。

　　龚自珍在"骂"谁呢？在庙堂之上，又有多少这样的峨冠博带、高
官厚禄的"伪鼎"呢？

　　虚伪变态的官场人格，正是由清代扼杀人才的文化专制政策和恶化
的官场生态造成的。龚自珍在另一首构思奇特的诗《人草稿》中，抨击
了统治者如何按照自己的意愿，像陶师用泥土造人一样，捏造那些全身
粉墨、奇形怪状的泥偶。在《歌哭》中，作者对那种相互装模作样的逢

---

① 《龚自珍全集》第490—491页，上海古籍出版社1975年2月版。

场作戏，厌恶到了极点：

> 阅历名场万态更，原非感慨为苍生。
> 西邻吊罢东邻贺，歌哭前贤较有情。①

官场则完全成了不问"苍生"，只知道追逐名利的戏场。官员们在相互往来的红白喜事中发出的"歌哭"声，一听也是从喉咙口挤压出来的，煞似职业哭丧妇发出的号啕声，而非像前贤那样出自真情。

再看看，貌似"盛世"，其实已经呈现"衰象"，底层百姓是如何生活的呢？在龚自珍的笔下，有多篇表现底层百姓生活情态的诗篇。在《馎饦谣》中，龚自珍为我们描述了一幅物价飞涨、民生艰辛的情景图。原本一钱可以买像月亮般大的面饼，可是时间不长，用双倍的青钱，却只能买与青钱一样的小得可怜的饼子了。在《己亥杂诗》第八十三首中，作者目击漕运纤夫的辛劳而发出无限感慨：

> 只筹一缆十夫多，细算千艘渡此河。
> 我亦曾靡太仓粟，夜闻邪许泪滂沱！②

那些往京城运送粮食的船只，一艘船就需十个纤夫来拉动。看着他们汗如雨流的背影，作者想到，千艘船该需多少纤夫？我也曾在京城

---

① 《龚自珍全集》第464页，上海古籍出版社1975年2月版。参见孙钦善选注《龚自珍诗词选》第53页，中华书局2009年8月版。
② 《龚自珍全集》第517页，上海古籍出版社1975年2月版。参见孙钦善选注《龚自珍诗词选》第148页，中华书局2009年8月版。

享用他们用汗水浇灌和运送的粮食，夜里听到他们的号子声，就止不住泪水滂沱。

而朝廷又是如何看待国计民生的呢？

> 不论盐铁不筹河，独倚东南涕泪多。
> 国赋三升民一斗，屠牛那不胜栽禾！ [1]

朝廷不研究盐铁生产，不筹划如何治理黄河，而仅仅依赖所谓的江南鱼米之乡来提供粮食，使得江南百姓不堪重负。国家规定田赋每亩缴纳三升，但加上各种浮捐杂税，人民其实每亩要缴纳一斗粮食。因此，很多人不再种田了，他们宁可去屠牛。有人对屠牛解释为，把耕牛杀了，然后背井离乡去谋生。[2]另有一种解读为，农人放弃自己农耕的本业，而去做屠牛的生意。不管是哪种解释，都意在说明，江南农人不堪苛捐重赋，而导致田园荒芜。

从这些诗中，我们可以感受到杜甫"三吏""三别"中浸透的对底层百姓的悲悯情怀。这样一种发自肺腑的情怀，不是为写诗而故意"装"出来的。

"哀艳杂雄奇"

龚自珍诗词创作的才能是罕见的。林昌彝在《射鹰楼诗话》中评价

---

[1] 《龚自珍全集》第521页，上海古籍出版社1975年2月版。参见孙钦善选注《龚自珍诗词选》第159页，中华书局2009年8月版。
[2] 据郭延礼《龚自珍诗歌的思想与艺术》，见《龚自珍与二十世纪诗词研讨会论文集》，浙江古籍出版社2009年10月版。

龚诗的艺术特色为"奇境独辟""别开生面"。①

他诗文的最大特色，可称之为"哀艳杂雄奇"。

他把豪放和雄奇推向到了极致，又把柔婉、哀艳也推向了极致。而能做到哀艳杂雄奇、庄骚融一体者，在中国诗歌史上几乎如凤毛麟角了。这一点他人想学或模仿，几乎很困难。无论是文风还是诗风，都脱离不了人的性情而独立存在。"诗者……性情之事也。"②龚自珍自身对此也有明确的理念，他在评价同时代的另一位诗人时说："诗与人为一，人外无诗，诗外无人……"独特的性情发散而为独特的文风诗风。性情不可复制，而诗风也就难以追摹。凡有志于在文风诗风上开一代风气之人，或降格以求形成自己独特个性风格之人，都不应该只知道追摹他人，而首先应该弄明白自己是一个具有什么样性情的人？无性情者，则诗文皆无个性也。

龚自珍的这一瑰异的诗词特质，或许在其前贤中可与之参照的是庄子和屈子，这在他的诗中可以找到依据——

名理孕异梦，秀句镂春心。

庄骚两灵鬼，盘踞肝肠深。

古来不可兼，方寸我何任？

所以志为道，淡宕生微吟。

一箫与一笛，化作太古琴。③

① 引自《龚自珍与二十世纪诗词研讨会论文集》第13页，浙江古籍出版社2009年10月版。
② 引自《清诗话》，上海古籍出版社1978年9月版。
③ 《龚自珍全集》第485页，上海古籍出版社1975年2月版。另据孙钦善选注《龚自珍诗词选》第79页，中华书局2009年8月版。

从此诗句中，我们不难弄清龚自珍最核心的诗魂的源头在何处。首句，他用"名理孕异梦"来描述《庄子》的特征，用"秀句镌春心"来描述《离骚》的特征。而第二句，则鲜明地道出了在他心中深深打下烙印的正是这两位伟大前贤的精神品格。历来人们把庄子和屈原的人生态度，看作是代表了两种完全不同的人生哲学：出世或入世；澹泊无为或忧国忧民。但在龚自珍这里，他们其实是从生活的不同两翼，对现实做出了几近绝望的反抗。庄周梦蝶和屈原沉江，都是从不同的路径，摆脱黑暗的夜，而实现超越现实的理想情怀。他们的文和诗，都是从这样的情愫中生发出来的。因此，他们都同时盘踞在龚自珍的肝肠深处，如同"箫"和"笛"，交融缠绕，化作绵绵不绝的"太古琴"。①

而能将此二人并而为一，龚自珍并不是第一人。他自己认为，能将庄骚融为一体，而自成一格的当数李白。龚自珍对李白有一段至为精到的评价，我们从中可以看到龚自珍的诗学观，也可以此参照来品读龚自珍本人的诗词风格。龚自珍从坊间流传的李白诗集中，发现内有许多伪作，"十之五六伪也，有唐人伪者，有五代十国伪者，有宋人伪者。"他在仔细甄别其真伪后，对李白诗评价说："庄、屈实二，不可以并，并之以为心，自白始。儒、仙、侠实三，不可以合，合之以为气，又自白始也。"②从龚自珍的诗中，我们可以明显地感受到龚诗对李白诗风的传承。这种传承不是刻意追摹可以得之的，而是因为他们有着相近的气质和天赋才情。李白究竟对龚自珍的诗词创作产生了何种程度的影响呢，这是一个有待考证的课题。对龚产生影响的不仅仅是某位诗词大家，而是有很多。但我们把龚自珍写友人黄玉阶的诗和李白写友人汪伦的诗参照来看，会发现李白对龚自珍的影响肯定不是一点点：

---

① 据王镇远著《剑气箫心》第193—195页，中华书局2004年1月版。
② 《龚自珍全集》第255页，上海古籍出版社1975年2月版。

李白——

　　桃花潭水深千尺，不及汪伦送我情。

龚自珍——

　　照人胆似秦时月，送我情如岭上云。

　　有学者研究发现，李白和龚自珍的诗中都频频喜欢使用"剑"这一兵器来营造诗的意象。在李白的近千首诗中，有近百首出现了"剑"字，如："抚剑夜吟啸，雄心日千里"，"安得倚天剑，跨海斩长鲸"。而在龚自珍的诗词中，有四十余处出现了"剑"字，如"挑灯人海外，拔剑梦魂中"，"一箫一剑平生意，尽负狂名十五年"。他们在诗中，都用"剑"来表达自己的济世情怀，冲天豪情。①

　　毫无疑问，自李太白之后，能够把庄、骚，儒、仙、侠并为一体而自成一格的又当数龚自珍了。但龚自珍也断不是李太白的翻版，龚自珍就是龚自珍。

　　其次，他的"奇"，还"奇"在将瑰丽无际的想象与忧患情怀融为一体。有人称之为"积极浪漫主义"，我认为或可用"批判理想主义"来概括。其文字如同风筝，无论飞到何处，那根"线"始终在作者的手中攥着。在想象放飞之后，其落脚处总是与他脚下的大地息息相关。解读一下他的《西郊落花歌》《能令公少年行》《病梅馆记》《尊隐》，皆体

---

① 　参见聂小雪《剑骨诗魂——李白与龚自珍诗歌中剑意象之比较》，刊《济源职业技术学院学报》2006 年第 4 期。

现了此风格。

在精微观察与描绘中呈现大格局、大胸怀、大气象，则是龚自珍诗文的又一特色。他的大量诗文，都是从小景物、小事情切入，从而引出对整个社会的批判性思考。请读这首七绝："消息闲凭曲艺看，考工古子太丛残。五都黍尺无人校，抢攘廛间一饱难。"诗人从一杆在农市无人校对、标准混乱的秤，看到了整个社会经济的混乱。诗人听到邻家幼儿夜哭，会成诗；目睹墙角枯树，会成诗；远望芦蒿暮色，会成诗；面对满地落花，更是诗潮汹涌……而在微观影像背后是诗人对整个时代的思考。

侠骨与柔情

天生具有的狂放、侠骨与柔情，造就了龚自珍"哀艳杂雄奇"的诗风。

"九州生气恃风雷……"无疑是豪放、雄浑之作，而"海棠丝，杨柳丝，小别风丝雨也丝，春愁乱几丝。……"又缠绵柔婉至极。将两种"心""气"合而为一者，可以随手列举出诸多的例证。"剑"与"箫"之意象，在他的诗词作品中回环往复地呈现，这也正是他的诗词风格最鲜明的标识。

我们可以把"剑气"，理解为诗人豪放、忧患的一面；把"箫心"理解为诗人哀婉、柔情的一面。一个耐人寻味的例证是，很多人津津乐道于陶潜"采菊东篱下，悠然见南山""结庐在人境，而无车马喧"的潇洒。而龚自珍在四十八岁辞官返途中读陶潜诗时，感触良多，连续写下三首说陶潜的诗，他心中、眼中的陶潜，是一位忧愤深广的豪侠之士，而不是看透世情醉心田园的隐士——

说陶潜之一：

> 陶潜诗喜说荆轲，想见停云发浩歌。
> 吟道恩仇心事涌，江湖侠骨恐无多。

说陶潜之二：

> 陶潜酷似卧龙豪，万古浔阳松菊高。
> 莫信诗人竟平淡，二分梁甫一分骚。

说陶潜之三：

> 陶潜磊落性情温，冥报因他一饭恩。
> 颇觉少陵诗吻薄，但言朝叩富儿门。

第一首"写陶潜富有爱憎之情、豪侠之气，并不是一个超然物外、感情淡漠的飘逸之人"；第二首写陶潜的诗看似平淡，却充满了悲愤不平和豪情壮志；第三首"写陶潜飘洒豪放而又性情温厚"。[①]

同时，龚自珍又是一位情感纤细而极度敏感之人，也许正因有此特质，才成就了他这样一位既豪气干云，又缠绵悱恻的伟大诗人。

道光元年（1821）春天某日，三十岁的龚自珍与一友人一道，在途经一座废弃的庭园时发现，主人大概是新购此衰败的庭园，准备重新造

---

① 《龚自珍全集》第521—522页，上海古籍出版社1975年2月版。参见孙钦善选注《龚自珍诗词选》第161—163页，中华书局2009年8月版。

屋。但那些花树杂草遮蔽了大门，主人正在进行清除。龚自珍与友人得到主人允许后，到庭园内挑选自己喜欢的花草。友人折了几枝桃花，而龚自珍则挑了两株海棠。意外获得两株名花，龚自珍冥冥中觉得他与这两株海棠有着天赐的情缘，情动于衷，写出咏海棠诗一首：

> 门外闲停油壁车，门中双玉降臣家。
> 因缘指点当如是，救得人间薄命花。①

　　油壁车是古代专门给女子乘坐的装饰华丽的车子。"双玉"即指海棠花。诗人把两株原本要被铲除的海棠花用车子小心翼翼载回家，面对薄命的海棠，诗人想到自己与海棠同样坎坷的命运，不禁悲从中来。②薄命人对薄命花，犹如黛玉葬花般的伤感催泪。先生堂堂一男子，此时心地却柔软得如女儿家一般。
　　龚自珍在昆山的寓所羽琌山馆西墙一角，有一棵枯干的枣树。虽然已经枯干，但主人仍然不忍心将之砍去。在龚自珍晚年离京返乡后，某日面对这棵枯树，倏忽诗情涌动，写道：

> 西墙枯树态纵横，奇古全凭一臂撑。
> 烈士暮年宜学道，江关词赋笑兰成。③

　　一棵枯树也能激发出作者的诗情，可见诗人对生活的感受力之精微。作者从枯树形态中，看到了其虽枯仍保持挺拔躯干、不屈不挠顽强

---

①　《龚自珍全集》第 454 页，上海古籍出版社 1975 年 2 月版。
②　据王镇远著《剑气箫心》第 140—142 页，中华书局 2004 年 1 月版。
③　引自刘逸生注《龚自珍己亥杂诗注》第 291 页，中华书局 1980 年 8 月版。

向上的精神。他想到，人也当如此，即使到了暮年也不该像庾信那样悲郁消沉。①

　　用不着笔者在这里叠床架屋地举出很多例证来，只要细细地品读龚自珍的诗词，自然就可以用心感受到。后人歆羡龚自珍自铸的奇特瑰丽的诗词风格，而刻意追摹，可龚自珍后而无复有"龚自珍"矣！

　　伟大而经典的文学大家，几乎都是也只能是"这一个"。对这样天才级别的"这一个"，有时我们只能期待而无法人为地造就。下一位"这一个"也绝非此"这一个"，而是样貌迥异的"这一个"。生活中，人们常常对不可为之事，做些类似指鹿为马、给皇帝穿新衣的勾当。诸如将"瓦釜"之音，听信为"黄钟"轰鸣，缺少"宝鼎"，就捏塑一些"伪鼎"，来抚慰我们虚弱而虚荣的心灵。

---

① 据王镇远著《剑气箫心》第 153 页，中华书局 2004 年 1 月版。

第三章

裂变

对于龚自珍的历史定位，二十世纪三十年代最早系统研究龚自珍的朱杰勤先生，已为我们说得很清楚。朱先生在《龚自珍研究》中说龚自珍"文士之代表，思想界之领袖，且为世界大散文家之一。其文章之技术，纵横百家，出入三乘，立意命辞，自出机杼，如行云流水，来去无踪，令人不可捉摸，惊才绝艳，旷代一人……"对龚自珍的"癫狂"，朱先生也表现出极大的包容与理解："性情虽偏，而品行无亏，精神有纪律，形骸无纪律，终其一生，不过率性而行，并非放僻邪侈也。"①

"但开风气不为师"

龚自珍在《己亥杂诗》第一百零四首中说：

---

① 引自孙文光、王世芸编《龚自珍研究资料集》第278页，黄山书社1984年12月版。

> 河汾房杜有人疑，名位千秋处士卑。
>
> 一事平生无龁龅，但开风气不为师。[①]

诗的前一句，说的是隋唐年间的掌故。山西龙门人士名王通者，曾西游长安，向朝廷进献《太平十二策》，但未得赏识而仕途无望，于是退而居河、汾之间（位于山西南部），聚徒讲学。此人煞是了得，讲学影响之大，可谓史上少有。据说门徒多时达上千人。门徒多，证明此人学问之深，得到民间认可。后人称之为"隋末大儒"。据说，他的弟子中，有不少人后来成为唐代的开国名臣，如房玄龄、杜如晦、魏征、薛收等。这个"据说"据自何方？不清楚。可能出自王通的后人或门人的后人。但质疑这个"据说"的倒是大有人在。司马光在《文中子补传》（王通曾被称为"文中子"）中说："其所称朋友门人，皆隋唐之际将相名臣，……考及旧史，无一人语及通名者。隋史，唐初为也，亦未尝载其名于儒林、隐逸之间。岂诸公皆忘师弃旧之人乎！何独其家以为名世之圣人，而外人皆莫知也？"朱熹也怀疑："其间子弟问答姓名，多是唐辅相，恐亦不然。盖诸人更无一语及其师。"他们的怀疑当然有一定的道理，既然大家说那些唐代名臣出自王通的门下，怎么正式的史书乃至野史也未见记载呢？为何那些声名显赫的开国名相大臣们自己也未有人谈到曾师从王通呢？但龚自珍对"质疑"提出了自己的"质疑"，他认为，那些位居一人之下万人之上的宝塔尖上的成功者，他们怎么会轻易承认王通曾是自己的老师呢？因为王通只是一介卑微的书生而已。由此，龚自珍看到了世态的炎凉，而自许"但开风气不为师"。

---

① 引自孙钦善选注《龚自珍诗词选》第 155 页，中华书局 2009 年 8 月版。

　　五四新文化运动的旗手人物胡适也曾自许"但开风气不为师"。龚自珍的诗在先，胡适先生的话在后，当然我们可以理解为，胡适先生用龚自珍的诗句来给自己的历史贡献定位。这样一种定位无疑是精准的。对此，他的弟子唐德刚先生在《胡适杂忆》中，把胡适的"但开风气不为师"理解为，胡适所涉猎的领域甚多，但在每一个领域他都不是最高明的，或很多思想并非属于他的原创，但因他学贯中西，博闻广识，很多理念因他倡导而首开风气，从而蔚为时代潮流。因此能成为屹立时代巅峰的人物。

　　这样的评价多少也是适用于龚自珍的。"但开风气"并不是一件容易的事。时代要进步，正是需要不断开风气之人。而一部中国走向现代的思想启蒙史，正是从龚自珍开始发端的。当历史的大门，不断被人打开时，就会有阵阵新风吹入，从而把那些霉气、陈腐之气渐渐地清除掉。历史的波涛因此而一浪一浪地澎湃向前……

　　张荫麟在民国二十一年（1932）撰文称，"龚定庵诗，在近世中国影响极大。既系维新运动之先导，亦为浪漫主义之源泉。甲午、庚子前后，凡号称新党，案头莫不有《龚定庵诗集》，作者亦竞效其体。"[1]

梁启超

　　说龚自珍的思想直接影响和引导了清末的维新改良运动，肯定是无可置疑的历史事实。且看维新派的中坚人物与龚自珍的传承关系。

　　梁启超（1873—1929）是清末"百科全书"式的人物，在他的头顶

---

[1]　引自孙文光、王世芸编《龚自珍研究资料集》第231页，黄山书社1984年12月版。

上有一连串响当当的名号：思想家、政治家、教育家、史学家、文学家。但让他成为历史绕不过去的伟大人物的称谓是——戊戌变法（百日维新）领袖之一、中国近代维新派代表人物。

此人一生最了不起的是，绝不墨守成规，始终在与时俱变。他不断地更新自己的理念，接受新的理念，从而成为历史变革的重要推手之一，即所谓"不惜以今日之我，难昔日之我"。他不像有的人，前期是激进的改革派，到了后期则成了社会变革的绊脚石。如康有为，前期是激进的改良派，到了后来则成祭孔保皇派。梁启超在青年时期与其师康有为一起，倡导变法维新，并称"康梁"，变法失败后出逃，在海外推动君主立宪。他倡导新文化运动，支持五四运动，倡导文体改良的"诗界革命"和"小说界革命"，曾创造一种风靡一时的"笔锋常带情感"而又犀利明快的报章新文体，成为传播新思想的利器。

就是这样一位晚清思想解放的关键人物之一，他在《清代学术概论》中承认："晚清思想之解放，自珍确与有功焉。光绪间所谓新学家者，大率人人皆经过崇拜龚氏之一时期。初读《定庵文集》，若受电然。"在《论中国学术思想变迁之大势》中，他又说："当嘉道间，举国醉梦于承平，而定庵忧之，傀然不可终日，其察微之识，举世莫能及也。生网密之世，风议隐约，不能尽言，其文又瑰玮连犿，浅学或往往不得其指之所在。虽然，语近世思想自由之向导，必数定庵。吾见并世诸贤，其能为现今思想界放光芒者，彼最初率崇拜定庵，当其始读《定庵集》，其脑际未有不受激刺者也。"①这里梁启超把龚自珍在近代思想启蒙史上的地位，已经论定得十分清楚了。

"举世莫能及也"——还有什么比这更高的定评呢？

---

① 引自陈铭著《龚自珍评传》第288页，南京大学出版社2011年4月版。

"并世诸贤……未有不受激刺者也"——可见龚自珍的思想冲击力之广之远之深。

虽然，梁启超也谈到在初读龚自珍"若受电然"后的不满足，"稍进乃厌其浅薄"，"综自珍所学，病在不深入，所有思想，仅引其绪而止，又为瑰丽之辞所掩，意不豁达"。对此，笔者认为，用半个多世纪后的眼光来要求龚自珍对社会问题进行更为深入的思考，大概也过于苛求先贤了。在一个文网密布，又处于闭关锁国的环境中，龚自珍除了"药方只贩古时丹"外，还能怎么样呢？"意不豁达"正反映了龚自珍的无奈，并非是他不想"豁达"。有学者在对梁启超论述龚自珍的言论进行专题研究考证后发现，梁启超对龚自珍的这种评说，或许与康、梁关系在后来因理念不同而恶化有微妙的关联。

梁启超在晚年检讨自己的思想历程时，也曾有刻骨铭心的反思与自我批判："启超之在思想界，其破坏力确不小，而建设则未有闻。晚清思想界之粗率浅薄，启超与有罪焉。"[1]他对自己的批评与其对龚自珍的批评，又是何等相似？

"后之视今，亦犹今之视昔。"无论怎样伟大的人物，大概也不可能超越历史的局限。

王国维

在龚自珍去世后三十六年，另一位史学和文学大家王国维来到这个世界上。而非常巧合的是，龚自珍在世五十年，王国维也只活了五十

---

[1] 梁启超著《清代学术概论》第70页，转引自杨焄《选择的批判：梁启超论龚自珍》，见《中文自学指导》2007年第3期。

年。而且对两人的死因，至今在学术界仍然众说纷纭。龚自珍之猝死，让后人倍感疑云重重；而王国维投湖自尽，其缘由也引发后人诸多猜想。如果说龚自珍最早预言了清王朝走向衰落的信号，而王国维则经历了清王朝迅速走向衰败的痉挛和阵痛，终而成为这个王朝最后的殉道者。生命是脆弱的，当个体脆弱的生命却要不断地承受着沉重的时代家国之痛时，那么累积到一定程度，或许只要轻轻一缕风，就会将其沉重的肉身之躯吹倒。

王国维的历史贡献主要在学术研究。通常他被认为是近代中国最早运用西方哲学、美学、文学观点和方法剖析中国古典文学的开风气者，又是中国史学史上将历史学与考古学相结合的开创者。郭沫若称王国维是新史学的奠基者。王国维和龚自珍是两种不同类型的人，是不同领域的山峰。我们没必要将他们的历史地位进行大小或高低的比较，这是毫无意义的。

王国维作为后起者，在成长的路途中，受"乡党"龚自珍的影响是明显有迹可循的。当王国维在吸收各类中西学识之时，正是龚自珍的名气如日中天之际。他不可能忽略龚自珍的存在。后人从《静庵藏书目》中发现，其中有六卷本《龚定庵全集》，虽然上面没有注明版本来源。比较可信的揣测是吴昌绶所赠。吴昌绶（1867—1924）与龚自珍同为浙江仁和人，是近代著名的藏书家、金石学家、刻书家。在龚自珍去世近六十年时，吴昌绶出于对龚自珍的思想、人格、诗文成就的钦仰，完成了对《定庵全集》的校辑，并在光绪庚子年（1900）在龚自珍姻亲陈昌坤、陈复之残稿的基础上，续补编订完成了《定庵先生年谱》。这对后人研究和传承龚自珍的思想、文学成就，是具有了不起的开山之功的。当王国维被荐举至清廷学部任职后，与同在清廷任内阁中书的吴昌绶交往甚密，时时有向这位比他年长十多岁的前辈学人求教之举。那么，吴昌绶赠他一套《定庵全集》应在情理之中，乃至常常聊起同为"乡党"的龚自珍也是完全可能的。但这也只是一种"合理"推定，是不能作为学术依据的。①

能够拿来作为学术依据的，则是王国维唯一一次见诸文字的对龚自珍的一首词的批评。"批评"，正是从另一个角度证明了王国维对龚自珍诗文的高度重视和关注。王国维《人间词话》手稿本第一百零二则云：

> 读《会真记》者，恶张生之薄幸，而恕其奸非。读《水浒传》者，恕宋江之横暴，而责其深险。此人人之所同也。故艳词可作，唯万不可作儇薄语。龚定庵诗云："偶赋凌云偶倦飞，偶然闲慕遂初衣。偶逢锦瑟佳人问，便说寻春为汝归。"其人之凉薄无行，跃然纸墨间。余辈读耆卿、伯可词，亦有此感。视永叔、希文小词何如耶？

王国维此则"词话"中所评的龚诗为《己亥杂诗》中之一首。此老先生的评语显然过于"刻薄"，这跟他个人的行事和生活品味不无关系。一个兰活古板和迂木之人，怎么能够理解龚自珍那样风流偶傥、善感多情之人呢？但从此例，可以确证，王国维显然对龚自珍是有着非常深切的研究的。至于有学者发现龚自珍的很多诗词中频繁使用"人间"一词，而王国维也喜欢频繁使用"人间"一词，并由此推定两者之间似有某些内在的关联，王国维在理念和用语上受到龚自珍的影响。对此，我们权当有此一说，是无法做肯定判断的。

---

① 据《龚自珍与二十世纪诗词研讨会论文集》第 225 页彭玉平文，浙江古籍出版社 2009 年 10 月版。

柳亚子

"南社"是中国近代史上著名的有浓郁革命色彩的文化团体，时有"文有南社，武有黄埔"之说。一九〇九年，由同盟会会员陈去病、高旭和柳亚子在苏州虎丘张公祠发起成立。虽说该社团以研究文学、提倡气节为宗旨，但其核心理念，显然主要不是研究文学，而是带有反清排满的政治色彩。

柳亚子是这个团体的主要发起者，也是领军人物。此且不论。

柳亚子之"狂"，是出了名的。这一点与龚自珍似有共通之处。他的"狂"是有资本的，其一，他是国民党的大佬、同盟会成员，论革命资历，国共两党人士都得"敬畏"他三分。其次，在毛泽东诗词创作生涯中，与之有过诗词唱和的只有三人：郭沫若、柳亚子、周世钊。在新中国成立后，柳亚子自感对其重用不够，有些"牢骚"，心理失衡，从而引来毛泽东婉转的批评："牢骚太盛防肠断，风物长宜放眼量。"

就是这样一位"狂人"，面对龚自珍的诗文，却也只能佩服得五体投地。

柳亚子可算龚自珍诗学上的"粉丝"了，时人称其雅好为"龚癖"。他曾有诗曰：

> 甘持独醒谢群喧，宋玉能传屈子骚。
> 记取定公名论在，但开风气尽堪豪。

另有一首柳诗，对龚自珍也给予极高赞誉：

三百年来第一流，飞仙剑侠古无俦。

只愁辜负灵箫意，北驾南舣到白头。

　　不仅仅是柳亚子，南社有一批同样痴迷龚诗，有"龚癖"之雅好的诗人。龚诗中经常出现的某些意象和语汇也常常出现在南社诗人的笔下，诸如"剑气""箫心"等等。有人统计，一九三六年出版的《南社诗集》，其中集龚句的诗有三百余首。[1]龚诗最让柳亚子等南社诗人着迷的是刚柔相济、仙侠合一的"哀艳杂雄奇"的独特风格。但我们不能不遗憾地说，虽然南社诗人中不乏优秀诗人，但他们的诗作，也只能仅仅看作是向一位伟大诗人致敬的方式。正如钱基博先生在《现代中国文学史》中不无尖刻地指出的，他们虽"喜学为龚自珍之体，徒为貌似而失其胜概；其下者，更辞无涓选，殊足为玷"。[2]

　　"狂放剑气"不等于"叫嚣亢厉"，而"柔情哀婉"也不等于"红泪频揩"。模仿终难真正获得其神韵。

郁达夫

　　郁达夫是现代文学史上的名家、大家，但他的文学地位，似乎主要是靠小说、散文而奠定的。很少有人了解，其实郁达夫在旧体诗词创作方面的成就，是不输于他的小说、散文的。之所以小说、散文为人所知，而旧体诗词却被人忽略，是因为旧体诗词在他所处的年代已经不

---

① 据陈铭著《剑气箫心——龚自珍传》第 286 页，浙江人民出版社 2005 年 7 月版。
② 引自陈铭著《龚自珍评传》第 296 页，南京大学出版社 2011 年 4 月版。

时尚了。在一个倡导新学的年代，你的旧学功底再深厚，也会被时代的浪潮所遮蔽掉。

郁达夫用心钻研过很多古代诗词大家，他的追摹对象大多风流倜傥、才情勃发、哀婉缠绵，龚自珍是其追摹的重要对象之一。在他的《自述诗十八首》后有他的自白："仁和龚瑟人有《己亥杂诗》三百五十首，予颇喜诵之。"他认为龚自珍的诗："以瑰奇突兀的格律、幻妙奔腾的诗句，唱出新调。"有研究者发现，郁达夫喜龚诗，乃至于常常用龚诗作集句诗和集句联。诸如《集龚定庵句题城东诗草》："秀出南天笔一枝，少年哀艳杂雄奇。六朝文体闲征遍，欲订源流愧未知。"又如《无题》："岂有文章惊海内（杜甫），断无富贵逼人来（龚自珍）。"①

郁达夫对龚诗的研究，堪称到了精细入微的程度。他曾谈起龚诗写作的一些句法和特征："作诗的秘诀，新诗方面，我不晓得，旧诗方面，于前人的许多摘句图、声调谱、诗话诗说之外，我觉得有一种法子，最为巧妙。其一是辞断意连，其二是粗细对称。近代诗人中，唯龚定庵最擅于用这秘法。……"②他曾评价苏曼殊的诗，很多是袭用了龚自珍的《己亥杂诗》风格，再加上了"一脉清新的近代味"，重加点染，从而形成了自己的诗风。郁达夫虽醉心于龚诗的"瑰奇突兀""幻妙奔腾"，但终究因两人才情、气质和所处时代命运的迥异，其诗风固然难以完全复制，其境界也难以成为并列的山峰。故而，郁达夫的诗"清俊秀拔之篇多"，"沉雄博大之作少"，"不足之处在于缺乏一种浑劲的骨力和淋漓的元气"。③

① 据《龚自珍与二十世纪诗词研讨会论文集》第 309 页张青云文，浙江古籍出版社 2009 年 10 月版。
② 见《郁达夫诗全编》第 326 页，浙江文艺出版社 1989 年 12 月版。
③ 据《龚自珍与二十世纪诗词研讨会论文集》第 318 页张青云文，浙江古籍出版社 2009 年 10 月版。

鲁迅

龚自珍与鲁迅同为不同历史坐标点上的文化巨人，他们二者在思想上有什么关联吗？

从鲁迅的所有作品中，是找不到直接的论据，来证明鲁迅对龚自珍的思想艺术有什么传承关系的。鲁迅从未在诗文中谈论、评价过龚自珍。笔者所能获得的是，研究龚自珍的陈铭先生，在他的两本记述龚自珍思想、艺术、生平的书中，都提到一首诗，即：一九六一年，鲁迅的好友沈尹默在一首追怀鲁迅的诗中写到鲁迅对龚自珍诗词的喜爱：

> 少时喜学定庵诗，我亦离居玩此奇。
> 血荐轩辕荃不察，鸡鸣风雨已多时。①

鲁迅先生的好友中，提到鲁迅喜读定庵诗的不仅仅有沈尹默，还有许寿裳等。许寿裳《亡友鲁迅印象记》中谈到鲁迅给杨杏佛送殡回去，"成诗一首：'岂有豪情似旧时，花开花落两由之。何期泪洒江南雨，又为斯民哭健儿。'这首诗才气纵横，富于新意，无异龚自珍。"②唐弢在《鲁迅全集补遗编后记》中说："先生好定庵诗。"对此唐弢曾有文回忆，是有一次与鲁迅同车回寓所，在车里听鲁迅谈到定庵诗："他很称

---

① 据陈铭著《剑气箫心——龚自珍传》第286页，浙江人民出版社2005年7月版；《龚自珍评传》第297页，南京大学出版社2011年4月版。
② 引自《鲁迅回忆录》第281页，北京出版社1999年1月版。

道定庵七言的风格。"①

连当代学者王元化先生也感到奇怪，为何像龚自珍这样在近代史上声名赫赫的人物，在鲁迅的文章、日记、书信等所有的文字中却只字未提？王元化在《鲁迅与章太炎》一文说："鲁迅和龚自珍有许多相通的地方，为什么鲁迅对他没有只字涉及呢？这是我百思不得其解的。章太炎曾斥龚自珍'欲以前汉经术，助其文采，不素习绳墨，故所论支离自陷，乃往往如谵语'。这是极不公允的，只能视为经学今古文之争的门户之见。我不能断定在对龚自珍的评价上，鲁迅是否受到了章太炎的影响。"②

不管出于何种因素，今人做毫无根据的揣测是大可不必了。需要仔细研究的是鲁迅与龚自珍在思想和艺术审美趣味上，有些什么传承关联。笔者是先读了鲁迅，然后再读龚自珍的。在品味龚自珍的某些思想时，总是不由自主地会想到鲁迅。可以感受到，鲁迅的某些思想与龚自珍是完全相通的，或者说鲁迅批判现实的某些武器，熔铸了龚自珍思想武库中的某些兵器。黄裳先生在鲁迅的《"题未定"草》中发现，鲁迅在谈陶潜诗风时，批评有些人通过"摘句"的方式，仅仅看到其"悠然见南山"似乎飘飘然的一面，而忽略了陶潜在《述酒》和《读山海经》中所表现出来的豪气干云的一面。鲁迅对陶潜的认识显然袭用了龚自珍三首说陶潜的诗中的旨意。

在不多的关于龚自珍与鲁迅的研究文章和著作中，当代学者朱奇志的《龚自珍鲁迅比较研究》是带有开创性的，是迄今为止，梳理鲁迅与龚自珍思想相通、相连关系最为翔实的专著。但此书在对两人思想以及创作审美特征进行比较时，不免有牵强和过度阐释之嫌。最能引起我认

---

① 据孙文光、王世芸编《龚自珍研究资料集》第 310 页，黄山书社 1984 年 12 月版。
② 引自邹进先《鲁迅与龚自珍》，刊《文学评论》2004 年第 6 期。

同的是，鲁迅与龚自珍对社会现实批判的聚焦点，都集中在一个大写的"人"字上。龚自珍意识到，社会走向衰落的明显标志是人才的普遍性平庸，而在这平庸中让他感到绝望和痛彻心扉的是一种"狮子猫"的官场奴性人格——"士皆知有耻，则国家永无耻矣；士不知耻，为国之大耻"。他呼唤一种类似"山中之民"或像未经扭曲、砍削的梅花那样的舒展而自由生长的人格。

在《壬癸之际胎观第一》中，龚自珍明确论述了人的问题——

> 天地，人所造，众人自造，非圣人所造。圣人也者，与众人对立，与众人为无尽。众人之宰，非道非极，自名曰我。我光造日月，我力造山川，我变造毛羽肖翘，我理造文字言语，我气造天地，我天地又造人，我分别造伦纪。①

从这里可以引发我们深思的是，龚自珍首先是将"众人"与传统的"圣人"对立起来，而"众人"又非泛指庸常的芸芸众生，而是那个无所不能的"我"，这个"我"才是龚自珍心目中理想的人。龚自珍对"国民人格"的质疑与批判，剑指先秦以来儒家所推崇的"圣人"，所谓孟子所说的"圣人，百世之师也"。他认为人类的文明是"众人"创造的，不光文字语言、伦纪纲常是"众人"创造的，就连山川日月与生命本体也是"众人"创造的。

批判和质疑"圣人"，无疑是极其敏感的行为。因为，"圣人"如果具象化为人，往往就脱离了儒家的理念，而成了握有至高极权的"朕"。由此，在"避席畏闻文字狱"的普遍心态和语境下，龚自珍在表述自己

---

① 《龚自珍全集》第 12 页，上海古籍出版社 1975 年 2 月版。

的思想时，不得不借助寓言、咏物、指桑骂槐等"支离闪烁"的议论手段，使得人们在读他的文字时，必须细心揣摩和联想。尽管如此，无论在他的文章还是诗词中，或在平时与朋友聚会时，他的激愤之言、张狂之态还是不由自主地要显露出来。龚自珍极力要把"圣人"拉下"神坛"，同时呼唤一种具有强烈主体意识的来自民间的"山中之民""豪杰"之士出现，推动衰颓腐朽的社会出现蓬勃的生机。

而鲁迅则从揭露封建专制制度"吃人"的本质着手，撩开国民性中普遍糜烂的种种疮疤，以期引起疗救的注意。他寄希望于"救救孩子"，认为改变社会，"其首在立人，人立而后凡事举；若其道术，乃必尊个性而张精神"①。

鲁迅在由现实而反思历史时，说过这样一段涉及清廷的话，由此也许我们可以理解，两位文化巨人，为何同时都把目光集中在"国民人格"的建立上——

> 单看雍正乾隆两朝的对于中国人著作的手段，就足够令人惊心动魄。全毁，抽毁，剜去之类也且不说，最阴险的是删改了古书的内容。乾隆朝的纂修《四库全书》，是许多人颂为一代之盛业的，但他们却不但捣毁了古书的格式，还修改了古人的文章；不但藏之内廷，还颁之文风较盛之处，使天下士子阅读，永不会觉得我们中国的作者里面，也曾经有过很有些骨气的人。②

鲁迅这段文字的落脚点，还是在"人"上。虽然处于相隔近一个世纪的不同社会环境中，龚自珍和鲁迅居然都是在从"铁屋子里"发出呐

---

① 《鲁迅全集》第一卷第 45 页，人民文学出版社 2005 年 11 月版。
② 《鲁迅全集》第六卷第 188 页，人民文学出版社 2005 年 11 月版。

喊，从另一方面也佐证了中国社会并没有发生本质性的进步。鲁迅的思想，即使不是直接承继了龚自珍的文脉，但有一点是肯定的，他是在洞彻了社会现实而做出的思考。如果这种思考与龚自珍不谋而合的话，倒是更让我们为之而心惊不安。因为经历了如此漫长的时间演进，一个大写的"国民人格"仍未树立起来，那么国何以立，社会何以进步？衡量一个社会、国家、民族进步的根本标志，不是技术、经济或其他，最根本的是一个普遍性的自由而理性的、健朗而挺立的"国民性人格"的树立。有了这个做根基，则一切皆可为也。

朱奇志先生在对龚自珍与鲁迅做了深度比较后认为："作为中国近现代历史上的先觉者，龚自珍和鲁迅的文化视阈有诸多相似之处：同样以犀利的目光对封建末世进行征候式诊断；同样以孤独者的文化身份去做自我的承担与抗辩；同样在悖论似的拆解中拷问终极意义；同样在哲理的升华和艺术的辐射中彰显其生命意识。"①朱先生在这段论述中有一个独特的发现，龚自珍和鲁迅在表述他们的思想时，表现出来的姿态是那么截然不同，龚自珍"风发泉涌"，而鲁迅却常常觉得"无话可说"；龚自珍虽隐晦而曲折，但他的姿态却是张狂而豪放的；而鲁迅则在十分痛苦郁闷中言说，在言说后愈加感到痛苦郁闷。其内在的原因何在呢？是时代造就？是气质使然？有待后人继续考证。

---

① 引自朱奇志著《龚自珍鲁迅比较研究》第 373—374 页，岳麓书社 2004 年 5 月版。

中部　困兽

第四章

家族

盛世巅峰上的"新生儿"

清高宗乾隆五十七年（1792）七月初五午时，龚自珍生于仁和县（今杭州）东城马坡巷。这个马坡巷宋时称马婆巷，因位于城外"马院近之，教驹游牧，皆于此地"，故有"马婆"之名。马坡为马婆之误。今人也常常将两者混用。

龚自珍出生在一个仕宦之家，或称诗书传香之家。"先世居涿州，宋代迁山阴（今浙江绍兴），明代迁余姚，又迁杭州"。其高祖茂城，太学生，长期经商；曾祖斌，增生，初为塾师，后弃儒为商；继祖父敬身，乾隆三十四年（1769）进士，官至云南迤南兵备道；生祖父褆身，乾隆三十四年（1769）中正榜，官内阁中书……到这里，我们可以看到，龚自珍的上几代前辈，不是经商，便是做官。①其父龚丽正，该年二十六岁，后来虽未做大官，但也仕途顺畅。

这一年虽然史书记载发生大旱，但对于正处于康乾以来盛世的清王朝，并不构成经济上的威胁。大自然总是有旱有涝，盛世年代，老百姓家有余粮，朝廷国库充实，对常见的灾害就不会产生恐慌心理。当一个王朝普遍处于贫弱状态时，一点小小的自然灾害，也能成为引发社会大动乱的导火索。

说龚自珍出生时，清朝正处于开国以来的巅峰盛世，有一个标志性的事件。即龚自珍出生这年往前推两年，恰逢乾隆皇帝八十大寿。笔者翻阅了各种史料，很想找到最为典型的史料来描述乾隆皇帝八十大寿时如何奢华、隆重、繁盛。但从出版物上读到的介绍，都不如来自博才网的这篇无名作者的小短文来得绝妙——

乾隆皇帝八十大寿，举国同庆。有人送来了黄金万两，皇帝不屑一顾；有人送来了翡翠玛瑙，皇上看也不看；有人送来了妙龄美女，皇上仍然是难有笑容。因为乾隆帝根本就不缺什么，大臣们被寿礼寿词搞得焦头烂额。

难道乾隆就没有看得上眼的寿礼吗？不，纪晓岚所送的寿礼就赢得了皇上的欢心。原来，他送的贺礼是一副寿联："八千为春，八千为秋，八方向化八风和，庆圣寿，八旬逢八月；五数合天，五数合地，五世同堂五福备，正昌期，五十有五年。"

此联中"八千为春，八千为秋"语出《庄子·逍遥游》，为祝寿之词。上联从"八旬"寿"逢八月"出发，连用六个"八

① 据郭延礼著《龚自珍年谱》第6页，齐鲁书社1987年10月版；樊克政著《龚自珍年谱考略》第20页，商务印书馆2004年5月版。

字"，恭贺乾隆八十寿诞，并称"八方向化"，"八风"祥和，用字典雅，充满喜庆；下联从"五数合天"，"五数合地"开始，连用六个"五"字，与上联六个"八"字对仗工整，同时紧扣乾隆年号五十五年，借以祝福昌期永盛，福寿绵长。

不仅如此，更为难得的是，此联中又暗含一联，把每句最末一个字连起来，则是："春秋和寿月，天地备期年。"其用典得当，嵌字贴切，对仗工整，的确非同一般。

此联一出，竟把素有对联喜好的乾隆喜得眉开眼笑，他当即就封赏爱臣纪晓岚白银一千两。

是的，处在所谓盛世的乾隆皇帝根本不缺少什么。把金银财宝堆成山又如何？能把金银财宝当饭吃？能铺到卧榻上催眠？能够博得万岁一笑的是这类高水准的马屁寿联。对于自己也吟诗作词无数喜欢附庸风雅的乾隆来说，这倒是最好的寿礼。拍马屁文字玩到这个份儿上，堪称登峰造极、空前绝后了。最有才的"摇尾"文人，也非纪晓岚莫属矣！

这场盛大的寿诞庆典，被称为大清帝国空前绝后的最奢华的狂欢，大概也是中国有史以来最奢华的皇帝生日庆典。以当时清朝帝国的经济实力，花多少银子不是问题。据记载，乾隆即位时国库存银有三千余万两，在乾隆六十年（1795）退位时，国库存银已达七千余万两。这场盛大寿典的花费，总计为一百一十四万多两白银，还要比原先预算少花了五十七万多两。①

就在龚自珍出生的这一年，发生了一件与乾隆寿典有关的事件，被记入《清史稿》中。也就是在乾隆八十二岁秋天，皇帝接到了两广总督

---

① 据《争议圆明园》，人民日报出版社2012年8月版。

的一封紧急奏折。奏折说，有一个名叫"英吉利"的陌生国家，派人到广州来送信，说打算要来天朝敬献迟到的寿礼。

奏折后面还附上了翻译成中文的英国商业总管"百灵"的禀文：

> 英吉利国总头目官管理贸易事百灵谨呈天朝大人，恭请钧安。我本国国王，管有呀兰地嘧吨、佛兰西、嗳仑等三处地方，发船来广贸易。闻得天朝大皇帝八旬大万寿，本国未曾着人进京叩祝万寿，我国王心中十分不安。我国王说称："恳想求天朝大皇帝施恩通好。凡有我本国的人来广，与天朝的人贸易，均各相好，但望生理（'生理'疑为'生意'之误）愈大，饷货丰盈。"今本国王命本国官员公辅国大臣马戛尔尼，差往天津。倘若天朝大皇帝赏见此人，我国王即十分欢喜，包管英吉利国人与天朝国人永远相好。此人即日扬帆前往天津，带有进贡贵重物件，内有大件品物，恐路上难行，由水路到京，不致损坏，并冀早日到京。另有差船护送同行。总求大人先代我国王奏明天朝大皇帝施恩，准此船到天津，或就近地方湾泊。我唯有虔叩天地保佑天朝大人福寿绵长。①

乾隆看到这封语气十分谦恭的信，圣心大悦。但不清楚这个"英吉利"是何方国家？就命宫中博学之士搬来《大清一统志》查找其地理位置和有关介绍。但翻遍全书，就是找不到有关"英吉利"的记载。皇帝又找来了宫中传教士询问，传教士告诉他，该国又名"红毛国"，与法兰西国及意大利国在同一个方向，也以制造器械见长。不管什么"英吉

---

① 据《掌故丛编》，资料来自环球网。

利"，还是"红毛国"，有人来纳贡当然是充分显示帝国威仪的好事，况且带来的那些大件贵重礼物，也让皇帝充满新奇感，于是特准该国的船只停靠天津港。

但如果仔细研读这则禀文，就会发现，在谦卑的语词后是隐含着某些诉求的：一是希望天朝在商贸往来上提供更多便利；其次，来船的停靠，希望打破过去只准停靠广州港的规矩，停靠到天津港。英人用大件贵重礼品为防损坏为"诱饵"，提出船只突破常规停靠离北京最近的天津港，虽内藏商业诉求的狡诈，理由却也堂皇得让圣上无法拒绝。

到了龚自珍两岁时，历史在细节处开始发生微妙的演进。这年七月英国使臣马戛尔尼等抵京，于八月十日，于热河行宫觐见乾隆帝。提出：派人驻京，准许英国商船到宁波、舟山、天津贸易，指定舟山附近一处小岛供英商居住、使用以及允许传教等。未获准。①

为何这样的盛世年代难以为继？难道仅仅是因为天道循环的规律使然吗？盛极必衰，而衰极就必盛吗？盛与衰之间的轮回，又存在怎样的时间差？这样一种似乎放之古今中外而皆准的哲理，有否可能具象化为科学精准的定量分析？历史运行的内在逻辑在多大程度上依仗于人的推进？

对于大清帝国，我觉得有这样一种悖论，很多人并未意识到，这是我在研读了大量关于龚自珍的诗文、清代史料后感悟到的，即：长期实行血腥的以"文字狱"为手段的文化专制高压政策，使得那些异端的思想和言论被遏制在萌芽状态，乃至最终连芽也不会萌发了。其效果是清王朝坐稳了皇朝的椅子，也确实使得社会相对比安定，统治者有精力开疆辟土，百姓得到休养生息，农耕商贸得到发展，社会财富从而得到逐

---

① 据《清高宗实录》卷一四三四，参照樊克政著《龚自珍年谱考略》第23页，商务印书馆2004年5月版。

年累积。这就是常常为史家称道的康乾盛世。龚自珍对乾隆盛世的状况在诗中也曾心向往之：

> 红日柴门一丈开，不须逾济与逾淮。
> 家家饭熟书还熟，羡杀承平好秀才。①

但文化专制的另一种严重后果，统治者肯定不会意识到，就连龚自珍这样的清醒者，虽直觉地意识到问题的存在，却也未能从中找出明确的因昊链：那就是必然导致人才的平庸和士林人格的普遍性矮化。就如奥威尔所言："思想被禁锢的结果，就如同把野兽关进了笼子里。"这样一种后果，又必然导致社会缺少向上向前的驱动力，走向衰落则成了文化专制主义的必然恶果。历史的循环是如此无情。龚自珍哀叹人才匮乏到了极点，他劝"天公重抖擞"，不知"天公"会像"天女散花"那样，把"人才"撒落到人间来吗？

钱穆认为，"实际上自从乾隆末年以后，社会状况已经坏极，就是外国人不来，中国内部的腐败，也逐渐会暴露出来的"②。史学家做出这样的事后诸葛亮式的判断不难，难的是"身在此山中"，如何具有一双穿透雾障的眼睛，看清所处历史的真颜。先知先觉者的伟大，也即在此也。

外祖父"文字学大家"段玉裁

在我们大致了解龚自珍的出生时代背景后，笔者不打算以传主年龄

---

① 《龚自珍全集》第 457 页，上海古籍出版社 1975 年 2 月版。
② 引自傅国涌著《从龚自珍到司徒雷登》第 6 页，江苏文艺出版社 2010 年 5 月版。

的增长为进程，一笔一笔地介绍其成长中发生的事件。这样势必会使这部传记成为准年谱式的"流水账"。

这里，笔者首先从对龚自珍精神心理学识人格等产生较大影响的家族关系成员入手，来考察龚自珍的成长历程。

第一位登场的是他的外祖父段玉裁先生。

段玉裁，字若膺，号懋堂，乾隆二十五年（1760）举人。这位老先生在某些方面的影响、介入，对龚自珍治学风格、人格形成是至关重要的。段玉裁是何等人氏？清代著名的文字学家、考据学家，一代大儒也。曾从戴震治经学，精研《说文解字》，有三十卷《说文解字注》传世，是研究文字训诂学的重要著作。王国维称此书："千古卓识，二千年来治说文者，未有能言之明白晓畅如是者也。"[1]此公一生只做过短暂的贵州、四川两地的知县小官，把大部分时间都用在文字学的研究上。由此，我们也可以想见，他对文字学的深研并有独创见地，是付出了毕生精力的。龚自珍有这样一位外祖父为其师，乃人生之大幸也。

在龚自珍十二岁时，有两个重要人物开始介入龚自珍的求学生涯，一位是塾师、青年才俊宋璠，一位就是外祖父段玉裁。关于宋璠，笔者留待后面章节再叙。这里主要说说段玉裁与龚自珍的师承关系。

其时，龚自珍随父龚丽正从杭州到北京居住。父亲是到京任职，先任礼部主事，后任军机章京。段玉裁也到京住在女婿家。此时，龚自珍除了在塾师指导下读书，便是跟从段玉裁读许慎的《说文解字》。对此，龚自珍在《己亥杂诗》第五十八首自注中有记载："年十有二，外王父金坛段先生授以许氏部目，是平生以经说字，以字说经之始。"今人从有限的史料记载中，无从获知段玉裁讲授《说文解字》的具体情景，但

---

① 据郭延礼著《龚自珍》第 9 页，春风文艺出版社 1999 年 1 月版。

后人从龚自珍的诗文中可以找到许多关于文字学、考据学的思维痕迹，可资证明他治学的基本功夫，无疑从外祖父处获益多多。段先生在教导外孙治学时，曾有一段精到的论述："为学嗜琐固取讥，若恶琐而肆意阔略，亦非积小以高大之义，况学问门径自殊，既不相谋，远而望之，皆一丘一壑耳，身入其中，乃成泰山沧海，涉历甘苦皆无尽也。"又言："贫女尚有针线缠绵，况学士乎？故单词碎义，虽不成文章，弃之尽可惜。"治学中，如何把握宏阔大论与精微考证之间的关系，此段高论难道不是古今学人都应该信奉的圭臬吗？龚自珍的文论，正是这一治学精神、理念的结晶。①

到了嘉庆十六年（1811），龚自珍二十岁时，按照古时习惯，孩子在成人后，在名外还得有字。龚自珍父亲龚丽正写信给岳父段玉裁，请他为龚自珍取一个字号。这位年已七十七岁的老人，在回信中不仅给外孙取字号，而且说了一番"字"与相关人生伦理，其信曰：

> 名曰自珍，则字曰爱吾宜矣。夫珍之训，藏也，藏之未有不爱之者也，爱之义，大矣哉！爱亲、爱君、爱民、爱物，皆吾事也。未有不爱君、亲、民、物，而可谓自爱者；未有不自爱而能爱亲、爱君、爱民、爱物，充乎其量，曲当乎其宜，无惭乎古圣贤者，故必自爱而后能爱人。今之自爱者多途矣，以饱暖竟吾，是鸟兽吾也；以美官荣吾，是傀儡吾也；以货利赡吾，是商侩吾也；以辞章剿说夸吾，是辇侻吾也；以和光同尘，似忠信、似廉洁偷吾，是则莠紫吾也。吾之不为辇侻，不为莠紫者，天下鲜矣。然则孰是其能爱吾也哉？然则何以爱吾者，

---

①　引自麦若鹏著《龚自珍传论》第 125 页，安徽大学出版社 2005 年 7 月版。

其必在五者之外哉。陶元亮曰:众鸟欣有托,吾亦爱吾庐。夫惟
元亮乃有元亮之庐,不知吾爱而惟庐之爱,虽安,何在也?①

老先生不愧为文字学大家也,对"爱吾"二字做了长篇大论的阐
述。他所说的"爱"可以说是一种广义上的博爱,是人生至高境界上的
爱。他是借取名之机,引导外孙要树立仁爱之心吗?外孙已是二十岁的
青年,他写这么一封长长的信,必然有其良苦用心也。

外公在年高时,一直关心着这位外孙的成长。

就在这一年农历三月,龚自珍父亲龚丽正从军机章京六品小官调
任安徽徽州知府,从四品,可以说从一个机关的小职员,提升为一个地
方的主官了。这当然是一件值得高兴的事。于是,全家立即跟随龚丽正
离京赴任。这时候的龚自珍,已经是思想非常成熟的青年才俊了,对社
会、政局都有了自己的想法和感触。在经过苏州时,全家看望段玉裁老
人。见面时,老先生让龚自珍将他创作的诗文拿来一睹。段老先生读了
龚自珍的诗文后兴奋异常,为外孙的才情所折服。懋堂老人段玉裁在
七十八岁时,给龚自珍的词作写了一篇序言,对龚词大加赞誉,但其中
也涉及龚的文章。其文说:

> 仁和龚自珍者,余女之子也。嘉庆壬申,其父由京师出守
> 新安,自珍见余吴中,年才弱冠,余索观所业诗文甚夥,间有
> 治经史之作,风发云逝,有不可一世之概……

他用"风发云逝,有不可一世之概"来点评外孙那些治经史的文章。

---

① 引自孙文光、王世芸编《龚自珍研究资料集》第4页,黄山书社1984年12月版。

可见老人被龚自珍文章中高屋建瓴、纵论天下的气势击中了。然后，他又谈到对龚词的读后感，称其：

> 造意造言，几如韩李之于文章，银碗盛雪，明月藏鹭，中有异境，此事东涂西抹者多，到此者少也。自珍以弱冠能之，则其才之绝异，与其性情之沉逸，居可知矣。

但老先生在高度赞美龚自珍词作时，又以自己少时喜欢填词，而"先君"则加以阻止为例，说明沉湎于填词这类文体写作，"是有害于治经史之性情"的，"为之愈工，去道且愈远"。[①]老先生的这一观点，在他七十九岁给外孙的信札中，再次加以强调。他在信中推荐龚自珍拜徽州饱学之士程易田为师，多读有用之书，趁年轻时"博闻强记，多识蓄德，努力为名儒，为名臣，勿愿为名士。何谓有用之书？经史是也"。[②]

老先生的理念，可以说是在中国传统文人血液中流淌了几千年的因子，当然也深深地影响了青年才俊龚自珍。龚自珍一生几乎都在努力为名儒、名臣，他甚至三次试图像今人戒除毒品似的，戒掉写诗填词的喜好，可是戒掉了，又"吸"上了。最终，他不得不非常悲观地意识到，他所处的时代已经不需要他这样的名儒、名臣了。

老先生应该清楚，治经史，成为学问家或名儒易，而成为名臣则非个人意志所能左右的。在一个昏聩而晦暗的年代，才学并不必然成为导向成功的阶梯。而名儒，如果不能借助于名臣的地位来形成影响力，"儒"则"儒"矣，"名"则难也。他本人是文字学的大儒，在训诂学

---

①② 据孙文光、王世芸编《龚自珍研究资料集》第4、5页，黄山书社1984年12月版。

界大名鼎鼎，而他有了龚自珍这个外孙，才使他的名望不仅仅拘囿于"界"内。即便如老、庄，在他们所处的时代，既非名臣，大概连"名儒"也算不上。他们的思想，是随着历史的发展逐步被认同并推到思想史的巅峰上去的。

到了段先生八十高龄时，他读到了龚自珍二十三岁时写下的抨击时政的《明良论》四篇，几乎激动得夜不能寐了。他在文后写下这么一段评语："四论皆古方也，而中今病，岂必别制一新方哉？耄矣，犹见此才而死，吾不恨矣。"此言写于《明良论二》文末，龚自珍对此也有自记："第二篇后外王父段先生加墨矜宠。"①

通常年迈之人，观念总是趋于保守。让笔者感到诧异的是，懋堂老人对外孙锋芒毕露的诗文，竟表示高度认同。他怎么不担心，外孙的这些犯忌之言，可能会成为他通向"名臣"之路的障碍呢？由此可以推断：懋堂老人同样是充满家国情怀的有风骨的士人，而非唯官是图的官场中人。

笔者愿意反复摘录龚自珍《明良论二》——开篇第一句话："士皆知有耻，则国家永无耻矣；士不知耻，为国之大耻。"

懋堂老人对龚自珍的学术思想之影响，可谓至大矣！自嘉庆二十一年（1816）至道光元年（1821），凡六年，龚自珍将段氏著作《说文解字注》连续研读了三遍，写有读后题记，并撰《段氏说文注发凡》一卷。遗憾的是"题记"及"发凡"卷皆散佚。②

在王佩诤校本《龚自珍全集》中收有龚自珍《最录段先生定本许氏说文》一文，文章从十个方面对段注《说文解字》的要义做了阐述。这些写入书中的核心"要义"，是段先生在龚自珍少年时口述教给他的。

① 据樊克政著《龚自珍年谱考略》第 82 页，商务印书馆 2004 年 5 月版。
② 据樊克政著《龚自珍年谱考略》第 177 页，商务印书馆 2004 年 5 月版。

不知该文与史载龚自珍撰《段氏说文注发凡》是否为同一文章？[1]

嘉庆二十年乙亥（1815）农历九月初八日，段玉裁先生卒。

慈母段驯

在仁和马坡巷生龚自珍时，段驯二十五岁。段驯为段玉裁之女，出身书香门第，学养深厚，是可以想见的。段驯也擅长作文写诗，著有《绿华吟榭诗草》。母亲对龚自珍的人格形成，是影响最深的一位家庭成员。

常言道：三岁看大，六岁看老。按照现代心理学的研究，一个人的童年记忆，往往决定了一个人的性格和命运。龚自珍的狂放与柔弱的性格交杂，与他童年生活环境和他的心理气质有着密切的关系。

龚自珍幼年虽聪颖过人，但又体弱敏感。他的幼年、童年时光，大多是伴随母亲度过的。在幼年时，他患有一种特别的神经敏感症。在黄昏时，只要听到远处传来的呜咽低沉的卖糖人吹奏的箫声，就会恐惧地扑向母亲的怀抱。每当此时，母亲段驯就把幼儿紧紧地搂在怀里。通常这类箫声，都会引来很多孩童围观，有的闻声而来买糖。而龚自珍对此悠然而带有伤感的声音，会产生天然的心理抗拒，乃至会因此而生病。

对于这样的心理状态，龚自珍在三十岁时写的一首五言古诗中有记载：

黄日半窗煖，人声四面希，饧箫咽穷巷，沈沈止复吹。小

---

[1]《龚自珍全集》第258页，上海古籍出版社1975年2月版。

时闻此声，心神辄为痴；慈母知我病，手以棉覆之；夜梦犹呻寒，投于母中怀。行年迫壮盛，此病恒相随。饮我慈母恩，虽壮同儿时。今年远离别，独坐天之涯，神理日不足，禅悦讵可期？沈沈复悄悄，拥衾思投谁？①

写此诗时，龚自珍正患小疾而卧床休养。从诗中可以看到，龚幼年对慈母的依恋以及对箫音的特殊敏感。在龚的大量诗词中，吹箫又成为反复出现的意象，与此又有什么神秘的关联呢？

到了四岁时，母亲便成了龚自珍的第一位老师。他常常依偎在母亲的怀中，听母亲为他解读诗文。他最早的启蒙教育，当然是由他的母亲完成的。父亲忙于自身的读书科考，对儿子大概偶尔亲一亲，摸摸脑袋，很难有更多的时间来关心儿子的学业。母亲辅导龚自珍吟诵诗文的教材都是哪些呢？后人从龚自珍的诗文中考证出来，他幼童年时，最初的学识和精神营养来自清初、中期的三位文学大家，他们是：

——吴伟业（1609—1672），字骏公，号梅村。太仓人氏。后人似乎更熟悉他的号——梅村，对他的本名反而比较陌生。那么，我们还是沿用大多人的习惯，称呼他的号"吴梅村"吧！吴氏在临去世前的遗言中，也希望他的墓碑上刻写"诗人吴梅村之墓"即可。在这里对吴梅村的人生经历及诗文成就做详述，是大可不必的。吴先生一生之起伏跌宕，足可写成另一部传记。吴先生的才气和在他所处时代的诗名之盛，可谓家喻户晓。史家给吴梅村的定位是"清初有影响的诗人"，并与钱谦益、龚鼎孳并称为"江左三大家"。基本也是准确的。今天有学人在某些场合把吴梅村吹成清代第一诗人，显然是过了。吴先生一生贯穿明

① 《龚自珍全集》第454页，上海古籍出版社1975年2月版。

末清初两代，而他又是代际转换时期浪尖上的人物。在明末他颇得崇祯赏识，可以说崇祯皇帝是有恩于他的。崇祯四年（1631），他参加会试，遭到乌程党人的诬陷，被指控徇私舞弊，幸亏崇祯帝调阅会元试卷，亲自在吴伟业的试卷上批上"正大博雅，足式诡靡"，才得以高中一甲第二名，授翰林院编修。

在清廷建国初期十年，吴梅村对新朝采取了不合作的态度，一直隐居乡村。后被迫应诏进京，初授秘书院侍讲，后升任国子监祭酒。康熙皇帝同样也很赏识吴梅村的才华，特为吴梅村诗集题诗："梅村一卷足风流，往复搜寻未肯休。秋水精神香雪句，西昆幽思杜陵愁。裁成蜀锦应惭丽，细比春蚕好更抽。寒夜短檠相对处，几多诗兴为君收。"

这个吴梅村最难能可贵之处是，虽然得意于两朝，但他心中感念不忘的还是先帝，身在清廷高位，但内心始终经受着痛苦的煎熬。他的诗最感人处也在于隐婉曲折地表达了内心的痛感。如他自己所说："吾一生遭际，万事忧危，无一刻不历艰险，无一境不尝艰辛，实为天下大苦人。""吾诗虽不足以传远，而是中之寄托良苦，后世读吾诗而知吾心，则吾不死矣。"他的遗言说："吾死后，敛以僧装，葬吾于邓尉灵岩相近，墓前立一圆石，曰：'诗人吴梅村之墓'。"他不希望把他的官衔刻到碑上。

在笔者看来，吴先生的墓碑还应刻上："这里埋葬着一个痛苦的灵魂。"

当然，在那个年代是不可能的。

——方舟（1665—1701），字百川。安徽桐城人。大多人对方舟或方百川的名字会感到陌生。笔者在百度搜索中试图寻找方舟的史料，也非常困难。但如果我们说到桐城派，大概就无人不晓了。桐城派是清代文坛最大的散文流派，因其早期的重要作家戴名世、方苞、刘大櫆、姚矗均系清代安徽桐城人而得名。但桐城派不仅仅是一个简单的地域,它之所以产生了非常深远的影响,是因其有较完整的理论体系,有大量优秀作品传世,且参与者众多,其文风的绵延影响流布面超越了地域且时间久远。

对桐城派稍有了解的人都知道一位开创性的大将方苞,而方舟,正是对方苞产生了很大影响的哥哥。方苞称方舟"制举之文名天下"。有人评价方舟文章"精粹湛深,抽心苗,发奥旨,绘物态,状人情,千回百折而卒造乎浅近"。①

那么,方苞和方舟虽为亲兄弟,而方苞似乎名气更大。龚自珍的母亲为何拿方舟的文章来辅导幼童,而不用方苞的文章呢?其真实缘由,今天我们固然不得而知。如果要做一点猜想的话,其一,当时方舟以擅作八股文(时文)而名闻天下,选择他的文章作为效法的摹本,有利孩子进入科考;其二,方舟的文章更具象可感,容易为幼童所接受。当然也不排除有其母段驯的个人雅好。

——宋大樽(1746—1804),字左彝,号茗香,杭州人。这位宋先生是一位真正的读书人,不仅酷爱读书,且喜藏书,同时还著书。虽然当过国子监助教这类也算是在皇城的小官,但时间不长,即以老母患病而回归故里。然后,他的人生乐趣,就放在"三书"上。要论藏书,他的书屋中珍品多多,有焦竑精抄《洞天清录集》、丁龙泓手抄本《云烟过眼录》等。友人曾称他:"摊书尽日对窗嘘。"至于著述,诗文俱佳。他的诗,学李白,有逸气。著有《茗香诗论》《学古集》《牧牛村舍诗抄》。

这三位先生,前两位在龚自珍出生时,已经离世。而宋大樽则是一

---

① 引自陈铭著《剑气箫心——龚自珍传》第13页,浙江人民出版社2005年7月版。

位当时还健在的品学兼优的学者。

对这三位先生的诗文，龚自珍在写《三别好诗》绝句时，曾在诗序中谈道：

> 余于近贤文章，有三别好焉；虽明知非文章之极，而自髫年好之，至于冠益好之。兹得春三十有一，得秋三十有二，自揆造述，绝不出三君，而心未能舍去。以三者皆于慈母帐外灯前诵之，吴诗出口授，故尤缠绵于心；吾方壮而独游，每一吟此，宛然幼小依膝下时。吾知异日空山，有过吾门而闻且高歌，且悲啼，杂然交作，如高官大角之声者，必是三物也。

其时，龚自珍三十二岁，远离故土，客居北京。故文中有"独游"之说。"独游"独处时格外思念远方的亲人，因而龚自珍想到了慈母，想到了幼年慈母的教诲，心中有感而得此诗。

诗的序文说得很清楚，这三位先生的文章虽然非前贤文章中的极品，但之所以自己一直很珍爱，是因慈母最早将他们的文章传授给自己。尤其是吴梅村的诗，是母亲一句一句口授给他的，因而更为萦绕于心难以忘怀。这三位先生的诗文，对龚自珍早年的写作，也无疑产生了很深的濡染。说它们是一位幼童的精神乳汁，也应是妥帖的。且看，龚自珍如何分别用诗来倾诉儿时在母亲怀中读书情景，以及对三位先生的品评：

写吴梅村：

> 莫从文体问高卑，生就灯前儿女诗。

一种春声忘不得，长安放学夜归时。

（《右题吴骏公梅村集》）

写方舟：

狼藉丹黄窈自哀，高吟肺腑走风雷。
不容明月沉天去，却有江涛动地来。

（《右题方百川遗文》）

写宋大樽：

忽作泠然水瑟鸣，梅花四壁梦魂清。
杭州几席乡前辈，灵鬼灵山独此声。

（《右题宋左彝学古集》）[1]

龚自珍的母亲为何要以这三位近贤的诗文来做龚自珍最初的启蒙教材，目前无史料给予准确的答案。如果要猜想，也许是这些文学大家是当时名震一时的同代大儒，他们的某些诗文适合用来激发幼童对文字的感觉和兴趣，可以为日后更扎实的教育打下基础。

后人南社柳亚子读了龚自珍的《三别好诗》后，也仿其意作了一首高度赞美龚自珍的诗："三百年来第一流，飞仙剑客古无俦。……"[2]

道光三年（1823）农历七月初一，龚自珍母段驯卒。时年，龚自珍三十二岁。

---

① 《龚自珍全集》第466页，上海古籍出版社1975年版。
② 据《柳亚子词选》，人民文学出版社1959年版。

"学而优则仕"的父亲龚丽正

龚自珍虽说出身仕宦之家，但龚氏一族在仕途上真正比较有出息的是龚自珍的父亲龚丽正及叔父龚守正。在他们之前和之后，龚氏族人都不及龚丽正、龚守正仕途显达。

龚丽正有两个"父亲"（也即龚自珍的祖父），一个是生父龚褆身，一个是养父龚敬身。龚敬身是长子，但婚后长时间未生育，于是育有多个儿女的弟弟龚褆身就把龚丽正过继给兄长。没有想到龚丽正到了伯伯家不久，这个原以为妻子生不出孩子的伯伯家，却接二连三生了四个儿子，两个女儿。但继父待龚丽正视同己出，给予了良好的培育。而这个过继的儿子，也成了龚氏族谱中荣宗耀祖之人。

龚丽正算得上当官做学问两不误，两者都可圈可点。他对其子龚自珍的影响，当然是深入到骨髓中去的。

龚丽正生于乾隆三十一年（1766），卒于道光二十一年（1841）。请注意他的生卒年月，他与儿子龚自珍在同一年离世。龚丽正离世时间比儿子早五个月。他是在功成名就后七十五岁时寿终正寝；而他的儿子龚自珍却是在一生郁郁不得志中五十岁时暴卒。龚自珍的死因，也几乎成了一道千古之谜。本传后面将会做详尽分析。

龚丽正于乾隆六十年（1795）二十九岁时中举；第二年春顺利高中进士，授内阁中书，任礼部祠祭司主事；嘉庆十四年（1809），入军机处，任军机章京。军机处是清中后期的中枢权力机关，职能原为承名拟旨，参与军务，后逐渐演变为全国政令的策源地和行政中心，其地位远远高于作为国家行政中枢的内阁。军机章京虽然是军机处的普通官员，但因其所在的部门特别重要，因此进入此部门，是升官的捷径。当然军机处也是很多想迅速进入权力核心阶层的官员都想去的部门。龚丽正入军机处三年后，即被任命为徽州知府，成为州一级的行政长官。又三年，龚丽正改任安徽首府安庆知府。只在此任一年，又升任苏松太兵备道，是松江、苏州、太仓一带的最高行政官员，同时还兼任江苏按察使，为正三品官。龚丽正在这个权高位重的位置做到了道光五年（1825），在年近花甲时辞官回归故里，在杭州又主持紫阳书院十多年。

除了担任官员和晚年主持书院讲学授道，龚丽正著述也颇多，著有《三礼图考》《两汉书质疑》《国语补注》《楚辞名物考》。[①]

龚丽正对儿子的教育，在延请塾师之外，经常亲自辅导。龚自珍八岁时，龚丽正曾为儿子从《昭明文选》中挑选一些诗文，汇编成册，给儿子讲授。父子二人一同读书的情景在龚自珍的诗中也有记载：

因忆斜街宅，情苗茁一丝。

银缸吟小别，书本画相思。

亦具看花眼，难忘授选时。

泥牛入沧海，执笔向空追。[②]

写到这里，我们可以做一个非常明确的判断：龚自珍家学渊源，其童年是在浓郁的书香氛围中成长的。环绕龚自珍的至亲，从父母到外祖父都是学养非常深厚之人。一棵天才的树苗，如果栽在沃土里，获得充足的养料，它就可以迅速地长成参天大树；而如果一粒天才的种子，落到了沙漠里呢，那就不仅长不成大树，可能连芽也发不了。我们得承

① 据樊克政著《龚自珍年谱考略》第553页，商务印书馆2004年5月版。
② 《龚自珍全集》第445页，上海古籍出版社1975年2月版。

082

认，龚自珍成长的起点与普通百姓子弟显然是不一样的。

龚家给予龚自珍的不仅仅是学养，还有更重要的教养。家人的人格品行也无疑在龚自珍的生命中留下了深深的印痕。对于龚自珍的外祖父和母亲，在为人处世方面，未见更多的史料。但对其父龚丽正，倒是有一些记载——

梁章钜在《南省公余录》卷七中称：龚闇斋（"闇斋"为龚丽正的号）"父子相继入礼部，而闇斋德性温和恬静，为官场中所仅见"。这里说龚丽正是一个性情温和而内敛的人，这样的人在官场中不多见。一般来说，入职中央机关当官的人，即使不是"得志便猖狂"，起码也是气宇轩昂，自我感觉良好得很的。接下来该书中记录了一个细节，可说明龚丽正为官之认真谨严——在军机处，"军机章京除缮写谕旨外，其在京交片，外省知会及登记档簿，一切笔墨皆不用楷书，而闇斋则一以精楷行之，绝不作一行草字。""时都中有'小官大做，热官冷做，俗官雅做，闲官忙做，男官女做'之目。'热官冷做'即指闇斋也。""热官冷做"这一说法颇有趣且耐人寻味。龚丽正在官场的行事风格，由此可见一斑。①常言"老老实实做人，踏踏实实做事"，龚丽正算是此类人。

龚丽正的弟弟龚守正的一段文字记载，则活脱脱地描画出龚丽正为官是如何既"廉谨自持"，又仗义待人的。龚守正在《艳雪轩随记·家乘述闻》中称："……家闇斋六兄……为诸生时，一穷措大耳，而书院膏火所积，多以赠友。任京秩时，饔飧几于不继，而座客常满，乡、会试年尤甚。厥后郎中任满，将次外放，亲族之间，在京寓者愈多。每日两餐，设一圆几，少则七八人，多或至十二三人，无虚日也。往往冬衣不能取赎，而所得数金或数十金仍为亲族告贷而去。六兄好饮好客，而

---

① 据樊克政著《龚自珍年谱考略》第553页，商务印书馆2004年5月版。

诸客皆大户，每节酒债动辄五六十金。至出守新安，债盈巨万矣。在徽三年，廉谨自持，而亲族之不相谅者，仍络绎至署不绝。然六兄并不以亲族之来为可厌，且日以无力饮助为愧也。及升任上海观察……有数十年不通闻问之亲戚，而纡道以访之；有漠不相关冒认之亲友，而误周恤之。来者不拒，有求必应。无论其人之智愚贤不肖，无不礼为上宾，……大约九年之中，所费不少数万金。卒之六兄罢官后……不名一钱，……"①这段记载，粗通文言文者，一看皆能明白。从中我们可以看出，龚丽正为官以及待人的一些特点，其一，虽然他的官位在节节升高，但生活并不富裕；其二，宁可家里揭不开锅，但也不能慢待来访的亲友。他对慕名而来的亲族友人，不论亲疏，也不论过去是否有过往来，甚至根本连听也没有听说过，只要是冲着他来的，他都尽力相助，到了来者不拒，有求必应的地步。有些冒名的远房亲戚，到他这里蹭饭吃蹭酒喝，他也不以为意。说他离任时"不名一钱"可能有些夸张，但没有多少钱财积蓄恐是实情。做官做人到了这个地步，实在也极少见。而龚自珍的豪侠仗义，好结交四方朋友，乃至只要心气相投，即使引车卖浆者流也引为知己的行事做派，可能就是受了父亲这种待人处世方式的影响。

在嘉庆二十四年（1819）冬某日，寒风吹扑窗扉，发出瑟瑟声响。院内枯树枝条，也时时在窗棂上扫来扫去。上海苏松备道官署，忽有门人来报，有一书生模样的人要拜谒龚大人。龚丽正见来人，面晳而秀，却衣着破旧，一问，乃知其为袁廷梼之子。年轻书生出示家中珍藏之晋砚，求龚大人购藏。龚询其因，书生告知因父君去世后，家资泯然，生

---

① 据樊克政著《龚自珍年谱考略》第 554 页，商务印书馆 2004 年 5 月版。

活困窘。书生未想到，龚大人如此慷慨：即命下人拿来银两，"出资相赠，却不受其砚"。龚大人出资数额几何？未见记载，大概不会是一个小的数目。这位书生的父亲袁廷梼，曾是江浙一带读书人几乎无人不晓的集儒雅风流与豪侠仗义于一身的大"名士"。龚丽正为仕时，过其府，也曾受到礼遇。袁氏生前特喜红蕙花，曾广征天下名士作"赋红蕙花诗"，编《红蕙花诗》册，一时传为佳话。袁先生的儒雅和豪侠，当然是建立在殷厚的经济基础上的。谁能想到他离世不久，家道便衰落到要靠典当藏物以度日的地步。

　　龚丽正以豪侠之举，对待早年曾善待自己的豪侠之士的后人，自然给龚自珍烙下了深刻印象。而袁氏家族由盛而衰的悲凉，也让他感喟不已。他在袁廷梼编辑的《红蕙花诗》册后写绝句四首：

　　　　香满吟笺酒满卮，枫桥宾客夜灯时。
　　　　故家池馆今何许？红蕙花开空染枝。

　　　　读罢一时才子句，骚香汉艳各精神。
　　　　十年我恨生差晚，不见风流种蕙人。

　　　　歌板无聊舞袖凉，江南词话断人肠。
　　　　人生合种闲花草，莫遣黄金怨国香。

　　　　眼前谁是此花身？寂寞猩红万古春。
　　　　花有家乡侬替管，五湖添个泛舟人。①

---

① 《龚自珍全集》第442页，上海古籍出版社1975年2月版。

在诗中，龚自珍发出人生风流终有时，花开花落总无常的沧桑感叹。

历朝历代，仕宦之家或商贾富豪之家，都会出现一些没有出息只会寻欢作乐的纨绔子弟。这是见惯不惊的现象。其原因，固然或有大环境的因素，但"上梁不正下梁歪"，恐怕也是一个普遍性的事实。上代教育下一代的最有力的方式，无疑是其自身的言行。子弟的好或坏，走正途，走歧途，都跟这有直接关系。

父亲对龚自珍的帮助，还体现在写作和研究学问的具体实践上。嘉庆十七年（1812），龚丽正就任徽州知府。他上任伊始，就着手做一件事，让汪龙等几位当地的饱学之士共同修撰《徽州府志》。他让时年二十一岁的龚自珍也参与其中。这使龚自珍因此而得到一些文史考据方面的具体实务训练。龚丽正在徽州的任期只有三年，然后就调任安庆知府了。而这部《徽州府志》前后修撰了六年。龚自珍参与其中的时间当然也仅三年。①

有一点让笔者感到困惑的是，父亲和叔叔都是在清廷做大官，享受俸禄之人，龚自珍本人却为何对清王朝采取了一种激烈批判的"叛逆"姿态？我们知道，龚自珍外公段玉裁对他的那些政论性的批判文章，其态度是极为赞赏的。那么，龚丽正对儿子在诗文中发散出来的对当朝官僚制度以及种种社会弊端的批判，是怎么看的呢？从现存的史料看，尚未发现有反映其父态度的文字。既未见有激赏之语，也未见有苛责之语。或可据此判断：龚父对其子行止言论采取了默认包容的态度。沉默也是一种态度。在那个年代，以他统领一方大员的官位身份，能如此已

---

① 据陈铭著《剑气箫心——龚自珍传》第32页，浙江人民出版社2005年7月版。

经十分不易了。

倒是有一位老学究，把龚自珍"骂"了一通。

这位老学究名王芑孙，对年轻龚自珍的那些批判腐败黑暗社会问题的诗文，提出近乎苛刻的批评。这位老学究算得上是特立独行之人，"性情简傲，不屑阿谀取宠，媚事权贵"，被时人目为"狂士"。他在看了龚自珍的那些诗文后，大吃一惊：没有料到，还有比他更"狂狷"之人。他在给龚自珍的回复信札中，首先对龚自珍的才情，大加赞赏："昨承枉示诗文各一册，读之，见地卓绝，扫空凡猥，笔复超迈……"但他同时宣言批评这位后学——"诗中伤时之语，骂坐之言，涉目皆是，此大不可也。足下文中……上关朝廷，下及冠盖，口不择言，动与世忤，足下将持是安归乎？足下病一世人乐为乡愿，夫乡愿不可为，怪魁亦不可为也。"他以古人和自身为例，提醒龚自珍：如想在这个世道有所作为，就必须改变这种与世对抗的态度——"况读书力行，原不在乎高谈。海内高谈之士，如仲瞿、子居，皆颠沛以死。仆素卑近，未至如仲瞿、子居之惊世骇俗，已不为一世所取，坐老荒江老屋中。足下不可不鉴戒……"老先生甚至不无刻薄地指出，你龚家正是当今朝廷的得益者，你有必要如此愤世嫉俗吗？——"然今足下有父兄在职，家门鼎盛，任重道远，岂宜以跅弛自命乎者？"[1]

老先生一番话，可算是出自肺腑，语重心长，是他一生蹉跎的经验之谈。

龚自珍有没有吸收老先生的意见呢？从他后来的行止看，可谓仍是我行我素。老先生说的当然有一定道理，你如想当名臣名儒，想依附现有体制有所作为，像龚自珍这样惊世骇俗的"怪魁"，是不能为当世所

---

[1] 据孙文光、王世芸编《龚自珍研究资料集》第 7 页，黄山书社 1984 年 12 月版。麦若鹏著《龚自珍传论》第 210 页，安徽大学出版社 2005 年 7 月版。

容的。龚自珍后来的命运恰好印证了老先生的判断。

但龚自珍如果真的听纳了老先生的诤言，从此将嘴巴封闭起来，那么，龚自珍还是今天的龚自珍吗？就能确保龚自珍仕途亨通吗？龚自珍即使成了权高如王安石那样的重臣，能够挽已经开始衰朽的王朝大厦于既倒吗？

"老顽童"叔外公段玉立

在龚自珍的家人中，对龚自珍成长留下深刻记忆的还有一位叔外公段玉立。这位老先生是外公段玉裁的弟弟，在龚自珍十六岁前后，住在侄女段驯北京家中。少年龚自珍跟这位叔外公有一段相伴相处的快乐时光。

在龚自珍十二岁时，龚家为孩子延请了一位青年才俊宋璠做塾师。但这位塾师教了龚自珍一年多后，就回乡参加乡试，考上了举人，不再给龚自珍教书了。龚自珍的学习转到了私塾学堂。到了十六岁时，龚自珍经常逃学。逃学的原因，不仅是贪玩，恐也有他对塾师教学不感兴趣的因素。聪颖过人的少年龚自珍，在这一年已经开始读《四库提要》，并且从事目录之学的研究。[1]私塾学堂里那些关于典籍教学的公共课目，大概已经满足不了他的学习需求了。

逃学后到哪里去呢？到法源寺。那里自然环境好，加上到法源寺来烧香拜佛的人也多，是一个好玩的去处。每每发现龚自珍逃学时，叔外公段玉立便到法源寺去寻找他。龚自珍一见叔外公来了，就隐入修竹茂

---

[1] 龚自珍《己亥杂诗》第六十七首自注："年十六，读《四库提要》，是平生为目录之学之始。"转引自樊克政著《龚自珍年谱考略》第51页，商务印书馆2004年5月版。

林中。老头子便钻入竹林中左寻右找，一老一少玩起了捉迷藏的游戏。老头子时而还发出怪叫，吓唬孩子赶紧束手就擒："哈哈，我看到你了，还不赶紧出来？"等到将孩子逮住时，两人皆哈哈大笑。庙里的和尚戏称这一老一少为"一猿一鹤"。"猿"当然是指像小猴子一样到处乱钻的龚自珍，"鹤"就是段老先生了。对此龚自珍在三十五岁重游法源寺时，想起了少年时与叔外公嬉戏的情景，不禁油然而生恍若隔世的怅然感，于是赋诗一首。在诗序中说："丙戌秋日，独游法源寺，寻丁卯、戊辰间旧游，遂经过寺南故宅，惘然赋。"诗曰：

> 髫年抱秋心，秋高屡逃塾。宅住不可收，聊就寺门读。春声满秋空，不受秋束缚。一叟寻声来，避之入修竹。叟乃喷古笑，烂漫晋宋谑。寺僧两侮之，谓一猿一鹤。归来慈母怜，摩我百怪腹。言我衣裳凉，饲我芋栗熟。……

这一老一少，常常就坐在法源寺的幽静处，一起诵读诗文。可谓其乐也融融。法源寺成了龚自珍的第二私塾学堂。而回到家后，母亲段驯非但不责怪，而是赶紧给儿子拿吃的，又嘘寒问暖，担心儿子衣单着凉。这样的温馨感确实使人难以忘怀。

先生在诗的最后感叹：

> 千秋万岁名，何如小年乐？

年已三十五岁而功名未就的龚自珍，此时想起儿时的快乐时光，居然有了一种想出世的念想了。①

　　此外，龚自珍还有一个妹妹，名自璋，字瑟君，号圭斋。时人评其
"诗文字画各臻神妙"。②著有《圭斋诗词》。归懋仪有诗赞自璋："脱口
吟成绝妙词，笑拈斑管写新诗。忆君天性耽风雅，砚匣随身不暂离。"③
因其字体娟秀，曾代母录写《绿华吟榭诗草》，后来嫁给了徽州朱振祖
先生。朱振祖，字检之。廪生。曾官浙江盐大使、江苏石港盐大使，著
有《说文假借引申义略》等。龚自璋度过了一个传统女子平淡、平静
的一生。她与哥哥龚自珍之间曾有过什么更密切的交往？未见有更多史
料记载。

① 《龚自珍全集》第 478、479 页，上海古籍出版社 1975 年 2 月版。
②③ 引自樊克政著《龚自珍年谱考略》第 562 页，商务印书馆 2004 年 5 月版。

第五章

交游

常言："物以类聚，人以群分。"考察一个人的精神思想历程，了解一个人的人格品性，一个有效的测试方式是，看他经常与哪些人交往，与他呼朋引类的是哪些人。"近朱者赤，近墨者黑"，不能说是绝对的，但凡引为知己者，一定是同气相投之人，在自己生命中刻下印痕之人。

本章集中展示与龚自珍曾有过深度交往的人——那些曾深深影响过龚自珍的同代人。

塾师宋璠

宋璠为浙江建德人氏，嘉庆七年（1802），以选拔贡士来京师，住刑部员外郎戴公家。嘉庆八年（1803），龚自珍十二岁，按照正常情况早就该请塾师对他进行严格的教育了。因父母心疼从小体弱的儿子，也因父亲龚丽正忙于自己的仕途，一直到这一年，全家终于在北京安定下来。父母就开始给龚自珍物色合适的老师。

因刑部员外郎戴公的推荐，宋璠来到龚家担任龚自珍的塾师。按照龚自珍的文字记载，宋璠于嘉庆七年（1802）入主龚家担任塾师。经考证，龚自珍的记忆或有误，宋璠给龚自珍当塾师，应该是在嘉庆八年（1803）。因龚自珍于嘉庆六年（1801）离京返杭以后，至嘉庆八年（1803）七月才随父母再次到京。①

也就在这一年春，白莲教起义军余部击杀甘肃提督穆克登布；

闰二月，御用厨师陈德行刺嘉庆未遂；

十月，江西石城等县廖干周起义，不久即告败。②

宋璠担任龚自珍的塾师时间只有两年左右，但对龚自珍却有重要影响。宋先生年龄只有二十五六岁，刑部员外郎戴公愿意推荐给龚家，肯定是赏识他的才学。宋璠在京任塾师，不仅仅是给龚自珍教学，他同时给浙江同乡的很多仕宦人家的弟子上课。用今日的话叫"勤工俭学"，因宋璠家境贫寒，对父母十分孝顺，而自己又是勤苦攻读诗书之人，为了维持生计，不增加父母负担，他便给很多仕宦人家当塾师。有这位思想活跃、自身也勤奋好学的青年才俊当老师，对龚自珍的成长幸莫大焉。这位塾师读书之勤苦到了何种程度呢？"其治经也，总群书并进，天旦而起，漏四下而寝……"③自身读书勤苦至此，而又要用很多精力教学，难免要过度地透支其体力。因而，这位青年才俊年仅三十三岁就

① 引自樊克政著《龚自珍年谱考略》第44页，商务印书馆2004年5月版。
② 据郭延礼著《龚自珍年谱》第18页，齐鲁书社1987年10月版；樊克政著《龚自珍年谱考略》第46页，商务印书馆2004年5月版。
③ 《龚自珍全集》第173页《宋先生述》，上海古籍出版社1975年2月版。

在贫病交加中辞世，不禁令人为之垂泪。十多年后，龚自珍仍深深怀念这位恩师，饱含深情地写下《宋先生述》一文。

宋璠是如何教导少年龚自珍的呢？是不是也同样"总群书并进"呢？我想他的治学方式，无疑也会影响到他的教学方式。龚自珍既然在文中如此记载，可以肯定这位先生也是采取了不拘一格的方式来辅导学生。他所采用的教材，不仅仅有官方"钦定"的四书、五经一类，还有诗词歌赋等。书法练习是少不了的，因为参加入仕的科考，阅卷考官对卷子上的书法也是有严格要求的。当时称其为馆阁体，是一种蝇头小楷，要求字体端正，一笔一画都中规中矩。看到老师自己在那里一丝不苟地练书法，顽皮的龚自珍却对书法练习不感兴趣，自个儿跑到窗户边，随意涂鸦。后来，龚自珍的书法在参加科考中，常常遭到考官的诟病。对此，龚自珍在《跋某帖后》中回忆道：

> 嘉庆甲子，余年十三，严江宋先生璠于塾中日展此帖临之。余不好学书，不得志于今之宦海，蹉跎一生。回忆幼时晴窗弄墨一种光景，何不乞之塾师，早早学此？一生无困厄下僚之叹矣，可胜负负！

龚自珍把自己官场之不得志，归之于书法不工，悔恨当初未听塾师言，练出一笔让考官满意的字来。这当然有偏颇之处。只能说龚自珍的书法不太符合通常的考卷要求，是他在考场吃亏的因素之一。他的不得志，有更为复杂的自身和社会原因。龚自珍在官场顿挫的详情，笔者将在后面章节细述。

在此文后，龚自珍还有一段话：

> 壬辰八月望，贾人持此帖来，以制钱一千七百买之，大醉
> 后题。翌日见之大哭。[①]

  龚自珍偶然从商人手中购得儿时老师教学曾用过的字帖，不禁睹物
生情。先是喝得酩酊大醉，醒来又泪雨滂沱。可见他内心是如何痛苦。
这里既有对恩师的怀念，也有因自己仕途坎坷而生的悲怆。

  从有限的史料看，宋璠对龚自珍的辅导，其方法是灵活多样的。不
仅选取的经典教材不限于某一家，而且在出题命学生作文时，也体现出
他理性与感性并举的兼容。他曾给十三岁的龚自珍出过《辩知觉》这样
充满哲思的高难度的论说文题目，也出过《水仙花赋》这样的能够激发
孩子诗情和想象力的题目。而且，宋先生较早地发现了龚自珍所具有的
特殊的才情。《辩知觉》一文，后收入《定庵文集补编》，笔者读此文，
感慨万端，也羞愧万分，什么叫"天才"，此之谓也。这篇出自于十三
岁少年的作文，有必要全文录此，便于读者赏读：

> 嘉庆甲子，自珍从严江宋先生读书。先生问焉曰：伊尹曰，
> 先知知后知，先觉觉后觉。知与觉何所辩也？自珍对曰：知，
> 就事而言也；觉，就心而言也。知，有形者也；觉，无形者也。
> 知者，人事也；觉，兼天事言矣。知者，圣人可与凡民共之；
> 觉，则先圣必俟后圣矣。尧治历明时，万世知历法；后稷播五
> 谷，万世知农；此先知之义。古无历法，尧何以忽然知之？古
> 无农，后稷何以忽然知之？此先觉之义。子贡曰："夫子之文
> 章，可得而闻？"此先知之义。"夫子言性与天道，不可得闻。"

[①] 《龚自珍全集》第302页，上海古籍出版社1975年2月版。

此先觉之义。孔子学文、武之道，学周礼，文、武、周公为先知，孔子为后知，此可知者也。孔子不恃杞而知夏，不恃宋而知殷，不乞灵文献而心通禹、汤，此不可知者也。夫可知者，圣人之知也；不可知者，圣人之觉也。[1]

宋璠先生非常欣赏学生的作文，评其文为"行间酸辣"。龚自珍文之风格，犀利尖刻，"所向披靡，于此始见端倪"。[2]

就在这一年，宋璠先生还曾以《水仙花赋》为题让龚自珍作赋，龚自珍交上来的答卷，让宋先生又大吃一惊。前文以思辨见长，而此文则文采飞扬，声情并茂，摇曳多姿，寓意深刻，无法想象这又是十三岁少年的笔墨。龚自珍多年之后，在编辑自己文集"少作"一卷时，将此文排卷首：

有一仙子兮其居何处？是幻非真兮降于水涯。鞞翠为裾，天然妆束；将黄染额，不事铅华。时则艳雪铺峦，懿芳兰其未蕊；玄冰荐月，感雅蒜而先花。花态珑松，花心旖旎。一枝出沐，俊拔无双。半面凝妆，容华第几？弄明艳其欲仙，写淡情于流水。磁盆露泻，文石苔皱。休疑湘客，禁道洛神。端然如有恨，翩若自超尘。姑射肌肤，多逢小劫。玉清名氏，合是前身。尔乃月到无痕，烟笼小晕。未同汀蓼，去蓦秋水之神；先比海棠，来占春风之分。香霏暮渚，水云何限清愁；冰泮晨洲，环佩一声幽韵。别见盈盈帘际，盎盎座隅。璧白琮黄，色应中西之位；縈红梅素，吟成兄弟之呼。雾幛低徊而欲步，冰绡掩

---

① 《龚自珍全集》第 127 页，上海古籍出版社 1975 年 2 月版。
② 据郭延礼著《龚自珍年谱》第 20 页，齐鲁书社 1987 年 10 月版。

映以疑无。水国偏多，仙台谁是？姿既嫣乎美人，品又齐乎高
士。妍佳冷迈，故宜涤笔冰瓯者对之。①

有学人称，此赋出自十三岁少年之手，固然表现出龚自珍早慧之
非凡才情。但行文还是显得幼稚繁复了一些。但此公有所不知，"繁复"
和讲究铺排，正是赋这类文体的特点。要不然，那种酣畅淋漓的抒情意
味则难以表达。

龚自珍那种大气磅礴的理性思辨能力和兼具哀艳杂雄奇的情感抒发
艺术感觉，在他的少作中已初现端倪。这固然与龚自珍的天赋才华分不
开，但在他的成长过程中，这位青年才俊宋璠先生的辅导也居功至伟。

前面曾说到，宋璠担任塾师，同时还给浙江同乡的一些其他仕宦
人家的子弟上课。从有关文献看，似乎浙江的子弟中，也有些集中在某
个地方上课，要不然龚自珍怎会与少年同学袁桐结下深厚的友情呢？袁
桐是浙江大诗人袁枚的侄儿，也来自杭州。两个孩子一起上学，一起玩
耍，乃至一起作文赋诗，成了关系最密切的童年伙伴，这些交往给龚
自珍留下了许多的美好童年记忆。多年后，他在词中写道："放学花前，
题诗石上，春水园亭里。逢君一笑，人间无此欢喜。"这位袁桐也很有
才华，但仕途也蹉跎坎坷，只做过辅佐知府的通判一类小官，与龚自珍
的命运相似。②

宋璠在龚自珍十三岁这一年［嘉庆九年（1804）］，应顺天乡试，中举
人。他离开北京，不再担任龚自珍的塾师。虽然乡试还算顺利，但在会试
时落第。在嘉庆十五年（1810）病逝，年仅三十三岁。无后嗣。这位勤苦
的青年才俊，也未见有著作传世。他的名字，因龚自珍而被后人铭记。

---

① 《龚自珍全集》第 409 页，上海古籍出版社 1975 年 2 月版。
② 据麦若鹏著《龚自珍传论》第 12 页，安徽大学出版社 2005 年 7 月版。

"狂士"王昙

王昙乃是年长龚自珍一辈的赫赫有名的奇人，而龚自珍与王昙的结交也非常奇特。

是年龚自珍十八岁，而王昙已是近天命之年。龚自珍家由北京宣武门横街搬迁到门楼胡同。在这一年春某日，啸叫的大风裹挟着黄沙，漫天乱舞。一不小心，沙粒侵入眼中则泪流不止。这样的天气，除非有要事办理，大多数人皆关门锁窗，绝少出门。街面上行人稀落。

龚自珍正在家闭门读书写诗，忽然听到橐橐的敲门声。拉开门一看，一位面容清癯而双目炯炯有神的老者立在门前。其人自报姓名，称是特地来访。龚自珍一听是王昙，王举人，免不了大吃一惊，赶紧将其让进屋内。其人之狂名，在京城的士人中无人不知。其人之狂傲和放荡不羁到了何种程度呢？龚自珍在王昙病故后撰写的《王仲瞿墓表铭》中记载：

> ……每会谈，大声叫呼，如百千鬼神，奇禽怪兽，挟风雨、水火、雷电而上下，座客逡巡引去，其一二留者，伪隐几，君犹手足舞不止。以故大江之南，大河之北，南至闽、粤，北至山海关、热河，贩夫走卒，皆知王举人。言王举人，或齿相击，如谈龙蛇，说虎豹。[①]

[①] 《龚自珍全集》第 146 页，上海古籍出版社 1975 年 2 月版。

在龚自珍的笔下，这样一个人的行止，大概不能仅仅用一个"狂"字来概括了，几乎算是超乎寻常的疯癫之态了。其名声如此之大，远播大江南北，除了皇帝，几乎无人可比。如果放在今日，早就将他送进精神病院了。让我们稍稍了解一下王昙举人的经历，看看他是为何从平常人变得如此癫狂的。

王昙（1760—1817），字仲瞿，又名良士。浙江秀水（今嘉兴）人，一七九四年举人。据史载，此人不仅博学多识，且擅骑马弯弓，是文武兼通的奇才。论学识，著有《烟霞万古楼文集》六卷，《仲瞿诗录》一卷，还有《西夏书》《随园金石考》等多种著述散佚；论武艺，善弓矢，通兵法。这样的人才，本该成为社稷股肱，但却不为当世所用。在他考中举人后，成为左都御史吴省钦的门生。时和珅弄权，王昙曾三次上书吴省钦弹劾和珅，但不为吴省钦所接受。吴省钦与和珅究竟是什么关系呢？今人的相关著作中用了"有瓜葛"一词，实在有点说不清道不明的意味。大体是他看到和珅的前景开始不妙，既不想巴结他，但在他垮台之前也不想得罪他。在四川、湖北发生农民起义时，吴省钦故装痴呆，推荐门生王昙去镇压起义，称他有"掌中雷"之奇功，可击败叛军。和珅未采纳他的意见。等到嘉庆清算和珅及其党羽时，吴省钦因与和珅保持一定的距离，未被列入和珅党羽而遭株连。但让人感到莫名其妙的是，因吴举荐过王昙，王昙就被一些人认定他是和珅的党羽，遭到排挤、打击。由于他的地位低，虽然没有把他抓起来处以刑罚，但从此却在"潜规则"中，把他列为不得录用之人。只要王昙参加科考，考官发现考卷疑似王昙，即将之甩到一边。王昙屡考屡败，即使他更名良士，也躲不过"落败"的命运。看来，他的"掌中雷"功力有限，起码连考官的眼睛也无法蒙蔽过去。王昙在对自己官场前景彻底绝望后，不再参加考试，索性放浪形骸，随心所欲，在癫狂之态中度日……龚自珍称他

"一切奇怪不可迹之状，皆贫病怨恨，不得已诈而遁焉者也"。

如此疯癫狂傲之人，屈尊来找这个小他几十岁的年轻后生干什么呢？这里也有非常奇特的原因。这位老先生进门后给龚自珍的感觉，虽然衣服神情一副落拓不羁的模样，但也并没有传说的那么傲慢。或许应该说，他既然自己来这里，就不是来"摆谱"的。据王昙本人称，是一位住李铁拐斜街的名"矮道人"的道士介绍他来的。传说矮道人活了三百余岁，但仍"色如孩，臂能掉千钧"，王昙走访道人，道人对他闭目无语。王昙蹭蹬良久，道人才对他说，京师有比他更神奇之人，"夜有光，如六等星，青霞绕之，青霞之下，当为奇士庐，盍求之"。王昙说他听了矮道人的话，并不以为真，笑曰："如师言哉？"笑归笑，王昙还是按照他的指点，循着"夜有光……青霞绕之"找过来，没料到就找到了龚自珍的家，碰见了这位看上去英俊挺拔的年轻书生。

居然有此等事？有点像神话故事。是王昙先生自己编出来的？听闻龚丽正家公子才学非凡，他想一见，于是编出这段类似皇帝出生，天降蛟龙之类的神话？但此段逸事，白纸黑字，真真切切记载在龚自珍写的《王仲瞿墓表铭》中。①

不管是什么缘故，这两位年龄差距很大，但同样都很博学的人一见如故，相谈甚欢，相互约定为忘年交，今后常来常往。王昙愤世嫉俗的举止，犀利深刻的言谈，对社会问题的批判性思考，肯定对青年龚自珍有很多启迪。龚自珍的思想言行，有多少是受了他的影响，虽然难以做精确的考证，但有影响则是肯定的。龚自珍后期的一些近乎癫狂的行止，难免让人联想到已经故去的王昙。那位名王芑孙的老学究在给龚自珍的信函中提到"海内高谈之士，如仲瞿、子居，皆颠沛以死……"，

---

① 《龚自珍全集》第146页，上海古籍出版社1975年2月版。

奉劝龚自珍勿学此二人，此"仲瞿"即王昙也。

龚自珍与王昙的交往密切到何种程度，未见更多记载。可以肯定的是，相识七年后〔嘉庆二十一年（1816）〕，王昙曾到上海走访龚自珍，与龚自珍朝夕相处了一个月。他们之间无疑有过难以计数的促膝深谈。

王昙生前所作《虎丘山岌室志》中有一段夫子自道："读书而有益于身者为理义，读书而有益于人民者为经济。学王夷甫者事废，学王介甫者人废。以予周视一万里之疾苦，四千年之利弊，而不得宰一县官之地，为贤良，作循史。以吾为罗隐、方干，吾亦视文字功名如敝屣。有十八篇议论，留以为后世生民之利。"①

对王昙的文武才艺，沈涛《瓟庐诗话》中谈道："王仲瞿……诗文有奇气，又能为公孙大娘技，好谈兵法……屡上春官，不售，行益不羁，落魄以死。诗稿藏陈云伯处，金石千声，云霞万色，流铃掷火，诞幻靡涯。"②"金石千声，云霞万色，流铃掷火，诞幻靡涯"——以此十六字来描述龚自珍诗词的某些特质，也是十分妥帖的。

王昙虽然一生清贫，但在他娶了继室金孺人后，生活还算能维持。因他的这位妻子也是一位奇女子，不但能诗文，更让人叫绝的是画艺高超。"凡人物、仕女、山水、花卉，悉能师心独运，妙夺古人，尤精画佛，庄严妙丽，得者宝之。"③因而求画者接踵而至，王昙夫妇以卖画获得的资费也就能维持生计。两人以诗文书画相商榷，志趣相投，日子过得倒也很充实。遗憾的是，这位才女画家妻子，三十六岁就先于王昙十年病逝。到了晚年，王昙几乎是靠朋友接济生存了。龚自珍曾为金孺人画集作序。

---

① 引自麦若鹏著《龚自珍传论》第 141 页，安徽大学出版社 2005 年 7 月版。
② 引自樊克政著《龚自珍年谱考略》第 56 页，商务印书馆 2004 年 5 月版。
③ 据郭延礼著《龚自珍年谱》第 26 页，齐鲁书社 1987 年 10 月版。

嘉庆二十二年秋（1817），王昙病故于吴中华严庵。享年仅五十七岁。龚自珍助其葬于虎丘山，并为之撰墓表铭。

"睁开眼睛看世界第一人"魏源

嘉庆二十四年（1819），中国近代史上的两位启蒙大家在北京第一次相会。

此二人，一人为龚自珍，一人为魏源。

魏源，字默深，别号良图，湖南邵阳人，被誉为中国近代史上"睁开眼睛看世界第一人"。这一说法，或许不尽准确。据魏源撰《定庵文录序》中说到龚自珍"晚尤好西方之书，自谓造深微云"[1]。按此说法，龚自珍与魏源几乎是同时开始关注西学之书。只是魏源比龚自珍小两岁，又比龚自珍多活了十六年。在龚自珍去世后，魏源激愤于一八四○年鸦片战争的失败，开始着手编撰奠定他启蒙大家地位的皇皇大著《海国图志》。这部书初始为五十卷，后不久增补为六十卷，到了正式刊布于扬州时已有百卷。这是一部中国近代史上最早由国人自己编写的有关世界各国情况介绍的巨著。书中征引了历代史志十四种，古今各种著述七十多种，其史料来源还有外国人的著述，如英国人马礼逊的《外国史略》、葡萄牙人马吉斯的《地理备考》等二十余种。

史家普遍认为，这部世界地理性质的巨著，有三重价值：一是打破了天朝中心的史地理念；二是传播了世界各国的地理、文化、自然等新知识；三是开启了中国近代"睁开眼睛看世界"，向西方学习先进文化

---

[1] 据孙文光、王世芸编《龚自珍研究资料集》第32页，黄山书社1984年12月版。

技术成果的时代风气。

因此，魏源不仅自己研究西学之书，睁开眼睛看世界，更重要的是帮助中国人睁开眼睛看世界。虽然，他的整体诗文成就逊于好友龚自珍，仅这一点，他比龚自珍走得更远。龚自珍也曾对如何处置外来入侵者问题写过文章，题为《东南罢番舶议》，谈的是如何对付鸦片毒品贸易问题。此文已散佚。

《海国图志》的核心理念产生了深远的时代影响，成为改变中国的重要思想杠杆。正如魏源在书的序言所说："是书何以作？曰：为以夷攻夷而作，为以夷款夷而作，为师夷长技以制夷而作。"魏源批评中国人，在多年的对外贸易中，始只接收那些"奇技淫巧"，继则迷于"邪教、鸦片"等有害之物，而"独于行军利器则不一师其长技，是但肯受害不肯受益也"。

"师夷长技以制夷"，稍有中国近代史知识的人，大概无人不晓这句名言。

魏源用一部实实在在的经世致用的开创性的巨著改变了中国。他的老友龚自珍九泉下有知，一定又会为之写出豪气干云的新诗吧？

这一年，两人都在京参加科考。龚自珍是参加会试，而魏源是参加顺天乡试。会试三月完成，四月放榜，龚自珍落第。而魏源中副榜，被称为副贡生，可入国子监读书。陈铭先生在《剑气箫心——龚自珍传》第六十页写道："嘉庆二十四年（1819）会试，魏源也是参加考试的士子，和龚自珍同样落第。"陈先生误以为，两人同是参加会试。而樊克政在《龚自珍年谱考略》第一百四十五页明确记载："本年（1819），魏源中顺天乡试副贡生。"同时参加考试，考试具体时间和等级均不同也。两人最初的结识，是在何种场合，然后开始相互"切磋古文辞"的呢？①
是经友人介绍结识，还是在吏部右侍郎王鼎的家宴上？前者不可考，后者
是有文字记载的。虽然是会试落第人，但龚自珍毕竟是江南苏松太兵备道
的公子。凭借他父亲的人脉，他走访一些既有学识又有地位的官员也是
人之常情。就在这样的情境下，他和魏源都同时受邀参加王府的家宴。

主人王鼎是西北汉子，豪放之人。虽然他比龚、魏都要年长二十多
岁，地位也要高得多，但此人十分敬重有才学的年轻人，主客酬酢半酣
之际，他听闻龚、魏善诗，就请他们即席赋诗。魏源的诗写了没有，写
得如何？未见流传。但龚自珍写的诗传了下来，题为《饮少宰王定九丈
（鼎）宅，少宰命赋诗》——

天星烂烂天风长，大鼎次鼎罗华堂。
吏部大夫宴宾客，其气上引为文昌。

这里描写王鼎大宴宾客的情景。"文昌"是指传说中的"文昌星"，
因王鼎在吏部任职，主管官吏考核。

主人佩珠百有八，珊瑚在冒凝红光。
再拜釂客客亦拜，满庭气肃如高霜。

这里继续写王鼎宴请宾客。前句写主人身着华贵的官服（"冒"即
"帽"），后句写主人与宾客间相互敬酒。但主客相互间似乎还比较拘
谨，气氛肃穆，还不够轻松。

---

① 捃郭延礼著《龚自珍年谱》第57页，齐鲁书社1987年10月版。

> 黄河华岳公籍贯，秦碑汉碣公文章。
> 恢博不弃贱士议，授我笔砚温恭良。

王鼎籍贯为陕西蒲城，故这里有"黄河华岳"句。这里对主人有所赞誉，一说他的文章古雅，如"秦碑汉碣"，二说他为人谦和，礼贤下士。自身低调，却鼓励年轻人泼墨挥毫，展示才学。

> 择言避席何所道？敢道公之前辈韩城王：
> 与公同里复同姓，海内侧伫岂但吾徒望？

这里笔墨一转而写王鼎的同乡王杰。王杰为陕西韩城人，故句中用"韩城王"。王杰是乾隆朝时的东阁大学士。写王杰，作者当然意在借王鼎的同乡，映衬王鼎。下面几句仍是写王杰，而为后面作者批判现实做铺垫——

> 状元四十宰相六十晚益达，水深土厚难窥量。
> 维时纯庙久临御，宇宙瑰富如成康。
> 公之奏疏秘中禁，海内但见力力持朝纲。
> 阅世虽深有血性，不使人世一物磨锋芒。

这里前三句都是写王鼎同乡王杰。这位官至宰辅的士人中的佼佼者，有幸在乾隆盛世时成为股肱大臣，得到皇帝的倚重和高度信任，无疑是士人歆慕的官场成功楷模。龚自珍希望王鼎也像王杰那样，不断地得到皇帝的重用并有所作为。如果说，以上文字都带有一点礼仪和铺垫的意思，到了这里第四句，就开始进入实质性的内容了。这里是说王杰还是王鼎，虽然阅世很深，却不圆滑世故，仍保持一种血性和锋芒呢？据中华书局二〇〇九年版《龚自珍诗词选》中对该诗的注释，说是写王鼎"保持刚正不阿的气节和锋芒毕露的性格"。但从诗的上下句看，似乎仍在说王杰。但不管是赞美王杰还是王鼎，用了"血性"和有"锋芒"这样的字眼，其潜台词是不言自明的。官场里最缺的就是这玩意儿。

再继续读下去，"锋芒"来了——

> 迩来士气少凌替，毋乃大官表师空趑趄；
> 委蛇貌托养元气，所惜内少肝与肠。
> 杀人何必尽砒附？庸医至矣精消亡。
> 公其整顿焕精采，勿徒须鬇矜斑苍。
> 乾隆嘉庆列传谁？第一历数三满三汉中书堂。
> 国有正士士有舌，小臣敬睹吾皇福大如纯皇。

近来士大夫精神有些颓废（"凌替"，颓废），那些大官们的言行举止，难以产生影响力。他们一副唯唯诺诺的模样，貌似修身养性，就像腹内没有肝肠的木头人那样缺少生气。杀死人的有时并不全是砒霜之类的毒药，庸医也照样害死人的性命。扼杀人才的就是那些平庸而无所作为的官僚们。希望王公能整顿吏治，改革弊政，不要让那些看上去"须鬇"斑白的官僚们无精打采地混日子。国家有正直敢言的才智之士，是皇帝的福分。[①]这首即席所作的长诗，充分表现出龚自珍的诗才，让主人和参加宴席的宾客佩服是毫无疑问的。同时，诗中近乎怒斥的对官僚

---

① 《龚自珍全集》第499页，上海古籍出版社1975年2月版。注释参见孙钦善选注《龚自珍诗词选》第3页，中华书局2009年8月版。

阶层的批判，大概也让大家惊吓得为龚自珍捏一把汗。在常人看来，在吏部大员的家宴上，岂可用如此激烈的言辞批评时政？

因此，龚自珍的好友魏源出来圆场，认为龚的诗句，有些地方可以做一些修改，诗句可更妥帖。他建议龚自珍把诗中"不使人世一物磨锋芒"，改为"不使朝宁争锋芒"；把"毋乃大官表师空趋跄"，改为"如鱼逐队空趋跄"；把"所惜内少肝与肠"，改为"畴肯报国输肝肠"；把"公其整顿焕精采，勿徒须鬓矜斑苍"，改为"得公整顿焕士气，岂唯须鬓矜斑苍"。①这一改，确实锋芒钝减了不少。不知当时龚自珍接受了他的修改意见没有？或许有争执，或许一笑了之。可以确证的是，王鼎并没有因诗中锋芒毕露而不愉快。

从王鼎后来的经历看，此人是非常富有正义感的官员。在林则徐因禁烟、抗击英国侵略者而被投降派诬陷含冤谪戍新疆伊犁时，王鼎为之力谏申辩，但道光帝不纳。他又起草遗书弹劾大学士穆彰阿擅权卖国，自己则自缢身亡，史称尸谏。《清史稿》称此人"清操绝俗，生平不受请托，亦不请托人。卒之日，家无余赀"。以此看，龚自珍在诗中对王鼎的赞誉是符合王鼎的品性的，不是一般的奉承。而王鼎对龚自珍诗中所表现出的对官僚阶层的激烈批判词句，采取了不以为忤的包容态度，也是可以理解的。他们的心是相通的。②

龚自珍和魏源两人的性格有较分明的区别，一个激烈外露，一个温和持重，但两人却能够相互包容，自从相识后就一直保持着友好的交往。非常难得的是，他们发现了对方的缺点，则毫无遮掩地以诤言相告。龚自珍在信中批评魏源治学，在繁琐的考订中过多消耗了自己的精力，而不善于综观全局，抓住要害，在作诗中也有为文辞而文辞的

① 《龚自珍全集》第499页，上海古籍出版社1975年2月版。
② 据孙钦善选注《龚自珍诗词选》第4页，中华书局2009年8月版。

倾向，认为他"颇喜杂陈枚举夫一二琐故，以新名其家，则累矣累矣。古人文学，同驱并进，于一物一名之中，能言其大本大原，而究其所终极；综百氏之所谭，而言其义例，遍入其门径，我从而筦（同"管"）钥之，百物为我隶用"①。龚自珍的批评当然尖刻而有道理，但治学与作文，往往与人的性情、天赋密切相关。以魏源的性情，他断写不出《明良论》那样气势如虹的政论来，但他能沉下心来写出一部偏重考订的大著《海国图志》来，也算是抓住了自己才学的本质。

魏源在给龚自珍的信中，非常担心好友因狂狷口不择言而影响前途，乃至给自己和家人带来可怕的祸患。他在信中说："近闻兄酒席谈论，尚有未能择言者，有未能择人者，夫促膝之言，与广廷异，密友之争，与酬酢异，苟不择地而施，则于明哲保身之义，深恐有关，不但德性之疵而已。承吾兄教爱，不啻手足，故率而诤之。然此事要须痛自惩创，不然，结习非一日可改，酒狂非醒后所及悔也。"这段话真是兄弟之言，出自肺腑。但龚自珍的个性会因此而改变吗，他从此会变得谨言慎行起来吗？从龚自珍一生的行状看，好友的劝告并未使他从此而改弦更张。

这两位近代史上的名人，可视作和而不同的典范。虽然在思想、治学、为人、性情等方面存在着迥然不同的差异，他们的才学有高下，治学兴趣路径有所异，但都未影响到他们之间的友谊。他们曾在一起共事多年。道光六年（1826），魏源会试后落第，纳资为内阁中书。其时，龚自珍已任内阁中书多年，他们之间有很多交往和治学上的交流。龚自珍在道光九年（1829）写的《书果勇侯入觐》中说："源也雅材，龚自珍友之。"而在道光十一年（1831），魏源因父病回乡省视，随后父病逝。魏源在次年应两江总督陶澍邀请赴南京商议盐务，其间写有诗《客怀八

---

① 《龚自珍全集》第336页，上海古籍出版社1975年2月版。

首柬龚定庵舍人》，其中第六首专述他们之间的友情和共同的志向："地平如板舆，天覆如穹庐。与君百年内，托足无斯须。试问所营营，花蕊上蜂须。一春所酝酿，广为三冬储。下备子孙哺，上奉君王需。区区一饱间，竭此百年躯。谁知甘似贻，出自苦之余。"其中第三首说："奇才与庸福，天地悭其兼。繁艳与硕果，华实无两全。"这是魏源对他们共同命运的嗟叹吗？

道光十五年（1835），魏源在扬州买了一座花园，自称为"絜园"。絜园内花木扶疏，鱼翔鸟鸣，曲径通幽。魏源侍奉老母在这里居住。龚自珍南来北往，只要路过扬州，便住到魏源的絜园里，两人在一起切磋诗文，纵论天下，其乐融融。有史料记载，两人住在一起，常常连衣衫也到了不分彼此的状态。柴萼在《梵天庐丛录》中称龚自珍：

> 在扬州，客默深所。默深长身，定庵服其衣衫，曳地如拖练。或大雨外出，而下衫泥湿归，则掷于帷帐间，不知为人服己服也。

从这一逸事，既可看到两人关系密切到何种程度，也可看出龚自珍对衣衫仪表等生活细节，完全不在意到了何种程度。

这样一种亲密无间的兄弟情谊，是构筑在一种共同的士人情怀基础上的。他们都怀有满腔热忱，希望自己的才智能为家国所用。但他们都遭遇了不为当朝所赏识接纳的命运。魏源仕途屡受顿挫，而龚自珍也郁郁不得舒展其志。在龚自珍辞官南返后，住在昆山羽琌山馆。同是天涯落魄人，唯余须鬓同蹉跎。魏源经常到龚自珍的山馆拜访老友，有《昆山别龚定庵》诗为证：

人神孰波涛，天地谁钟鼓。天昌二鸟鸣，同滴胥江浦。使
为世所哗，又为饥所俯。……

在龚自珍辞世一年后，魏源编《定庵文录》十二卷，《定庵外录》
十二卷；经龚橙（龚自珍之子）删削，剩下文九卷，诗三卷，凡十二卷。
不知道龚橙为何要做删削？是误收他人之文，还是其中有犯忌之语？不
得而知。[1]但从魏源为龚自珍《定庵文录》写的序言看，情况似乎并非如
此，序文说："道光二十有一载，礼部仪制司主事仁和龚君卒于丹阳。越明
年夏，其孤橙抱其遗书来扬州，就正于其执友邵阳魏源。源既论定其中程
者，校正其章句违合者，凡得文若干篇，为十有二卷，题曰《定庵文录》；
又辑其考证、杂著、诗词十有二卷，题为《定庵外录》，皆可杀青付缮写。"
此序文收入魏源《古微堂外集》卷三，其说应该是更为可信的吧。

魏源在序言中，称先生文集："于经通《公羊春秋》，于史长西北舆
地。其书以六书小学为入门，以周秦诸子、吉金乐石为厓郭，以朝章国
故、世情民隐为质干。"他相信龚自珍的文字犹如"金水"，即使"锢
锢深渊，缄以铁石，土花绣蚀，千百载后，发硎出之，相对犹如坐三代
上"。用今人的话说，龚自珍学养深厚，其诗文是可以传世的。[2]

这或许是对龚自珍诗文最早而又全面的评价。

"卖饼"大师刘逢禄

现在该又一位对龚自珍思想形成有至关重要影响的人物登场了。他

---

① 据郭延礼著《龚自珍年谱》第 228 页，齐鲁书社 1987 年 10 月版。
② 据孙文光、王世芸编《龚自珍研究资料集》第 31、32 页，黄山书社 1984 年 12 月版。

的名字叫刘逢禄。

为何笔者标题中用了"卖饼大师"来给这个人物定位？这想法萌发于龚自珍写的一首著名的且与刘逢禄直接相关的诗：

昨日相逢刘礼部，高言大句快无加。

从君烧尽虫鱼学，甘作东京卖饼家。[①]

诗中的"昨日"是指哪一天？不可考。但年代是有史书记载的。龚自珍在《己亥杂诗》第五十九首自注："年二十有八，始从武进刘申受受《公羊春秋》。""申受"是刘逢禄的字。时刘逢禄任礼部主事。

龚自珍是如何拜刘逢禄为师的？在有关龚自珍的年谱中，只是说"从刘逢禄受《公羊春秋》"，未有文字说明龚自珍是通过谁结识了刘逢禄，并师从刘逢禄学习《公羊春秋》。陈铭著《剑气箫心——龚自珍传》中说是"经人介绍"。经谁介绍，也不清楚。且将这类末枝问题搁置一边，让我们把关注点集中到龚自珍的思想流变上。从龚自珍诗中的描述看，师从刘逢禄是一件非常畅快的思想旅程，刘逢禄的学术思想，肯定如闪电一样击中了龚自珍的神经，使得他的治学方向发生了根本性的转变。与龚自珍同时师从刘逢禄的还有魏源。

刘逢禄是何等人物？在介绍这个人物前，先有必要对诗中提到的"虫鱼学"与"卖饼家"的含义做一个阐述。"虫鱼学"典出韩愈诗："《尔雅》注虫鱼，定非磊落人。"后来的很多学人，将繁琐的考据学讥刺为"虫鱼学"。必要的考据是必要的，但考据学如果钻入了牛角尖，成天在那些无关社会、无关民生的"一地鸡毛"上挑来拣去，无疑就落

---

① 《龚自珍全集》第 441 页，上海古籍出版社 1975 年 2 月版。

入"虫鱼"之无聊勾当中去了。而"卖饼家"来自《三国志·裴秀传》中的一个故事：严干好学，喜《公羊春秋》。司隶钟繇不喜欢《公羊春秋》，而喜欢《左传》，贬称《公羊春秋》为"卖饼家"。其意无非是太讲究实用了。①

"卖饼家"实际上代表着一个与"古文经学"相对应的"今文经学"。

在写作本传时，经常会涉及笔者所不熟悉的古典文学方面的知识。有时需要借助教科书和各类学术专著，在无处寻找的情况下也会向专业的网友求教。你看，这里又碰到了如何简明扼要地阐释清楚"古文经学"和"今文经学"两个学术派别的产生以及流变的问题。从各种专著中未找到理想的答案，有的阐述繁琐而不得要领，倒是这位名"东篱赏菊"的网友用简短的文字说清楚了，兹引他的答案如下（不关心此类学术问题的读者也可以跳过去不读）——

今文经学和古文经学，是西汉末年形成的经学研究中的两个派别。所谓"今文"和"古文"，最初只是指两种字体。"今文"指的是汉代通行的隶书，"古文"指秦始皇统一中国以前的古文字。传授经典的学者，所持底本是用战国时古字写的即为"古文家"，用隶书写的便是"今文家"。

"今文家"和"古文家"的相互对立，是从西汉哀帝时开始的。刘歆发现古文《春秋左氏传》，认为左丘明与孔子好恶相同并亲见孔子，故《春秋左氏传》比以后世口说为据的《公羊》《谷梁》更为可信，于是引《左传》解释《春秋》。哀帝建平元年（前6），刘歆又在今文诸经立于学官并置博士的情况下，

① 据自陈铭著《剑气箫心——龚自珍传》第62页，浙江人民出版社2005年7月版。

作《移让太常博士书》，争立古文经传于学官。但因为在西汉朝廷中，不仅担任教职的太常博士都是今文家，就连那些达官显宦也都是通过学今文经而得官的，因此，刘歆的要求遭到诸儒博士的反对，未能成功。也因为此，才有派别含义的"古文"名称。而"今文"则是由于古文家独树一帜，迫使原有经师结成一派之后，到东汉时才出现的名称，它是古文经师加给立于学官的经书、经说和经师的。

今古文经学之争虽始于西汉末年，但其争斗的高峰却在东汉。而在这场斗争中，却是古文经学日益抬头，在民间流传甚广，并逐渐占据优势。直至郑玄起，今古文经学才趋近混于一同。到清末，以皮锡瑞、康有为为代表的今文经学，与以章太炎、刘师培为代表的古文经学，又形成了近代的今古文经学之争。时起时伏的今文古文经学之争，影响到了两千年左右的不少学术领域，在中国历史上占有重要的地位。

今文经学与古文经学，在经书的字体、文字、篇章等形式上，在经书中重要的名物、制度、解说等内容上都不相同。今文经学近于哲学，强调"经世致用"；古文经学近于史学，讲究考据。在东汉，两者之间还有有神论与无神论、政治与学术的区别。但从纯学术的观点来看，今文经学有异说，古文经学中也有异说，谁也不能算解释五经的权威，更不能说谁得了孔子的真传。

东汉时期，经今古文学的争论，其实质问题是谁是经学的正统和如何统一经学的思想。今文经学既已立于学官，士子也依赖学习今文经入仕，朝臣又通过学习今文经而获位，因此古文经学很难得到社会的认可。学术一旦跟政治利益结合起来，学术问题也就成为政治问题了。正因为此，今文经学与古文经学之争，由单纯的对书籍本身的不同看法，扩大到了学术思想、学派体系、政治观念和社会地位等诸方面，几乎贯穿了整个漫长的封建社会，不仅对经学的发展产生了重要的影响，也对中国历史的发展产生了重要的影响。

　　读本传的读者，可以不用理会复杂的"古文经学"和"今文经学"自古以来的是是非非。这里有一句话倒是非常关键，一语基本道清了两者的明显特征，即："今文经学近于哲学，强调'经世致用'；古文经学近于史学，讲究考据。"用所谓"卖饼家"来讥刺今文经学，虽是出于贬义，其实也可以视作褒词。"卖饼"涉及人类社会的基本生存问题，为学者岂可弃之？因此，龚自珍心甘情愿地做一个"卖饼家"。

　　刘逢禄，字申受，号申甫，江苏武进人。任礼部主事十二年，也曾担任考官，是今文经学派的主要代表人物之一。他的外祖父庄存与开创了清代的今文经学，著有《春秋正辞》，强调使用微言大义关注社会现实问题；其后，他的两个外孙刘逢禄、宋翔凤承继他的学术思想，著述颇多，形成了闻名的"常州学派"。

　　有人因龚自珍曾师从刘逢禄而将他归类到"常州学派"中去，实在有点失之简单了。龚自珍的思想触角太多了，很难用一个今文经学来概括。他的外祖父段玉裁是考据学大师，他从那儿无疑受到了考据学的基本训练。而在师从刘逢禄的过程中，刘逢禄所强调的"微言大义"和"经世致用"的理念，肯定给青年龚自珍带来了巨大的思想冲击。在他后来的著述中，确也从刘逢禄处吸收了丰厚的学术营养。但他对刘逢禄的思想，也不是照单全收，而是按照他的社会批判理念，采取了"六经注我"、广采博收的姿态。萧一山先生在《清代通史》中对龚自珍的治学成就有一段总概括性的评价，笔者以为是非常精彩而到位的。他论述道："总而言之，定庵以五经解治道，不毕生呫哔于经之文字，亦犹文学家之因文见道，理学家之有体有用，惟易一名辞曰终始曰本末耳。盖世运之转戾，至是已达贞下起元之时，特以其雄辞伟论，纵横驰骤，出入于九经七纬，诸子百家，故能翘然独秀，抗先哲而冠群贤耳。"①

但确实，常州学派的精神，经过龚自珍和魏源的承继，而被推向了一个新的高度，这是一个客观存在。钱穆在《中国近三百年学术史》中说："常州之学，起于庄氏，立于刘、宋，而变于龚、魏，然言夫常州学之精神，则必以龚氏为眉目焉。何者？常州言学，既主微言大义，而通于天道人事，则其归必趋而论政，否则，何治乎《春秋》？何贵乎《公羊》？（《左氏》主事，《公羊》主义，义贵褒贬进退，西汉《公羊》家皆以经术通政事也。）亦何异于章句训诂之考察？故以言常州学之精神，其极必趋于轻古经而重时政，则定庵其眉目也。"

有一段轶闻发生在刘逢禄与龚自珍、魏源之间。道光六年（1826），龚自珍与魏源再次赴京参加会试，正好刘逢禄任会试的同考官，看到一卷，才气横溢，从字迹和论述风格上判定是龚自珍所写，而邻房有一湖南卷，文章质量也很高，刘逢禄认为是魏源卷，他极力向主考官推荐，但均未被采纳，两人还是双双落第。其时，龚自珍已经三十五岁、魏源三十二岁，正该奋发有为而因缘不际会。刘逢禄为此而伤感不已，乃作《题浙江、湖南遗卷》诗，史载"龚魏齐名，肇始于此"②。对此诗感兴趣的读者，可留心后面章节的相关内容。

龚自珍与魏源都是无愧于乃师的弟子，他们用各自的卓然传世的学

① 据萧一山著《清代通史》第四卷第339页，华东师范大学出版社2006年3月版。
② 据樊克政著《龚自珍年谱考略》第283页，商务印书馆2004年5月版。

术成就，把刘逢禄的"微言大义"与"经世致用"的治学理念，凝固成可以触摸的山峰。龚自珍后来写的《西域置行省议》《东南罢番舶议》，都是实实在在的对国家建设有益的建议。但却不被当朝采纳。其中，关于在西域建省问题，终于在光绪十年（1884），距龚自珍提出建议六十年后成为事实。诚如李鸿章所言："古今雄伟非常之端，往往创于书生忧患之所得。龚氏自珍议西域置行省于道光朝，而卒大设施于今日。"在刘逢禄仙逝后十年，龚自珍写出《春秋决事比》六卷，用他厚重而有益于时事的著述，纪念恩师的在天之灵。乃至梁任公有"今文学之健者，必推龚、魏"一说。①

需要在此记录一笔的是，龚自珍在师从刘逢禄学习《公羊春秋》之时，在京城还结识了同为庄存与外孙的宋翔凤（1779—1860）。这位宋翔凤也是官场的失意者，他在小小的知县小官职位上一直做到终老退职。但在研究学问方面确是开创"常州学派"的三员健将之一，著有《尚书略说》《尚书谱》《周易考义》《大学古义说》《忆山堂诗录》等多种。宋翔凤较龚自珍年长十三岁，又较龚自珍晚二十年卒。他们之间除了切磋学问，似乎又多了一层同病相怜的心灵共振。在嘉庆二十五年（1820），龚自珍在京参加会试落第时，宋翔凤却因妹夫缪中翰初分校礼部考试，照旧例要回避不得参加考试。龚自珍赋诗送他出京，用幽默诙谐的口吻，安抚他落魄的心情："神仙眷属几生修？小妹承恩阿姊愁。宫扇已遮帘已下，痴心还伫殿东头。"宋翔凤则作词《珍珠帘》答谢："不尽玉阶情，又一番风露。但见芦沟桥上月，肯照取蹇驴归去。难去，为引梦千丝，伤心几树。"此后，他们虽然远隔千里，但心中时时牵挂，相互常有诗词相赠。在道光二年（1822），龚自珍写给宋翔凤的一首诗，

---

① 据萧一山著《清代通史》第四卷第331页，华东师范大学出版社2006年3月版。

集中表现了龚自珍对宋翔凤学识和品格的钦慕："游山五岳东道主，拥书百城南面王。万人丛中一握手，使我衣袖三年香。""识沉沦之可悲，谅疏狂之有托。"（宋翔凤语）他们的深厚友情是建立在相互理解与同情上的。①

在龚自珍辞官南返，途经宋翔凤家乡长洲时，思念起这位亦师亦友的兄长至今还在湖南兴宁、耒阳一带做一个七品知县小官，不禁无限惆怅，作诗一首："玉立长身宋广文，长洲重到忽思君。遥怜屈贾英灵地，朴学奇才张一军。"②他惋惜于这位饱学之士，在仕途无望时，还戚戚于做一个芝麻小官。为何不把精力用到研究学问上？其实，这是一道考问中国千古文人的难题。虽说按照司马迁设定的人生价值坐标，中国文人把"立德、立功、立言"作为人生三不朽的事业，但最核心最有吸引力的还是那个"立功"，即做"名臣"也。至于做"名儒"，大概也是做不成"名臣"后的无奈选择。孔子曰"学而优则仕"，似乎不"仕"就无法证明其学之"优"。

针对此传统文化之弊，蔡元培声称北大只培养学问家，不培养官员。

呜呼，历史进展到今日，价值观已呈多元，仍然有人发现：中国最优秀的人才都在往官场里挤呢。

"禁烟钦差大臣"林则徐

当一个王朝走向衰落之际，总是有一批贤臣良将要为之走上祭坛，

---

① 据麦若鹏著《龚自珍传论》第218—221页，安徽大学出版社2005年7月版。
② 引自萧一山著《清代通史》第四卷第334页，华东师范大学出版社2006年3月版。注：书中未注明该诗于龚自珍南返途中经长洲时作，笔者从内容推测大致作于此时。

让历史的心脏为他们永远颤抖。他们或用忠诚之心，或用热血之躯……

也许，林则徐的命运在清王朝走向衰败过程中，不算最惨烈的一个。因为，当这个王朝如果不能依仗自身内部机制完成更新，而只能由外来力量将已经腐朽的大厦推倒，常常总是面临强硬还是退让、主战还是主和的困境和纷争。虽然，从最后结果看，主战和主和基本都无法挽回王朝被埋葬的结局。是宁为玉碎，不为瓦全；还是苟且偷生，苟延残喘，转型期的肉食者和士人们免不了要做出痛苦的两难抉择。就如岳飞和秦桧，就如柳如是和钱谦益，就如林则徐和穆彰阿……

历史的訇然巨浪，既撞击出礁石坚挺的身姿，也揉搓淘洗着沙砾。

从现有的史料看，龚自珍与林则徐有着共同的政治理念和非同一般的情谊。他们之间的关系最早建立于何时，有多种说法，有待考证。有一个可靠史实是，在林则徐临危受命，赴两广禁烟离京时，龚自珍曾为之送行，并专门写了一份建议书，名曰：《送钦差大臣侯官林公序》。

道光十八年（1838），无论对于清王朝，还是对于整个中国近代史，都是一个不该轻易忘记的年份。因为这一年，清王朝不得不开始正视大英帝国在中国倾销鸦片带来的严重问题。而中国与外来入侵者的矛盾，从此渐渐走向白热化。最初鸦片作为药材，在明中叶即开始流入中国。南洋诸国曾将其做贡品，进奉给明廷，其量也极少。渐次鸦片与烟草混制，成为吸食品，并通过民间贸易的方式从中国沿海进入内地，吸食鸦片烟者的数量也日渐增多。发生质变的是，乾隆四十六年（1781），英吉利东印度公司自本国政府获得垄断中国贸易之特权，以印度孟加拉等地为其产地，大量制作鸦片烟而向中国倾销，从中牟取暴利。清廷虽渐知吸食鸦片之危害，并多次发布禁令，也采取过很多措施，奈何越禁越盛，吸食者越来越多。走私船只与沿海衙吏相互勾结，使得输入中国的鸦片从嘉庆二十二年（1817）至道光十八年（1838），二十余年间，增加了九倍。其恶果，不仅毒害国民之精神和体质，且导致中国白银大量外流。据鸿胪寺卿黄爵滋的奏本提供的数据，至道光十八年（1838）时，每年外流的白银约三千万两。①

就在这一年，鸿胪寺卿黄爵滋、御史朱成烈上奏，痛陈因鸦片烟输入而带来的国内银两短缺而无赖游民日增等危害。在黄爵滋的奏折中有类似文字："此烟制自英吉利，夷严禁其国人吸食，有犯者以炮击沉海中，而专以诱他国之人，使其软弱。既以此取葛留巴，又欲以此诱惑安南，被安南严令诛绝，始不能入境。今则蔓延中国，横被海内，槁人形骸，蛊人心志，丧人身家，实生民以来未有之大患，其祸烈于洪水猛兽。积重难返，非雷厉风行，不足以振聋发聩，请仿周官用重典治以死罪！"②

道光帝接奏后，意识到了问题的严重性，乃下旨让公卿、大臣们讨论应对之策，此时就出现了两种对立的意见，禁与不禁或缓禁。且不支持黄爵滋意见者占有多数。两湖总督林则徐上奏主张坚决禁止，并条陈鸦片烟继续在中国弥漫后会产生的严重危害，白银势必大量继续外流，尤其是兵丁日日吸食，导致神衰体弱，无法作战。这可是关系到清王朝生死攸关的大问题。林则徐的意见显然打动了道光帝，于是召林则徐进京，面议禁烟事宜。从道光十八年（1838）十一月初十，林则徐入京，到十一月十五日被任命为钦差大臣，派赴广东查禁鸦片，仅仅五天时间，道光帝连续八次面召林则徐。召见之频繁，是极其罕见的。此一方面，显出皇帝对禁烟大事的重视，另一方面也可解释为皇帝面对各种对立意见，忧心忡忡，优柔难决。③

① 据萧一山著《清代通史》第二卷第700页，华东师范大学出版社2006年3月版。
② 引自萧一山著《清代通史》第二卷第702页，华东师范大学出版社2006年3月版。
③ 据樊克政著《龚自珍年谱考略》第441页，商务印书馆2004年5月版；陈铭著《剑气箫心——龚自珍传》第187页，浙江人民出版社2005年7月版。

十一月二十三日，林则徐肩负奉旨禁烟的重任离京。此时，有诸多也主张禁烟的友人为之送别。龚自珍是参与送别的友人之一。与其他人仅做口头激励和问候、寒暄不同的是，龚自珍为此专门写了一份建议书交给林公，题为《送钦差大臣侯官林公序》，文中对禁烟意见做了详细的阐述，诸如"三种决定义，三种旁义，三种答难义，一种归墟义"。这样一篇深深打动了林则徐的关于禁烟的重要文章，我们有必要细细观赏之：

送钦差大臣侯官林公序

钦差大臣兵部尚书都察院右都御史林公既陛辞，礼部主事仁和龚自珍则献三种决定义，三种旁义，三种答难义，一种归墟义。

中国自禹、箕子以来，食货并重。自明初开矿，四百余载，未尝增银一厘，今银尽明初银也。地中实，地上虚，假使不漏于海，人事火患，岁岁约耗银三四千两，况漏于海如此乎？此决定义，更无疑义。汉世五行家，以食妖、服妖占天下之变。鸦片烟则食妖也，其人病魂魄，逆昼夜。其食者宜缳首诛！贩者、造者，宜刳脰诛！兵丁食宜刳脰诛！此决定义，更无疑义。诛之不可胜诛，不可绝其源；绝其源，则夷不逞，奸民不逞。有二不逞，无武力何以胜也？公驻澳门，距广州城远，夷勒也。公以文臣孤入夷勒，其可乎？此行宜以重兵自随，此正皇上颁关防使节制水师意也。此决定义，更无疑义。

食妖宜绝矣，宜并杜绝呢羽毛之至。杜之则蚕桑之利重，木棉之利重，蚕桑、木棉之利重，则中国实。又凡钟表、玻璃、燕窝之属，悦上都之少年，而夺其所重者，皆至不急之物也，宜皆杜之。此一旁义。宜勒限使夷人徙澳门，不许留一夷。留夷馆一所，为互市之栖止。此又一旁义。火器宜讲求，京师火器营，乾隆中攻金川用之，不知施于海便否？广州有巧工能造火器否？胡宗宪《图编》，有可约略仿用者否？宜下群吏议。如带广州兵赴澳门，多带巧匠，以便修整军器。此又一旁义。

于是有儒生送难者曰："中国食急于货。"袭汉臣刘陶旧议论以相抵。固也，似也，抑我岂护惜货，而置食于不理也哉？此议施之于开矿之朝，谓之切病；施之于禁银出海之朝，谓之不切病。食固第一，货即第二，禹、箕子言如此矣。此一答难。于是有关吏送难者曰：不用呢羽、钟表、燕窝、玻璃，税将绌。夫中国与夷人互市，大利在利其米，此外皆末也。宜正告之曰：行将关税定额，陆续请减，未必不蒙恩允；国家断断不恃权关所入，矧所损细所益大？此又一答难。乃有迂诞书生送难者，则不过曰为宽大而已，曰必毋用兵而已。告之曰：刑乱邦用重典，周公公训也。至于用兵，不比陆路之用兵，此驱之，非剿之也；此守海口，防我境，不许其入，非与彼战于海，战于艅艎也。伏波将军则近水，非楼船将军，非横海将军也。况陆路可追，此无可追，取不逞夷人及奸民，就地正典刑，非有大兵阵之原野之事，岂古人于陆路开边衅之比也哉？此又一答难。

以上三难，送难者皆天下黠猾游说，而貌为老成迂拙者也。粤省僚吏中有之，幕客中有之，游客中有之，商估中有之，恐绅士中未必无之，宜杀一儆百。公此行此心，为若辈所动，游移万一，此千载之一时，事机一跌，不敢言之矣！不敢言之矣！

　　古奉使之曰："忧心悄悄，仆夫况瘁。"悄悄者何也？虑尝试也，虑窥伺也，虑泄言也。仆夫左右亲近之人，皆大敌也，仆夫且忧形于色，而有况瘁之容，无飞扬之意，则善于奉使之至也。阁下其绎此诗！

　　何为一归墟义也？曰：我与公约，期公以两期期年，使中国十八行省银价平，物力实，人心定，而后归报我皇上。《书》曰："若射之有志。"我之言，公之鹄矣。①

　　从龚自珍的这份推心置腹的信札看，有几点是非常值得注意的：其一，龚自珍对禁烟的态度是非常决绝的，甚至不无过激，他提出不仅对买卖鸦片者格杀勿论，对吸食者也要处以"绞刑"；其二，他对各种反对禁烟的乖谬之论给予了有力的反驳，意在坚定林则徐的决心，也给林则徐提供了反击对手的思想"武器"；其三，龚自珍对禁烟可能导致战争的后果，已经有了充分的预估，因此提醒林公要做好发生战事的准备。

　　由于在出京前，林则徐需要处理的事务太繁杂，以至于他并未能马上展阅龚自珍给他的信札。而是在赴任的途中，才抽出空暇来细读龚自珍的笔墨。林则徐阅后深受感动，即复信一封请可靠之"本家"幕僚直接送至龚自珍家中。林公复札曰：

　　定庵先生执事，月前述职在都，碌碌软尘，刻无暇晷，仅得一聆清诲，未罄积怀。惠赠鸿文，不及报谢，出都后，于舆中紬绎大作，责难陈义之高，非谋识宏远者不能言，而非关注深切者不肯言也。窃谓旁议之第三，与答难义之第三，均可入

---

① 《龚自珍全集》第169—171页，上海古籍出版社1975年2月版。

决定义；若旁义之第二，弟早已陈请，惜未允行，不敢再渎；答难之第二义，则近日已略陈梗概矣；归墟一义，足坚我心，虽不才曷敢不勉？执事所解诗人悄悄之义，谓彼中游说多，恐为多口所动，弟则虑多口不在彼也，如履如临，曷能已已！昨者附申菲意，濒行接诵手函，复经唾弃，甚滋颜厚。至阁下有南游之意，弟非敢沮止旌旆之南，而事势有难言者，曾嘱敝本家岵瞻主政代述一切，想蒙清听。专此佈颂腊祺。统惟心鉴不宣。愚弟林则徐叩头。戊戌冬至后十日。①

有学人考证，这封复信的日期，林则徐或有笔误。因该年冬至日为十一月初六，其后十日为十一月十六日，时林则徐尚未离京也。此信应该写于十二月，信中"专此佈颂腊祺"也可自证。②

在林则徐的复札中，对龚自珍的禁烟建议给予了极高的评价，称其"责难陈义之高，非谋识宏远者不能言，而非关注深切者不肯言也"。对于龚自珍的某种顾虑，林公则要想得更深一层，议论的阻力来自他身边或广东地方官僚并不可怕，真正可怕的是来自中枢周围的那些反禁烟的官僚阶层也。因此林则徐用"如履如临"来表述自己的心情。这一点，信中不便明说。至于龚自珍有随林公南下，共同参与禁烟之志，林则徐只能托心腹之信使，口头代为转述不便之难处。这里显示出林则徐久在官场的谨慎和老辣之处。

有史料记载，龚自珍曾在林则徐担任禁烟钦差大臣赴任时，送了一方砚台给林则徐。后为清末金石学家王懿荣所收藏。"砚石为一紫端，有朱砂斑，似为端州高要县中岩坑所产，石质细腻，……砚长22.3、宽

① 《龚自珍全集》第 171 页，上海古籍出版社 1975 年 2 月版。
② 据樊克政著《龚自珍年谱考略》第 445 页，商务印书馆 2004 年 5 月版。

1.53、厚 2.5 厘米，……刻工朴素无华，仅一端镌为水池；背刻摹王羲之《快雪时晴帖》，……帖后为林则徐跋诗七绝一首，草书小字二行：'定庵贻我时晴砚，相随曾出玉门关。龙沙万里交游少，风雪天山共往还。'"①这方砚台龚自珍是何时送给林公的？是在他出京城赴任时，还是在林公派信使送复札给他，他以此做礼物回赠的？已不可考。如果要用"可能"来揣测，我相信后者的可能性要大些。砚台背后所刻王羲之《快雪时晴帖》，表达了龚自珍的美好祝愿。林则徐则对这份礼品非常珍视，就是在被遣戍新疆时，面对茫茫戈壁，漫天狂沙，这方砚台也伴随在他身边，老友的情谊深深地温暖着一颗孤寂、落寞而悲郁的心。

而龚自珍在林则徐赴任第二年，也倦于官场闲曹而辞官南返。在南返途中惦念着林公禁烟壮举可能触碰到种种阻力，赋诗一首曰：

> 故人横海拜将军，侧立南天未蒇勋。
> 我有阴符三百字，蜡丸难寄惜雄文。②

龚自珍与林则徐自京城一别后，从此再也未能有机会见面。

龚自珍与林则徐的深厚情谊的建立，肯定是在林则徐担任禁烟钦差大臣之前。但起始于何时，从公开出版的资料看，有几种"可能"，但也仅止于"可能"，无法确证。按时间为序，"可能"之一：嘉庆二十年（1815）六月，龚自珍父亲升任江南苏松太兵备道，官署设在上海。龚丽正也是饱学之士，一时"高才硕彦，多集齐门"。一八一六年春，龚自珍回上海省亲，在上海住了一年多。此时，林则徐任江西乡试考官，

---

① 据樊克政著《龚自珍年谱考略》第 443 页，商务印书馆 2004 年 5 月版。
② 《龚自珍全集》第 517 页，上海古籍出版社 1975 年 2 月版。

途经上海时去拜会龚丽正大人，应该是情理中事。此时，龚自珍已经二十五岁，其诗文被狂士王昙称为"惊才绝世"，自不同于一般的官家子弟。林则徐大概也不会对龚丽正公子的名字感到陌生。此时段，龚自珍与林则徐见面而结交，当然是有可能的。而在《林则徐年谱》中，记载有林公写与龚丽正交游诗两首，证明林则徐与龚自珍的父亲早有交情往来。

"可能"之二：魏应麒编《林文忠公年谱》记载，道光十年（1830），"是时公更与龚自珍、潘曾莹、黄爵滋、彭蕴章、魏源、张维屏、周作楫等结宣南诗社，互相唱筹。"记载或许有不准确处，但也可看作有此一说。总之，龚、林结交在道光十八年（1838）之前很久，则可无疑。①

不知林则徐是否知晓，当他在西域凛冽寒风和满天沙尘中，摩挲老友龚自珍赠送的"时晴砚"时，龚自珍的灵魂已经飞翔到了他向往的佛界天国"兜率宫"了。

龚自珍的交游非常广泛，但从现存的史料看，有的只是短暂接触，有的则无更多的史料记载，因此无法在这一章节详述。在其他章节中仍会涉及此一方面内容，有心之读者诸君可细察之。

① 据麦若鹏著《龚自珍传论》第188—189页，安徽大学出版社2005年7月版。

第六章

顿挫

"仕幸不成书幸成"

龚自珍在《己亥杂诗》第二百八十一首中写道："仕幸不成书幸成，乃敢斋祓告孔子。"（注：斋祓，斋戒沐浴，祓除秽恶。）这两句诗基本概括了诗人一生仕途跌宕，却并没有因此而荒废自己才学的命运。他的诗文，已经成为中国思想史、文学史千古流传的华章。因此他敢毫无愧色地说："乃敢斋祓告孔子。"清代绩溪学人程秉钊认为："定庵由东京之训诂，以求西汉之微言，所诣既超，故为文亦不落寻常蹊径，称为乾、嘉以来一人而已。""近数十年，士大夫诵史鉴考掌故，慷慨论天下事，其风气实定公开之。"①对于一位士人来说，这已经是创世纪的时代贡献了。

又如萧一山先生所评述，孔子周游未遇，始删诗书定礼乐，定庵虽

---

① 据萧一山著《清代通史》第四卷第 347 页，华东师范大学出版社 2006 年 3 月版。

仍以经生终，而"同、光风向所趋，尊为龚学，掇其单句片词，即登高第，家弦户诵，遍于江、浙"（王文濡语）。其影响不綦大乎？今读其遗著，亦颇有"不是逢人苦誉君，亦狂亦侠亦温文"之感焉。①定庵先生的在天之灵，大概可以聊以自慰了吧？

时人认为"定庵得志便为王荆公，其诗词均可征之"。遗憾的是，龚自珍生不逢宋神宗的年代，他没有遇到一位有忧患意识的君王，没有机缘相逢一位赏识他的"中枢"。如果真有这么一位清醒的"圣君"，再辅以龚自珍这样的锐意进取的改革者，清王朝的历史会改写吗？

历史没有"如果"，没有"之一"，只有"唯一"。就如同人生之不可重来。

清王朝错过了龚自珍，不是龚自珍的遗憾，而是这个王朝的遗憾。

但若换一种思维角度，龚自珍适合当一个权高位重的宰辅级别的高官吗？如果他老先生穿越到今天，我要扫兴地告诉他：恕我直言，以您狂放不羁的行事风格、直言不讳的率真个性、锋芒毕露的世事洞察力，皆非适合做官场中人也。您或许有超过王安石的才识，但却无王安石处官场的持重老辣，因此落得"英俊沉下僚"的命运或许是必然的。

有一则轶事，无法当作信史来看，可能是坊间杜撰出来的，但却多少反映了龚自珍在一些人心目中的形象。道光九年（1830），年已三十九岁的龚自珍入京参加会试。他的考卷由名为王植的考官负责批阅。王植看到头场第三张考卷时，忍不住捶胸大笑起来，因考卷的行文、立意都切中时弊，嬉笑怒骂，煞是痛快。邻房有名为温平叔的考官听闻，走过来，把这份考卷看了一遍，说："这是浙江举子的试卷，考生肯定是龚定

① 据萧一山著《清代通史》第四卷第 347 页，华东师范大学出版社 2006 年 3 月版。

庵。他最爱骂人，如不推荐他，肯定要挨骂，不如就把他推荐上去。"于是王植将考卷推荐上去，且顺利地被主考官录取了。发榜的那天，有人问龚自珍导师是谁？龚自珍用嘲笑的口吻说："真稀奇，是个无名小卒王植。"王植听说后把温平叔好一顿埋怨："我依你的话推荐了他，哪知道还是免不了挨骂……"[1]这则轶闻，时间标注有误，道光九年为公元一八二九年，龚自珍三十八岁，非三十九岁。这一年确参加会试，中式第九十五名贡生，座师为曹振镛等五人，房师为王植。这则轶闻，显然极不靠谱。其一，因为怕挨骂而推荐考卷，几近荒唐；其二，虽然龚自珍是非常有个性之人，但嘲笑录用他的考官，这就涉及人格品行问题，不是用"有个性"能解释的。在《龚自珍年谱》中，未见记载。但在一篇个人所著野史轶闻中，对此却有部分记载。缪荃孙《羽琌山民逸事》中称："己丑，龚卷落王中丞植房，阅头场第三篇以为怪，笑不可遏。隔房温平叔侍郎闻之，索其卷阅，曰：'此浙江卷，必龚定庵也。性喜骂，如不荐，骂必甚，不如荐之。'王荐而得隽。"[2]此类轶闻，真实性如何，是很可疑的。即使这条记载可信，但也未说龚自珍嘲笑推荐他试卷的考官。

且看龚自珍是如何跌跌撞撞地走过他的仕途人生的。

首登考场

龚自珍第一次涉猎科场考试，是在嘉庆十五年（1810）八月，十九岁。主考官为刘权之、陈希曾、朱理，房考觉罗宝兴。地点在北京。因父亲龚丽正正在京城任职，已经是军机处的军机章京了。龚自珍也随父

[1] 据黄霭北文《龚自珍轶事六则》，原刊《语文知识》，检录自维普资讯网。
[2] 引自樊克政著《龚自珍年谱考略》第328页，商务印书馆2004年5月版。

母住在北京。

颇有意味的是，龚自珍在参加考试前的六月九日夜，曾有一梦，这梦被他用词记录下来，因此后人编年谱时，对此梦也有了记载。词题为《桂殿秋·明月外》。词前有记曰："六月九日夜，梦至一区，云廊木秀，水殿荷香，风烟郁深，金碧嵯丽。时也方夜，月光吞吐，在百步外，荡漾气之空濛，都为一碧；散清景而离合，不知几重？一人告予：此光明殿也。醒而忆之，为赋两解。"

明月外，净红尘，蓬莱幽窅四无邻。

九霄一派银河水，流过红墙不见人。

惊觉后，月华浓，天风已度五更钟。

此生欲问光明殿，知隔朱扃几万重？[1]

在缥缈如同蓬莱仙境的深处，有先生毕生向往的"光明殿"。可是，在通往光明殿的路径上，却弥漫着重重叠叠障人眼目的沉濛之气，不知先生通向目的地的旅途顺畅否？此梦似乎冥冥中在向先生昭示什么，在天地和人心之间，真的会有什么感应吗？先生此时是不会预料到他的仕途前景该会如何的。先生虽然发出疑问，在他和光明殿之间，究竟隔着多少关闭的朱门，他也绝对不会想到，这一梦居然成谶。

第一次参加考试的结果不算鼓舞人心，也还不算糟糕。九月放榜时，他中副榜第二十八名，副榜就是副贡生。虽然是个副的，但有了入国子监学习一年的机会。这是进入仕途的最初级的阶段。初试考场，未空手而归，这使龚家对龚自珍的前景充满信心。[2]

---

① 引自杨柏岭著《龚自珍词笺说》第 1 页，黄山书社 2010 年 10 月版。

② 据陈铭著《剑气箫心——龚自珍传》第 26 页，浙江人民出版社 2005 年 7 月版。

嘉庆十七年（1812），"考充武英殿校录，始为校雠之学。"武英殿从事的是皇家经籍史书中的校勘工作，其人员按例须在"监拔、副、优贡生考选"。可见，此类工作人员，干的虽然是微不足道的校雠工作，但其人员也是要经过考选的。对于龚自珍来说，当然也是仕途向上的一个好的迹象，好处还在于可以在工作中接触外人无法阅读到的典籍。对此，龚自珍在晚年所写的《己亥杂诗》中谈道：

> 终贾年华气不平，官书许读兴纵横。
>
> 荷衣便识西华路，至竟虫鱼了一生。①
>
> （原注：嘉庆壬申岁，校书武英殿，是平生为校雠之学之始。）

他曾想烧尽"虫鱼学"，没有想到上帝非让"虫鱼"与他如影随形。

第二次乡试

短暂的幻觉很快消失，挫折随之而来。

嘉庆十八年（1813），龚自珍二十二岁。年初，外公段玉裁曾致信外孙，勉励他"博闻强记，多识蓄德，努力为名儒，为名臣，勿愿为名士"。段老先生特地向他推荐徽州著名学者程瑶田先生，希望龚自珍多向这位前辈大家求教。瑶田先生固然为乾嘉时期一代学问大家，"其人少攻词章之学，诗古文词皆有法度，书法尤绝伦"，"立品之醇、为学之勤、持论之精、所见之卓，一时罕有其匹"。但瑶田先生时年已经

---

① 引自刘逸生注《龚自珍己亥杂诗注》第63页，中华书局1980年8月版。

八十八岁，终究是年事已高，老眼昏花，要传学于青年后生，也已精力不济了。在龚自珍的文字中未见有向这位老学究问学的记载。

本年龚自珍四月入京，八月参加顺天乡试，落第。结果当然令人扫兴，也无更多关于考试的情形可记载。但这一年，对于了解龚自珍来说，是一个重要的年份。他在四月从徽州父亲供职处进京，到参加乡试，其间有整整四个月的时间。除了为考试做一点准备外，他还有较充裕的时间与朋友们叙游。其中，有记载的是，他曾与袁通、汪琨同游崇效寺。崇效寺又名枣花寺。该寺由唐代名刘济者，舍宅为寺庙，历经几代修葺，已经有千株枣树环植，满树青枣如同环佩的珠玑，在微风摇曳中，发出瑟瑟响声……进京赶考的考生，愿意到此一游，不仅因这里景色宜人，清风送爽，更寓意到考场也能硕果累累吧？与龚自珍同游的青年才俊也非寻常之人，袁通也是钱塘人，乃乾隆时期三大诗人之一袁枚的公子。不过袁枚的诗名却不及他的诗话流传久远。研究诗学的人，绕不过他的《随园诗话》。另一位汪琨也是钱塘人，擅诗词，著有《怀兰室诗》《怀兰室词》等。一场三人游，留下了不少有关此游的精美文字。

龚自珍有词《鹊桥仙》，词前注：同袁兰村、汪宜伯小憩僧寺，宜伯制《金缕曲》见示，有"望南天，倚门人老，敢云披薙"之句。余惊其心之多感，而又喜其词之正也，倚此慰之。

> 飘零也定，清狂也定，莫是前生计左。
> 才人老去例逃禅，问割到慈恩真个？
> 吟诗也要，从军也要，何处宗风香火？
> 少年三五等闲看，算谁更惊心似我？①

----

① 《龚自珍全集》第553页，上海古籍出版社1975年2月版。

虽说才二十二岁的年纪，似乎已经有一颗看破红尘的苍老的心。或许他正豪情万丈，等待着一展宏图，只是以此来安慰另一颗善感而多愁的心。

就在这一年，袁通将他的六卷本词集呈龚自珍阅，龚自珍为该词集作序。其文后收入《定庵续集》卷三。这篇简短的序文，可看作是龚自珍的词论。

> 钱塘袁通长短言六卷。今夫闺房之思，裙裾之言，以阴气为倪，以怨为轨，以恨为斾，以无如何为归墟，吾方知之矣。若其声音之道，体裁之本，短言之欲其烈，长言之欲其淫裔，庄言之欲其思，诵言之欲其不信，谬言之欲其来无所从，去又无所至也。怪哉！使我曼声吟歔，寿命讫而不知厌。招我魂于上九天，下九渊，旬日而不可返，泊然止寂寥兮，无读于先王，而岂徒调夔、牙之一韵，割《骚》之一乘也哉！卒无如何，命笔为之序。[1]

自古以来，长短言（词）的题材大多以闺阁之思、裙裾之恋为主，而文风则以温文柔婉见长。而龚自珍却从袁通的词中，读出了"怨恨"之气。这是袁词本身确超出通常词风而有了"怨恨"的不平之气，还是龚自珍借他人之词浇心中块垒？因无缘直接品读袁通词，不敢妄下断语。此序表述了龚自珍对词写作的理念。诗可以怨，难道词就不可怨？从龚自珍自身创作的词作看，它们固然"艳"，但更多是充满"怨"的。

---

[1]　引自杨柏岭著《龚自珍词笺说》第536页，黄山书社2010年10月版。

这一年，对于龚自珍来说，除了那个令人颓丧的乡试落第外，不可漏记的还有他的妻子段美贞因病误诊而病卒于遥远的徽州府署。龚自珍因在京参加乡试而不能照顾病危的妻子进而无法在她离世时与其面别，此乃人生之一大悲也。具体详情，笔者拟在后面专叙龚自珍情感生活部分补记。

龚自珍落第后旋即南归。在心绪难平的归途中，龚自珍写下著名的词作《金缕曲》：

> 我又南行矣！
>
> 笑今年、鸾飘凤泊，情怀何似？
>
> 纵使文章惊海内，纸上苍生而已。
>
> 似春水、干卿何事？
>
> 暮雨忽来鸿雁杳，莽关山、一派秋声里。
>
> 催客去，去如水。
>
> 年华心绪从头理。
>
> 也何聊、看潮走马，广陵吴市？
>
> 愿得黄金三百万，交尽美人名士，
>
> 更结尽燕邯侠子。
>
> 来岁长安春事早，劝杏花、断莫相思死。
>
> 木叶怨，罢论起。[1]

此词可看作是龚自珍"剑气箫心"诗词风格的代表作之一，既豪放，

---

[1] 引自杨柏岭著《龚自珍词笺说》第 186 页，黄山书社 2010 年 10 月版。

又哀婉，既充满落第后的愤懑不平之气，又有不满于"纸上苍生"、向往对家国有所作为的豪情。"我又南行矣！"是指龚自珍父亲去年去徽州履新，他也随之离开京城，虽然是父亲升职而非自己升职，毕竟是家中喜事，当时的心情，与今年落第再次返回南方自是迥然不同。在诗人眼中，暮雨秋风、落叶飘零正与自己"鸾飘凤泊"的落魄境遇吻合（古诗词中常用"鸾""凤"比喻英才，此处也寓有因参加科考，而夫妻天各一方之意）。在这首词中，有两处是值得深深回味的。一是"纵是文章惊海内，纸上苍生而已"。这说明，虽然怀才不遇，但作者并未就此满足纸上的空谈，胸中仍荡溢着通过入仕来改变社会现状、报效国家的情怀。二是"愿得黄金三百万，交尽美人名士，更结尽燕邯侠子"。这里似乎与上句在情感上是冲突的，一心想按照外祖父的教诲，要当名儒、名臣的龚先生，是想放弃原先初衷和追求，准备与"美人名士侠子"相伴，潇洒地度过自己的人生了？才二十二岁年纪的诗人，还不至于因第二次科考失败从此而"暮霭沉沉"起来吧？只能说龚自珍在词中表达了一种非常复杂的心绪。前者的心有不甘与后者的名士洒脱，在他心中交织回环。才子的"牢骚之语"，自是与引车卖浆者流有别。在当不了"名臣"时，难道还能去悬梁自尽不成，结交"美人名士"，正是类似龚自珍这样的传统士大夫在失意时情感宣泄的一种通道和方式。

　　而他在实际生活中的人生态度，与他词中表达的意绪其实也是一致的。龚自珍喜结交，在一生中都从未改变过。缪荃孙语云："定庵交游最杂，宗室、贵人、名士、缁流、伧僧、博徒，无不往来。出门则日夜不归，到寓则宾朋满座。"①这里涉及的交游者中，漏掉了"美人"，实在是不该有的疏忽。风流才士，岂可无美人红袖添香夜读书？龚自珍结

① 引自杨柏岭著《龚自珍词笺说》第187页，黄山书社2010年10月版。

交虽很杂，但也并不意味着他来者不拒，诸如府衙中的昏庸之辈，就被他唾之门外。他对叔叔龚守正很讨厌，就是例证。同样，龚自珍的父亲也是喜结交之人，龚丽正在任江南苏松太兵备道期间，如龚自珍所目击："家公领江海，四坐尽宾友。东南骚雅士，十或来八九，家公遍觞之，馆亦翘材有。"①龚自珍的习性，乃是继承了其父的习性吗？龚自珍的广泛结交，有人认为荒废了时间，如果专心读书研究，可能会有更大的造就。其实不然，正是因为广泛结交各个阶层的人，使得龚自珍的视野更为开阔，对社会状况的认知更切中肌理。读社会这本大书，有时比钻故纸堆更为重要。

在落第后不久，龚自珍的人生经历中最重要的，是写下了最著名的政论文章《明良论一》《明良论二》《明良论三》《明良论四》，以前所未有的力度，猛烈地抨击时弊。据有关考证，《明良论》中很多观点是针对嘉庆十八年（1813）九月天理教徒突袭皇宫后，嘉庆帝颁布的一些谕旨而发，其写作的起始时间大约不会早于本年十一月。至于完成时间，也应该在嘉庆十九年（1814）秋之前。因为，外公段玉裁对《明良论二》后有评语云："四论皆古方也，而中今病……甲戌秋日。"证明此时，该作已经写毕。

这一年的九月十七日，在天理教起义首领林清被捕杀后，嘉庆皇帝下《遇变罪己诏》。皇帝通过此诏向天下百姓反思自己的过错，是不得已而为之，因为区区数十个教徒就能威胁皇宫的安全，这简直是让天下人笑话的奇耻大辱。但皇帝认错，只是做做样子而已，最核心的还是斥责诸臣："悠忽为政，以致酿成汉、唐、宋、明未有之事。"②《明良论》所产生的震撼力，无论对于时人或后学，都是毋庸置疑的。那位考据学

---

① 据郭延礼著《龚自珍年谱》第 44 页，齐鲁书社 1987 年 10 月版。
② 据樊克政著《龚自珍年谱考略》第 74 页，商务印书馆 2004 年 5 月版。

大师段玉裁的评语:"……耄矣,犹见此才而死,吾不恨矣。"这样的话,难道因为龚自珍是他的外孙,就随便说说的吗?吾辈读了《明良论二》首句:"士皆知有耻,则国家永无耻矣;士不知耻,为国家之大耻。"就已经俯地绝倒了。更坚信,为龚自珍写一部新的传记,是非常值得的事。

第三次乡试

嘉庆二十一年(1816)秋,龚自珍参加第三次乡试落第。关于这次乡试失败情形,无更多文字记载。

落第时的颓丧感是可以想象得到的。笔者注意到,正是因为这次落第,又一次成为龚自珍一系列精彩政论文章横空出世的触发点。这批文章有一个总的题名《乙丙之际箸议》,现存十一篇,从全集看,这组文章最后一篇为"第二十五",其间缺失了第二、四、五、八、十、十一、十二、十三、十四、十五、二十一、二十二、二十三、二十四,竟然有十四篇散失,原因不明,不能不令人遗憾万分。"乙丙"是指这些文章写于乙亥、丙子两年间,有很多篇是写于乡试落第之后是可以肯定的。

在之一中,龚自珍从连发水灾现象入手,用五行失和原理来分析灾害发生的原因。"大吏告民穷,而至尊忧币匮。金者水之母,母气衰,故子气旺也。"于是乎,水患频仍。由此他还担忧,"币之金与刃之金同,不十年其惧或烦兵事",如此下去,无疑会引发社会动乱。不管他的分析是否真的符合大自然运行之规律,但他提出的警示,无疑是一国之君要引起高度重视的:"是以古之大人,谨持其源而善导之气。"

之三则涉及整个府衙的司法黑暗问题。一种叫作"幕僚"的官吏,上下勾结，操纵着各级司法大权，使得那些在位的各级官员也任由他们胡作非为。他们如同"豺踞而鸮视，蔓引而蝇孳"，"挟百执事而颠倒上下"，虽然不在主要的官位上，但就是靠着擅权弄法牟利，过着"宫室车马衣服仆妾备"的富豪的日子。处在这样一个毫无法制是非可言的社会之中，那些普通的农夫织女，生活之难熬是可以想见的。

在之九中，龚自珍发出了让人读之若"受电"然的"衰世"信号。他把历朝历代分成三类，"治世""乱世"和"衰世"，用来衡量某个朝代处于何"世"的标志，就是这个年代拥有什么样的人才。唉，这个让人精神颓靡的"衰世"，人才的匮乏平庸，实在是惨不忍睹。这样一段话，即使重复也值得反复引录，这是龚氏之所以伟大的"经典语录"：

> 左无才相，右无才史，阃无才将，庠序无才士，陇无才民，廛无才工，衢无才商，巷无才偷，市无才驵，薮泽无才盗，则非但鲜君子也，抑小人甚鲜。

一个朝代，不但没有优秀的文臣武将，就连小巷里的小偷也笨拙得很，在山间湖荡中连有功夫的强盗也见不到，甚至小人伎俩也不高明。真是无法再平庸下去了。龚自珍先生高明在不仅指出人才平庸的现状，对其原因的考辨，也深入到了社会的骨髓之中了。这样一个社会的出现，显然非一日形成的。既然社会普遍都平庸，如果有才人出现，则平庸者都会群起而扑之。他们扑杀的办法不是用刀锯，而是让有才华的人的内心也彻底庸常化，这般大家彼此彼此，都成了一样的货色，谁也无资格鄙视他人了——

> 徒戮其心，戮其能忧心、能愤心、能思虑心、能作为心、

能有廉耻心、能无渣滓心。

一个人这些"心"全没有了，那不就成了无肝无肺的木偶、稻草人吗？而这个社会正是需要这样的木偶、稻草人，而不需要真正有心肝的人。放眼望去，"所惜内少肝与肠"的官僚，触目皆是。话说到了这个份儿上，你除了暂时合上书卷，打开窗户深深地吸几口气，再也没有什么可说的了。

在之七中，龚自珍思考的则是，虽然时代更替，但也有"万亿年不夷之道"，那就是一个社会只有不断地变革，剔除弊端，创制新法，才能保持活力。《易》曰：'穷则变，变则通，通则久。'"①他心存一种良好的期待，希望这个社会通过内部的自我变革，来获得可持续发展的生机。

第四次乡试

嘉庆二十三年（1818）八月，参加浙江乡试，九月放榜，中式本省第四名举人。终于等来了一次好消息。

时座师为王引之、李裕堂，房师为向启昌。王引之为正考官，李裕堂为副考官。这个房考官向启昌为富阳知县，对龚的科举文和诗均有非常高而精彩的评价，评其文曰："规锲六籍，笼罩百家，入之寂而出之沸，科举文有此，海内睹祥麟威风矣。"对龚诗的评价是："瑰玮冠场。"虽仅有寥寥数语，我们完全可以称这位知县考官为优秀的文学评论家

---

① 《龚自珍全集》第1—7页，上海古籍出版社1975年2月版。

了。他大概想不到，他面对的考卷出自在近代史上必定要留下名字的人。这位知县考官的名字虽仅在《富阳县志》上有记载，但他对龚自珍诗文的简短评语，却记入了史册。

中举等于是正式跨入官场的门槛了。要不然，在《儒林外史》中，范进怎么会因中举而兴奋得疯掉呢？虽然有过几次挫折，但龚自珍中举时，也才二十七岁。如果后面参加会试、殿试顺利，那么也完全可能成为朝廷重臣。

这件事当然令龚自珍的家人兴奋，因为在封建社会普遍追求的是诗礼传家，终于后继有人了。不管这位新科举人将来是一品大员，还是六七品的芝麻官，总还是官啊！在传统士人理念中，其身份从此有了质的变化。

第一次会试

在参加第四次乡试获得成功后，龚自珍取得了第二年参加在北京举行的会试的资格。这次会试，是因为嘉庆六十大寿而增加的恩科会试。是正常会试外加的一道餐。正常的会试在第三年将照常进行。

恩科会试在嘉庆二十四年（1819）三月举行，因此，龚自珍早春就得动身只身前往北京了。去京前，有友人吴文徵、沈锡东于虎丘为龚举人送行。龚自珍有诗记载——《吴山人文徵、沈书记锡东饯之虎丘》：

> 一天幽怨欲谁谙？词客如云气正酣。
> 我有箫心吹不得，落梅风里别江南。[1]

---

[1] 《龚自珍全集》第439页，上海古籍出版社1975年2月版。

在临行前，其母段驯有诗四首作为对儿子的祝福与嘱咐。我愿意将
此四首诗录此，主要是心中实在是有万千感慨。想想吾辈，当年"文革"
刚刚结束，无缘参加高考，只好参军找出路。父母大字识不了几箩筐，
临上车前只能说几句"出门自己当心"而已。即便今天有文化的父母，
在子女远离家门前又有几人可写出这样温馨而蕴藉的诗来？诗题《珍儿
计偕北上，有"落梅风里别江南"之句，亲朋相和，余亦咏绝句四首》：

一

燕云回首意何堪，亲故多应鬓发斑。

此日幸能邀一第，又催征骑别江南。

二

都门风景旧曾谙，珍重眠餐嘱再三。

盼汝鹏程云路阔，不须惆怅别江南。

三

云山没没水拖蓝，画出春容月二三。

两岸梅花香雪里，数声柔橹别江南。

四

樽前亲与剖黄柑，听唱丽歌饮不酣。

岁序惊心春事早，杏花疏雨别江南。[①]

---

① 引自樊克政著《龚自珍年谱考略》第 132 页，商务印书馆 2004 年 5 月版。

四首诗末句都有"别江南",而各有"别"的情韵在焉。慈母之心、临别嘱托均在诗中。

龚自珍抵京住丞相胡同。会试在三月初九、十二日、十五日，共举行三场。正考官为协办大学士、吏部尚书戴均元与兵部尚书戴联奎，副考官为礼部左侍郎王引之、詹事府詹事那彦成。四月会试放榜，龚自珍榜上无名。

会试虽然落败，但这次北京之行，对龚自珍的思想发展却又是非同寻常的一年。除了与魏源同赴王鼎家宴，在宴会上受命赋诗，龚自珍却把本来宴会的应酬之作，写成了锋芒四射的经典之作。在诗中他激烈抨击那些昏庸不作为的官僚们，让饮酒者为之心惊肉跳，几乎要把酒水泼出杯外。详情在前文中已有描述。更重要的是，他在这一年师从公羊学家刘逢禄，开始学习《公羊春秋》，这对转变龚自珍的学术思路，起到了至关重要的作用。此方面的内容，在"交游"一节中专题写到，不再赘述。

龚自珍此次在京广泛地拜访和结交文朋诗友，有的是前辈学人，如已年逾七旬的王念孙；有的是同辈，如今文经学的另一位健将宋翔凤。陈铭先生在《剑气箫心——龚自珍传》中介绍，龚自珍在嘉庆二十五年（1820）再次赴京参加会考，途经扬州时认识了宋翔凤，而不是首次参加会试的嘉庆二十四年（1819）。[1]此说不知依据何在？恐有误。在郭延礼著《龚自珍年谱》中称该年（1819）"在北京又识当时另一著名的今文经学家宋翔凤"。此据来自《龚自珍全集·资政大夫礼部侍郎武进庄公神道碑铭》。[2]在樊克政著《龚自珍年谱考略》中，也取同一说

① 据陈铭著《剑气箫心——龚自珍传》第69页，浙江人民出版社2005年7月版。
② 据郭延礼著《龚自珍年谱》第57、61页，齐鲁书社1987年10月版。

法，先生是该年（1819）在京结识了宋翔凤。龚自珍在《资政大夫礼部侍郎武进庄公神道碑铭》文后有附记："越己卯（1819）之京师，识公之外孙宋翔凤。""公"即常州学派的创始人庄存与也。

也是在这一年夏，先生游陶然亭，在陶然亭壁题诗：

> 楼阁参差未上灯，菰芦深处有人行。
> 凭君且莫登高望，忽忽中原暮霭生。[1]

龚自珍在这首诗中，从眼前暮霭沉沉、了无生气的黯淡景象中，感受到了回荡在这个时代天地间的悲凉之气，再次发出了清王朝步入"衰世"的信号。虽然用语含蓄，但"暮霭"弥漫到了整个"中原"大地，还用得着做更多的注解吗？

第二次会试

嘉庆二十五年（1820），先生二十九岁，于该年三月参加第二次会试。

去北京途经扬州，正逢正月十五元宵节，入夜，这个地处运河边的繁华的古城，自是灯火辉煌，弦歌曲扬，红男绿女，摩肩接踵，幽暗处闪烁着暧昧的目光。元宵之夜归来的龚自珍，在《过扬州》诗中写道：

> 春灯如雪浸兰舟，不载江南半点愁。
> 谁信寻春此狂客，一茶一偈到扬州。[2]

[1] 引自孙钦善选注《龚自珍诗词选》第15页，中华书局2009年8月版。
[2] 《龚自珍全集》第445页，上海古籍出版社1975年2月版。

也许在繁华的表象下，先生看到的是这个社会的肌体正在溃烂；也许因背负着赶考的枷锁而心情显得异样复杂。春灯兰舟，无法消除他心中的愁绪。从诗中，看不出良辰美景给诗人带来的星点欢乐。

令他为之欣喜的是，在扬州遇到了同样也是进京参加会试的宋翔凤。这是他们去岁结识后，第二次异地相逢。正好两人结伴而行，一路上谈诗说文，正可以消磨掉途中许多劳顿和无聊。

二月间，他们抵达京城。时间不久，一个让宋翔凤扫兴的消息传来，宋翔凤的妹夫缪中翰，"分校礼部试"，也即是此次会试考官之一，按律例宋翔凤必须回避，不得参试。因这个偶发的因素，宋翔凤未考而出局，心情自是非常之郁闷。刚刚进都，随之马上又得出都。来来回回，鞍马劳顿，长途跋涉，真是折磨人啊！这对龚自珍似乎也不是一个好的兆头。碰到这样的事情，确实无奈，龚自珍面对好友的长吁短叹，也只能以诗《紫云回三叠》给予抚慰，送好友出都。此事在"交游"一章中也已有详叙，此处且略。

四月会试放榜。龚自珍再次落第。

落第后的沮丧，再加上在京不断收到慈母寄来的嘘寒问暖的信函，致使在外远游的龚自珍百感交集。某夜，在客舍里写下了怀念慈母贤妻的七律三首：

一

河灯驿鼓满天霜，小梦温馨乱客肠。

夜久罗帏梅弄影，春寒银铫药生香。

慈闱病减书频寄，稚子功闲日渐长。

欲取离愁暂抛却，奈君针线在衣裳。

二

钗满高楼灯满城，风化未免态纵横。

长途借此销英气，侧调安能犯正声？

绿鬓人嗤愁太早，黄金客怒散无名。

吾生万事劳心意，嫁得狂奴孽已成。

三

书来恳款见君贤，我欲收狂渐向禅。

早被家常磨慧骨，莫因心病损华年。

花看天上祈庸福，月坠怀中听幻缘。

一卷金经香一炷，忏君自忏法无边。①

　　第一首主要是写给慈母。母亲还在病中，却时时牵挂只身赴京城的儿子。书信频频地寄来。笔者不知道，那时从上海往北京寄一封信，途中需要多长时间？龚自珍在北京参加会试，前后时间并不长，却能频频收到母亲挂念、叮嘱的信札，也许在龚自珍尚未到达京城时，母亲的信已经在往北京送信的邮车上了；而前封信尚未寄达，母亲的第二封信，大概又已寄出了。这样一种母子情，真是要让人为之涕泪横流。

　　第二首主要是写给妻子何吉云的。最后一句"吾生万事劳心意，嫁得狂奴孽已成"，充满对妻子的某种愧疚之意。笔者若干年前，参观南京秦淮河边的旧时考场，方知秦淮河边的那些茶楼酒肆、青楼妓馆，大多为来都城参加科考的考生们所设。考中了，春风得意，自然要大宴宾

① 《龚自珍全集》第443页，上海古籍出版社1975年2月版。

客，一醉方休；落榜了，心中郁闷，自然也要借酒浇愁，或在青楼妓馆宣泄满腹愁绪……因此，旧时考场周围，总免不了"钗满高楼灯满城"。以龚自珍多情善感、风流倜傥的性格，免不了在烦闷时也要沉沦其中，因此说妻子嫁给我这样的功名既未就，而生活又狂放的人，真是造孽啊！

第三首写自己复杂的心态。从中可看到，龚自珍要改变以往一贯的狂放作态，既有向"金经""禅"境中寻找虚静的意态，也有从此要静心读书博取功名，不虚度大好"年华"之意。诗中柔肠百转，情丝绵绵。好诗总自愁肠出，这似乎是千古以来不变的定律。

在落第后，龚自珍想在北京衙中谋一份职位，随之也确实获得礼部内阁中书的职位。是通过何种途径获得这一职位的？据陈铭先生著《剑气箫心——龚自珍传》说是"按规定报考，随即被批准"①。此说恐有误。郭延礼著《龚自珍年谱》中说"四月，以举人选为内阁中书，未就职"，但郭谱中未注释是通过考取还是捐纳？"选"是个很含混的字眼。②在樊克政著《龚自珍年谱考略》中，称先生落榜后"筮仕，捐内阁中书"，此一说法来源自《龚氏家谱》下册《仁和龚氏家谱》："自珍：……嘉庆……戊寅恩科第四名举人，捐职内阁中书。"但家谱中记龚自珍戊寅中举是对的，但说"恩科"也似有误。恩科会试是在嘉庆二十四年（1819），未见有恩科乡试一说。③清代确有捐纳入仕一途，作为科举选仕的补充，通过此种方式来增加财政收入。但此种通过卖官职充实国库的手段，无异于饮鸩止渴，弊病丛生。捐纳入仕始于顺治朝，完备于康熙、雍正、

① 据陈铭著《剑气箫心——龚自珍传》第70页，浙江人民出版社2005年7月版。
② 据郭延礼著《龚自珍年谱》第64页，齐鲁书社1987年10月版。
③ 据樊克政著《龚自珍年谱考略》第149页，商务印书馆2004年5月版。

乾隆三朝，冗滥于咸丰、同治两朝，终于宣统朝。我想，即使是捐纳也是有底线和限制的，诸如必须取得举人资质，才能通过捐纳获得某种职位，名额也有限制。否则，只要花钱就可以买个宰相做做了，这个王朝的机器还能正常运转下去吗？

笔者将各种说法存此，不管是考取，还是通过捐职，龚自珍在这一年获得了礼部内阁中书的七品小官，是肯定的。其职能就相当于小秘书之类。这个岗位本身就是可有可无的闲职，只要在礼部汉票签处题名报到就可以了，并不需要马上到职。因此，龚自珍在题名签到后，旋即就南归了。

龚自珍在赴京和返回南方途中，倒也不算寂寞。去时有宋翔凤一路相伴，回来时与周仪暐同行。周仪暐，字伯恬，江苏常州人，同是参加此次会试考生。周仪暐后曾任陕西山阳、凤翔知县。官虽小，但官声甚佳，年老病退时，当地百姓依依不舍。同是京城落榜人，一路同行是有说不完的心里话的。途中，两人有多首唱和诗词。这在龚自珍的生涯中是不多见的，我想这其中大概有两个因素，一是两人都是考场失意者，心绪很容易产生共振；二是两人都是诗词高手，酒逢知己，诗逢对手，自然就佳句迭出。这个伯恬先生，据徐世昌在《晚晴簃诗汇》介绍："伯恬工六朝文辞，尤深于诗，拟古诸作往往逼真。"[1]可见非等闲之辈也。

在某个驿站，龚自珍见周仪暐有词题驿站壁上，"凄瑰曼绝"，心有戚戚，乃在第二日和词一首：

> 羌笛落花天，办香龒两两愁人归去。
> 连夜梦魂飞，飞不到，天堑东头烟树。

① 引自孙钦善选注《龚自珍诗词选》第21页，中华书局2009年8月版。

空邮古戍，一灯败壁然诗句。

不信黄尘消不尽，摘粉搓脂情绪。

登车且莫回头，怕回头还见高城尺五。

城里正端阳，香车过，多少青红儿女。

吟情太苦，归来未算年华误。

一剑还君君莫问，换了江关词赋。[1]

　　"办香鞯"，指备马。在落花天，两位落考的愁肠百转之人返回南方。恨不得连夜就回到家中，奈何两人的家都在遥远的江东（"天堑"指长江）。在荒凉的驿站（"空邮古戍"指驿站），只能就着飘忽的灯光题诗驿壁。不相信，疲乏的长途奔波，还消磨不掉落第的郁闷情绪（"摘粉搓脂"形容落第后像女人那样生气）。既然已经出城了，就不必再回望那个伤心地京城了。正逢端阳节，无非是那些红男绿女还沉浸在歌舞杯盏之中。我们这些落第之人，也只有吟诗来宣泄心中的苦闷了。就不用想仗剑驰骋建功立业的事情了，像晚年的庾信那样，在词赋中找找乐趣吧！[2]我这里参照有关注释做了一个意译，为的是便于读者了解这首词主要传递了作者怎样的意绪。

　　上面这首词，写于哪个驿站，不清楚。因为周词写于端阳节前日，而龚词写于端阳节当日。因此，龚词应该未题写到驿站的墙壁上。到了叫富庄驿站的歇宿处，两人又有诗词唱和。这个驿站在安徽交河县西。在樊克政著的《龚自珍年谱考略》中从周的诗集中引录了周仪暐的题诗：

① 《龚自珍全集》第575页，上海古籍出版社1975年2月版。
② 据杨柏岭著《龚自珍词笺说》第252页，黄山书社2010年10月版。

何曾神女有生涯，渐觉年来事事赊。

梦雨一山成覆鹿，颓云三角未盘鸦。

春心易属将离草，归计宜栽巨胜花。

扇底本无尘可障，一鞭清露别东华。①

周仪昹的题诗，引出了龚自珍更为精彩的和诗：

名场阅历莽无涯，心史纵横自一家。

秋气不惊堂内燕，夕阳还恋路旁鸦。

东邻嫠老难为妾，古木根深不似花。

何日冥鸿踪迹遂，美人经卷葬年华。②

同是好诗，但境界有了高下之分。伯恬先生仍在抒发官场失意的心绪，而自珍先生却已经从个人失意上升到对家国命运和社会现状的思考忧虑。诗说，在仕途名场中沉浸已久，我看到的世人大多在追逐名利，像吾辈这样以史为鉴思考当下问题的又有几人呢？可怜那些醉生梦死的达官贵人（"堂内燕"）并不因王朝的衰败（"秋气"），而有丝毫的警醒。只有像类似我们这样的"路旁鸦"，对即将沉没的夕阳还有留恋之意。东邻的老妇（嫠妇，寡妇）还能再嫁人吗，要指望古木枯树上开出花来，大概也是痴人说梦吧！何时能像高飞的大雁那样将自己的踪迹消逝在邈远的天际，如同隐逸在山林中的隐士，以美人和佛经相伴遣送时光年华就好了！这里既有对自己空有报国之志而怀才不遇的愤激之词，更有对清王朝衰败将至却麻木不知的犀利抨击与批判。"秋气不惊堂内燕，夕

---

① 引自樊克政著《龚自珍年谱考略》第150页，商务印书馆2004年5月版。
② 《龚自珍全集》第449、450页，上海古籍出版社1975年2月版。

阳还恋路旁鸦。""何日冥鸿踪迹遂，美人经卷葬年华。"都是被长期传诵的名句。①到了扬州龚自珍又有诗赠周仪暐，地点是在游船上，龚自珍的诗题写在伯恬的扇面上，这在诗的题名上有明确的说明——《广陵舟中为伯恬书扇》：

> 红豆生苗春水波，齐梁人老奈愁何！
> 逢君只合千场醉，莫恨今生去日多。②

这里颇有点"诗"逢知己、依依惜别之意了。

而周仪暐也有一首赠给龚自珍的诗写于船上，此船与彼船，是否同一时间，同一条船？是乘渡船，还是游船？相关史料上未做说明，笔者也不敢贸然将他们拉到同一条船上去。周仪暐与龚自珍在船上，因了解到龚自珍"好谈释典，近欲著蒙古八表，舟中枯坐，赠诗一章"：

> 波云谲诡闷神功，健笔摹霄孰与同？
> 西北壮游谈穆满，方州奇字析杨雄。
> 言空八部天龙界，手沏诸番水草风。
> 他日书成扃石室，可容津逮万山中。③

此诗主体内容是对龚自珍致力于研究西北边塞治理问题大加赞赏。在前文中，笔者也曾介绍到，龚自珍是清代最早提出在新疆设省的士人，撰写过多篇关于边塞管理和治理的务实性的文章。惜皆未引起重

---

① 据孙钦善选注《龚自珍诗词选》第 21、22 页，中华书局 2009 年 8 月版。
② 《龚自珍全集》第 450 页，上海古籍出版社 1975 年 2 月版。
③ 据樊克政著《龚自珍年谱考略》第 150、151 页，商务印书馆 2004 年 5 月版。

148

视，更不要说被采纳了。而恰恰在这一年，他写的《西域置行省议》反复修改定稿；也是在这一年，新疆喀什噶尔（今新疆疏勒县）发生了在张格尔统领下的叛乱。

在经过周仪暐家时，龚自珍居其盟鸥馆，并为其馆撰写楹联，可见这一路同行结下多么深厚的友情。虽然与宋翔凤去京时也是一路同行，但却未留下多少两人唱和的文字，而在返还与周仪暐同行途中，却几乎互吟不断。龚自珍因此而留下诸多千古传诵的文字。盖因都是同行，来去心情两重天也。去时两人（龚与宋）的心情必是踌躇满志，虽前景叵测，但毕竟心存希冀；而返时遭受落败打击，两人（龚与周）心情必定沮丧沉郁，故而有更多感慨化为诗篇，从心中涓涓流出。

这一年周仪暐四十三岁，龚自珍二十九岁。如果说，龚自珍还有继续入仕的欲望，那么对于周仪暐来说，这次会考后通常不会再长途跋涉地去钻那个鸽子笼似的考场经受煎熬了。古人有言：四十未入仕，不再为仕。即一个人如果年到四十岁以上，还未能在官场发迹，那就应该理智地放弃了。

在扬州又与宋翔凤相逢，只知道龚自珍曾在扬州写过和宋翔凤的侧艳诗，但此诗在全集中未见，是散佚，还是龚自珍在编诗集时未收入，不得而知。在龚自珍离开扬州时，宋翔凤有诗赠行：

逢君低首觉无端，别最凄凉见最难。

豪气莫居楼百尺，俗情大有路千盘。

几教送客青衫湿，愁取佳人锦瑟弹。

珍重华灯照尊酒，渡江此水正漫漫。①

①　据樊克政著《龚自珍年谱考略》第151页，商务印书馆2004年5月版。

此诗缠绵悱恻，充满悲情。失意人送失意人，此番酸楚失落的况味也只有当事者能够体会到。但读此诗，几乎也要让笔者为之而"青衫湿"，在强忍泪水时，又有一种后人为之感受到的苍凉感。戏外人看戏内人，总还是有一种因距离而产生的悲怆。这种感觉，只有入乎其内，才能体验到；又必须出乎其外，才能看得更清晰。

龚自珍的心情无疑是非常纠缠而复杂的。剑气箫心，这两种兼具刚和柔的心绪在他胸中不停地回环。出与入，进与退，这道人间永恒的哲学难题，在不断揉搓着他的灵魂。这是不需要运用弗洛伊德的理论来做什么心理分析的。只要从他这一时段的诗作中，就可以直接地感受到。

从同是写于这一年的诗《观心》《戒诗五章》《呜呜硠硠》《咏史》等诸多重要诗作中，可以看到作者复杂多元的心绪，既有愤世嫉俗，对现存社会的激烈批判，又有要"戒诗"——彻底告别诗词写作这类于事业功名无助的习性的非常之举；既有像外祖父段玉裁曾嘱咐的那样，专攻经史之学，努力做大儒、名臣的不甘，还有希冀过一种"美人经卷葬年华"的生活，彻底从功名中解脱的出世之想。

总之，龚自珍的心情此时如在阴雨天气中恹恹欲睡的李清照女士那样——"最难将息"。常常说"国家不幸诗家幸"，此言可否改为"诗人不幸诗坛幸"？

且看先生部分诗篇——

在《观心》中写道：

结习真难尽，观心屏见闻。

烧香僧出定，蕃梦鬼论文。

幽绪不可食，新诗如乱云。

鲁阳戈纵挽，万虑亦纷纷。①

　　"结习"乃佛家语，意为世俗习惯、情感等，这里指作者的"济世之志"。佛经有故事说，天女以天花散诸菩萨、大弟子身上，花至诸菩萨，皆纷纷坠落，唯落至大弟子身上，花便不坠了。天女曰："结习未尽，花着身尔；结习尽者，花不着身也。"龚自珍称自己结习难尽，可见其并未能做到六根清净。想清净也难啊！你看，刚刚效法僧人烧完了香，内心获得些许禅定，偏偏那些"恶人"们又闯进自己的梦境，议论自己写的那些文章。内心那些忧国忧民的幽深的思想情感无法消逝（"食"，蚀，消失），待写的新诗纷纷涌上心头。鲁阳公纵可挽戈返日，万千思虑却难以泯灭。（"鲁阳公"掌故出自《淮南子·览冥训》："鲁阳公与韩构难，战酣日暮，援戈而挥之，日为之反三舍。"）先生的矛盾心境，在诗中表露无遗。

　　在《戒诗五章》的第二首，先生写道：

　　　　百脏发酸泪，夜涌如原泉。
　　　　此泪何所从？万一诗祟焉。
　　　　今誓空尔心，心灭泪亦灭。
　　　　有未灭者存，何用更留迹？②

　　先生在夜深人静时，百感交集而泪湿满襟。其中，有些原因是自己诗心未灭。但是，他想进入万念俱寂的无我之境，能做得到吗？中国伟大的传统士人感时伤世的情怀，在先生的心中是难以消释的。这里不简

① 《龚自珍全集》第 445 页，上海古籍出版社 1975 年 2 月版。
② 据孙钦善选注《龚自珍诗词选》第 25 页，中华书局 2009 年 8 月版。

单是写诗和戒诗的问题纠结，而是一种融化在血液中的人格元素在继续
发酵、奔突、沸腾。

在这一年（1820）七月二十五日，嘉庆皇帝驾崩。其次子旻宁继承
皇位，颁诏第二年（1821）为道光元年。

这艘锈迹斑斑、到处布满罅隙的巨轮，虽然继续航行在大海上，但
前方激浪汹涌、暗礁密布，正面临触礁、沉没的噩运。但是船长和他的
船员们意识到了吗？

考军机章京

龚自珍于道光元年（1821）春，到任内阁中书，参加国史馆修订《清
一统志》，任校对官。

以龚自珍的才学而只能屈居一个小小的校对官，只能让后人为之
扼腕。以龚自珍的个性，他也不会默默沉寂地甘于当一个文字校对。于
是，紧接着就有了有点不合官场潜规则的上书举动，给国史馆总裁上书
一封《上国史馆总裁提调总纂书》。如果在这封书中，只是指出《清一
统志》中的差错也就罢了。而仅仅是指出差错，显然也不需要特意长篇
大论地写一封信给"总裁"，在书上做上记号，交上去即可。但先生的
信有五千多字，除了指出《清一统志》中的十八处疏漏和错误，同时在
信中"论西北塞外源流、世系风俗、山川形势"，结果"总裁"将他的
信札删掉了两千字，其理由是"头衔不称"。其潜台词无非是，你一个
小小的校对官，干好字词差错校对就可以了，用得着纵论西北大势吗？
是向我"总裁"显摆你的学识吗？这是典型的"位卑而言高"啊！这位

上司显然不是什么胸怀大度识才之人，此事引起上司心中的不快是必然
的。而龚自珍对如此森严的等级观念也感到很不适应，他在后来的《己
亥杂诗》中曾就此事而感慨：

> 东华飞辩少年时，伐鼓撞钟海内知。
> 胰尾但书臣向校，头衔不称龚其词。①

　　龚自珍上书的举动不仅于此，还在这年春，上书了觉罗宝兴。此
"上书"与上书国史馆总裁时间孰前孰后，不清楚。总之，两次上书皆
在刚到任内阁中书不久。
　　这封上书的内容同样涉及了西北的问题。这封信是写给觉罗宝兴
的，如果读者诸君还记得，觉罗宝兴正是龚自珍第一次参加乡试中副榜
时的房考官。在龚自珍到任前获知觉罗宝兴出任新疆吐鲁番领队大臣。
按照官场不成文的规则，觉罗宝兴担任过龚自珍房考，他们之间就有一
种师生关系，因此，龚自珍觉得以师生之谊给他写信不算唐突，言辞十
分谦恭。先生的信名为《上镇守吐鲁番领队大臣宝公书》，信中着重提
出如何对待回部的有关政策问题。信的篇幅长达数千字，对如何安抚、
治理边塞提出了许多建议，其核心理念是对少数民族要以诚相待，"不
以驼羊视回男，不以禽雀待回女"，信尾有一段结语说"是故今日守回
之大臣，惟当敬谨率属，以导回王回民，刻刻念念，知忠知孝，爱惜翎
顶，爱惜衣食，啤诵经典。耕者毋出屯以垦，牧者毋越圈而刈，上毋虐
下，下毋貌上，防乱于极微，积福于无形……"。②龚自珍在这里，不

————————
① 据郭延礼著《龚自珍年谱》第 68 页，齐鲁书社 1987 年 10 月版。另见《龚自珍全集》
　　第 513 页，上海古籍出版社 1975 年 2 月版。
② 《龚自珍全集》第 309 页，上海古籍出版社 1975 年 2 月版。

仅仅是提出要尊重少数民族的问题，同时从根本上谈到了安抚人心的关键，是建立一种价值观认同基础上的伦理道德秩序。这样才能使边塞真正做到安定祥和。龚自珍在呈送此信时，还附上了经过反复修改的论文《西域置行省议》。

这封信呈上后有什么回音？也不清楚。未见龚自珍后来的文字中有对此上书后续反馈的任何记录。觉罗宝兴是三品大员，对一个七品小校对官的来函不予回复，也并不令人奇怪。也许，龚自珍与他关系的密切程度远不及与林则徐，可以推心置腹。让龚自珍感到特别失望的是，他的重要论著《西域置行省议》中，有诸多如何加强西部管辖、安抚边民的建议，如主张西域置行省，由内地移民至边疆，发展耕牧，并健全军事组织，防止外来入侵者。可惜这些建议都未能得到重视和采纳。因此，龚自珍在《己亥杂诗》第七十六首中感慨其人微言轻，意见无法上达：

文章合有老波澜，莫作鄱阳夹漈看。
五十年中言定验，苍茫六合此微官。

诗的第一句很好理解，是说自己的文章波澜宏阔、深谋远虑。第二句因用典而从字面上看较费解。"鄱阳""夹漈"是指历史上的两位学人，鄱阳指南宋马端临，马端临是鄱阳郡人，著有《文献通考》三百余卷。"夹漈"指郑樵，也为南宋人，曾居夹漈山，人称夹漈先生，著有《通志》二百卷。这里用地名代指马端临和郑樵，是说自己的文章是经世致用的，不是他们那类文献考据类的著作。后两句则说自己预言的问题，将在五十年中即会发生。恰恰如先生所言，在他写作《西域置行省议》的五十年后——同治十年（1871），沙俄趁英国人到新疆打劫时出兵入侵伊犁，又十年，光绪七年（1881），沙皇强迫清政府签订了不平等的中俄《伊犁条约》，根据这个不平等的条约，沙俄从新疆侵占了七万多平方千米的国土。①

呜呼，屈辱割肉之际有人会想起先生的文章吗？

且容笔者将龚自珍参考军机章京一事暂搁下，接着再谈他有关边塞问题的研究。郭延礼在《龚自珍年谱》中记载，本年"十一月初一，先生呈《拟进上蒙古图志表文》"，但谱中未说呈送给何人？是按照官场规则逐级上报吗？不清楚。但先生拟将完成的《蒙古图志》，是一部关于蒙古研究的皇皇大著，是一部有关蒙古史的开创性的书。其中内容分三十类别，计有表十八、志十二，以及附图二十八。遗憾的是，此书已经写成的多半文稿以及搜存的档册图志资料，在道光二年（1822）九月二十八日先生家书楼发生的一场火灾中尽毁。现存于先生《全集》中的，仅有《蒙古像教志序》《蒙古水地志序》《蒙古台卡志序》《蒙古声类表序》《蒙古寄爵表序》《蒙古字类表序》《蒙古氏族表及在京氏族表总序》《蒙古册降表序》《青海志序》《乌梁海表序》诸文。从《蒙古声类表序》中可以看出，先生对蒙古的语言音韵学有精深研究，如果此著能完成并留传下来，无疑是一部填补空白的史书。

多种龚自珍年谱记载，"夏，考军机章京，未录，赋《小游仙》十五首，遂破戒作诗。"要想弄清历史真相，真是难矣哉。仅仅是这二十余字的一段记载，就让后人颇费思量。其一，考军机章京与赋《小游仙》十五首之间是否有因果关系？《小游仙》中有大量文字隐含着对军机处内幕弊端的抨击与揭露，从情理上说，龚自珍一般不会在未考军

① 据郭延礼著《龚自珍年谱》第69页，齐鲁书社1987年10月版；孙钦善选注《龚自珍诗词选》第146、147页，中华书局2009年8月版。

机章京前，就写下此类文字。既然对军机处厌恶已极，他怎么还会往军机处里挤呢？尽管军机处确实是清代皇帝身边掌握军政要务的核心枢纽机构，通常进入军机处即意味着仕途进入了坦途，前景一片光明。"军机处之职，有事则佐上运筹决胜，无事则备顾问祖宗掌故，以出内命者也。"即使当不了六部总管乃至宰辅，但从军机处派出京城的官员，都往往被委以重任。从礼部进入军机处，当然是从仕者人人向往的。龚自珍想在仕途上有作为，除了参加会试，此为重要一途。

据《嘉庆道光两朝上谕档》记载：道光元年（1821）八月二十五日，军机大臣曹振镛、松筠等奏："查上次记名应用汉军机章京除回籍各员外，俱已全行补用，现在如有缺出，需人传补。臣等照例于内阁六部衙门咨取，据各衙门咨送到中书、郎中、员外郎、主事、小京官共四十九员，臣等传到，面加考试，公同阅选。共选取十六员……"①龚自珍自然不在这十六员中。由此可知，该年军机章京录取时间该在秋天，而非夏天也。因此樊谱认为，《小游仙》组诗是否作于该年夏，待考。笔者从情理上判断，不管该组诗是作于夏或秋，但先生考军机章京在前，而作《小游仙》在后，则是可信的。

考军机章京落败，对龚自珍情绪必然也会有挫伤。额头上的"血"让他意识到，如此仕途捷径，也不是凭才学就能走通的。正因为考军机章京，成为绕开科举考场进入升官通途的捷径，无疑会引发无数人不择手段摆平"关键人物"。这里的所谓考试，只是走走过场而已。能够从这座独木桥上挤过，拼的不是实力，而是"背景"和财力。天真的龚自珍也来挤这座独木桥，其结果用脚指头也可以想象出来。

且看《小游仙》诗中的描述：

① 引自樊克政著《龚自珍年谱考略》第175页，商务印书馆2004年5月版。

其一

历劫丹砂道未成，天风鸾鹤怨三生。

是谁指与游仙路？抄过蓬莱隔岸行。

首句是说自己，如同道家修炼那样，虽然经过了重重磨难，并未达到骑鸾鹤、翔天风的得道成仙的境界。有人指点道，你可以绕过迷雾漫漫的缥缈的蓬莱仙山，从而抵达向往的成为仙人的境界啊！其含义就是，会试不成功，索性直接去考军机章京，进入核心权力部门，也是一条成功之路啊！

可是当谁都知道这是一条升迁的捷径时，该会有多少人削尖脑袋往里钻呢？以和珅巨贪为首形成的贪腐之风，渗透到了乾嘉以来官场的角角落落。定庵先生难道不清楚，他要铺一条通往军机处的路径，该需要多少银子？此种无耻龌龊的勾当，是他这样一身正气的书生愿意做的吗？

其五

寒暄上界本来希，不怨仙官识面迟。

倪幸梁清一私语，回头还恐岁星疑。

在琼楼仙界相互间的问候、关心本来就很少，所以不怨仙官们与自己迟迟不相识。偶然有人与自己悄悄说几句话，还得惊恐地看看，有未引起其他官员的猜疑。"梁清"，古代神话人物；与末句中"岁星"，同指军机处官员。这首诗是形容军机处冷漠、紧张、相互猜疑的人际环境。

其七

丹房不是漫相容，百劫修成忍辱功。

几辈凡胎无觅处，仙姨初綦可怜虫。

军机处（丹房）不是随便什么人都可容纳的，它当然有自己选人的"潜规则"，只有那些俯首帖耳、唯命是从、投其所好、没有个性和才学的庸常之辈，才是他们欣赏的。那些无缘进入仙界的凡胎（平庸的人），才会可怜分分地求仙姨（喻军机大臣）开方便之门让他们得道成仙。在清代，军机章京最初由军机大臣自己选用，如此军机大臣手中的人事权力显得太大，滋生腐败是必然的。后来，清廷制定考选条例，规定在内阁中书和六部部曹中保送，经过军机处考试后录用。但选用的大权仍然在军机大臣手中。如果不把军机大臣喂饱，或你与军机大臣有某种特殊的关系，像龚自珍这样通过正常途径企图进入军机处，几乎连门儿也没有。龚自珍考军机章京不被录用，应该是预料中的事。

其十

仙家鸡犬近来肥，不向淮王旧宅飞；

却踞金床作人语，背人高坐著天衣。[①]

这里用西汉淮安王成仙，其家鸡犬亦服药飞升的典故。那些达到目的进入军机处的官员们，不再用正眼瞧那些过去的同僚或友人了，正所谓"子系中山狼，得志便猖狂"。他们本来是"鸡犬"类的动物，没有

---

① 《龚自珍全集》第458页，上海古籍出版社1975年2月版。参见孙钦善选注《龚自珍诗词选》第29—32页，中华书局2009年8月版。

什么真才实学，但占据了要位，便开始人模狗样地发号施令了。《小游仙》诗共十五首，全是以"仙界"故事做外壳，实为讽喻军机处的种种黑暗和丑态。这样的诗，按常理推断，应该是写于龚自珍考军机章京落败之后。

有多种文本说，龚自珍从此组诗开始"破戒作诗"。但据樊克政《龚自珍年谱考略》考证，先生"自庚辰之秋戒为诗，……然不能坚也"。其破戒作诗，并非自"辛巳夏"，而实自本年春即自破了。因龚自珍的《暮雨谣三叠》《周信之明经……赋小诗报之》等诗，均作于本年春。[①]其实，戒诗明志，并不能确保先生从此就仕途亨通。至多只能表明自己的心迹而已。设若真的戒掉了，而先生仍沉于下僚，对先生对中国诗坛则皆为大不幸也。后来又多次发生"戒"了又"破"，"破"了又"戒"之事，可见先生心态之复杂，之焦虑，之纠结。非历史中人，焉能体验到先生因壮志难酬、满腔忧愤，乃至"百脏发酸泪"之痛苦哉？

第三次会试

在道光二年（1822），也即龚自珍考军机章京的第二年，龚自珍三十一岁，又参加了第三次会试。

在参加会试前，有一件与龚自珍参加科举考试有关的事情不应漏记。在道光元年（1821）冬，龚自珍曾约友人陈奂一起拜访前辈学人姚学塽。这个姚学塽可谓是非常之人。在乌烟瘴气的清政府衙门中，也有难能可贵的清流在石隙夹缝中涓涓流淌。姚氏即可称是清流之人。姚先

① 据樊克政著《龚自珍年谱考略》第 175 页，商务印书馆 2004 年 5 月版。

生祖籍浙江归安（今吴兴县），长龚自珍二十六岁，是嘉庆元年（1796）进士，官内阁中书。当时巨贪和珅也还处在一人之下、万人之上的权力巅峰。凡想在官场飞黄腾达者，皆如蝇逐臭般奔走于和珅的门下。和珅私库里的那些珍器宝物，有多少是这些人的贿赂赃物，真是难以计数。姚先生，既为内阁中书，与和珅循例要执弟子礼。而其实，这也是要升官之人贴近高官的机会，是有人想巴结而求之不得的。但姚先生耻于干这种蝇营狗苟的勾当，拒绝与浊流同污，索性就辞官还乡，远离庙堂。待到乾隆驾崩，嘉庆掌管实权了，即动手收拾和珅，凡属和珅集团之官员革职的革职，流放的流放，坐牢的坐牢，而远离和珅的姚先生得以被召回再入京供职，先任兵部主事，后迁任方司郎中，属正五品官职。

这个姚学塽让人既感到奇特又深为感佩的是，在京任官四十年，居然不携带眷属，没有自己的府第，一个人住在水月庵，即寺庙内。陆以湉《冷庐杂识》中记载："归安姚镜堂兵备学塽，学问赡博，品尤高卓。官京师数十年，寓破庙中，不携眷属。趋公之暇，以文酒自娱，朝贵罕识其面。曾典贵州乡试，门下士馈赆金者，力却之。惟赠酒则受，因是贫特甚。出不乘车，随一僮持衣囊而已。所服皮衣冠，毛堕半，见其鞟，每彳亍道中，群儿争指笑之，兵部夷然自若也。"①这简括的文字，犹如《史记》中的人物传记，已然活脱脱地勾画出了姚郎中的个性形象，让人心生感佩。先生在和珅辈臭气熏天时，远离茅厕，智慧过人，品格硬挺，一佩也；先生对门生孝敬的礼物，涉及金银，一概力拒，只收喜欢喝的小酒，一辈子保持清贫廉洁，二佩也；先生不追求物质富有，只沉醉在饮酒读书吟诗作文中，是真名士，真学人，三佩也。

龚自珍曾于道光元年（1821），束约陈奂一起去水月庵拜访姚先生。

① 引自郭延礼著《龚自珍年谱》第78页，齐鲁书社1987年10月版。

对此龚自珍有诗记之：

> 进退两无依，悲来恐速老。
> 愁魂中夜驰，不如起为道。
> 枯庵有一士，长贫颜色好。
> 避人偕访之，一觌永相保。①

在道光三年（1823），龚自珍又约一位王姓友人同访姚学塽，归来又写诗谈感受，对姚先生的钦佩之情充溢在诗句行间：

> 归安一身四气有，举世但睹为秋冬。
> 亟拉征君识姚子，高山大壑长相逢。②

后学有人评价姚子，称龚自珍恃才傲物，但对姚先生却"独心折"。可想姚先生在龚自珍心目中的地位。笔者想记录的还不是这两次拜访，而是此前龚自珍有一次对姚先生的重要拜访。龚自珍抱了两千篇功令文，前往水月庵向先生求教。"功令文"是何文体？就是为应付科举考试，按照八股文的规矩写出来的练习文字。让我感到有些不解的是，龚自珍居然抱了两千篇功令文去拜访姚先生，这数量之多也太惊人了吧？即使每篇只一页纸，也有两千页之多，得有书童帮忙挑过去吧？但龚自珍在《己亥杂诗·年华心力九分殚》中自注："抱功令文二千篇，见归

① 《龚自珍全集》第 454 页，上海古籍出版社 1975 年 2 月版。参见麦若鹏著《龚自珍传论》第 247 页，安徽大学出版社 2005 年 7 月版。
② 《龚自珍全集》第 470 页，上海古籍出版社 1975 年 2 月版。参见麦若鹏著《龚自珍传论》第 247 页，安徽大学出版社 2005 年 7 月版。

安姚先生学埭，先生初奖借之，忽正色曰：'我文着墨不着笔，汝文笔墨兼用。'乃自烧功令文。"让我想象一下，一位有才学的青年人，抱着一大堆习作来请老先生指点。姚先生边喝着小酒，边翻阅着龚自珍的那些为应试而写的文章。初览，觉得这年轻人学识广博，议论纵横，还不错嘛！于是，点点头，称赞几句。仔细琢磨，倏忽发现这些功令文，其实都是些无病呻吟的垃圾文字，胡乱褒奖，岂不是把年轻人拉到歧途上去，于是用委婉，其实是很严厉的语气，否定了这些文字。所谓"着墨不着笔"与"笔墨兼用"，究竟该如何区别，我们大可不必去仔细考究。有人释其意为，这儿姚学埭将笔、墨分开用，"墨"指阐释经书之义，"笔"指讥切时政。在八股文中，过多地抨击时政，当然难免犯忌，怎么能够通过呢？也算有此一说吧。如龚自珍从此远离时政，那龚自珍还是龚自珍吗？龚自珍扫兴归来后，将那些功令文统统付之一炬。看着自己的笔墨在火中一卷一卷化为灰烬，四处飘飞，火苗舔得先生的面颊发烫，先生该是一种什么心境呢？我想，他对八股应试选录人才的制度肯定是痛彻心骨了。①有诗为证：

华年心力九分殚，泪渍蟫鱼死不干。

此事千秋无我席，毅然一炬为归安。②

痛恨八股取士，但也没有拒绝继续参加会试。证明龚自珍心中对通过考试获得进阶之途，仍未完全放弃。毕竟，通过考试被录取，是靠实力，尽管八股的限制未必能显示出考生的实力，起码路径是光明正大的。与通过取媚军机处高官进入军机处相比，心地要坦荡得多。

---

① 据麦若鹏著《龚自珍传论》第245、246页，安徽大学出版社2005年7月版。
② 引自孙钦善选注《龚自珍诗词选》第140页，中华书局2009年8月版。

　　道光二年（1822）三月，龚自珍三十一岁，参加第三次会试。俗话说：事不过三。遗憾的是，闰三月初十会试放榜，又没有龚自珍的大名。

　　在考场进进出出，龚自珍此次似乎心态平和了许多。不考白不考，考了也白考。如考中，就算撞大运，如落榜也不必惊诧。龚自珍此次落榜后，未见随后有相关的"感慨"诗文写就。相反，龚自珍把精力较多地用在了读书著书写诗交友上了。对此，在年谱的记录中可以看出，此后一段时间的行迹和兴趣所在，如：

　　闰三月，向陈奂借阅沈联芳所撰《邦畿水利集说》稿本，予以点校；

　　闰三月，作《最录邦畿水利图说》；

　　闰三月，为顾树萱《桃叶归舟卷子》题《摸鱼儿》词；

　　夏、秋间，与包世臣、魏源、张琦时相过从；

　　八月，应陈沆所请，评阅其《白石山馆诗》稿本，为写批语并题词；①

　　……

　　这些活动均与会试无关。

第四次会试

　　龚自珍第四次参加会试是在什么时间？各种不同文本有不同说法。涉及此类重要史实，作传者尤其需要谨慎为之。

　　陈铭先生著《剑气箫心——龚自珍传》中说，"道光三年（1823）春，他第四次参加会试，依然三场出入礼部试场，依然落第而归"②。与此说法相同的是郭延礼著《龚自珍年谱》，称同年"春，仍在礼部供职，任内阁中书，第四次参加会试落第"。上述两种说法，均未标明出处。而樊克政在《龚自珍年谱考略》中有不同说法，这一年龚自珍并未参加会试。其原因是龚自珍"叔父守正任会试同考官，故未应会试"。清廷规定，"乡、会试考官、房考、监临、知贡举、监试、提调之子孙及宗族，例应回避"。本传前文中曾写过宋翔凤，也有过类似避考的情况。还有一个很有力的证据，说明该年龚自珍确因叔父龚守正任考官，而回避未应会试。龚自珍的母亲段驯遗诗中有两首题为《珍儿不与会试，试以慰之》：

其一

桃李添栽屋不寒，却教小阮意全阑。

待将春梦从婆说，始觉秋风作客难。

其二

黄榜未悬先落第，青云无路又辞官。

长安岁岁花相似，会见天街汝遍看。①

　　母亲因儿无法参加会试而写诗慰之，据此也可断定，说龚自珍该年放弃应试是可靠的。

　　就在这一年的七月初一，母亲段驯病故。母亲的身体本来就孱弱多病，前不久因家中突发的一场火灾又受了惊吓，于是一病不起，驾鹤西去。享年仅五十五岁。龚自珍得悉母故消息，迅即辞官南返奔丧。本传此前已有专节写到慈母段驯对龚自珍的情感、人格长成的影响。龚自珍

---

① 引自樊克政著《龚自珍年谱考略》第216页，商务印书馆2004年5月版。原文见王洪军《段驯龚自璋抄本诗集考》，刊《文献》1998年第2期。

对母亲的情感之深，自是非同寻常。可以想象，千里奔丧路，龚自珍心中是如何的悲伤。风尘仆仆，时时泪湿青衫。按照清廷规定，官员父母去世，要丁忧守制二十七个月，此期间不得任职。

写到这里，发现有关文本对龚自珍葬母的时间又有不同说法。陈铭著《剑气箫心——龚自珍传》中称该年"九月，他侍奉母亲的灵柩，运回杭州，安葬于杭州花园梗，位于祖父墓茔旁边。龚自珍还在母亲墓园，种植梅树五十株，以作怀念"。史实没有问题，但时间似乎有误。陈铭先生所依据的时间，不知是否来自郭延礼的《龚自珍年谱》？不得而知。"郭谱"在道光三年（1823）条目下记载："七月，母段驯逝世于上海苏松太道署，先生解职出京奔丧，九月初抵上海，奉遗骸回杭州安葬……"①这段文字，对先生"奉遗骸回杭州安葬"时间没有明确说明，从前面延续阅读，很容易让人以为，龚自珍是在九月即扶母亲灵柩去杭州了。而在这年十二月二十八日，先生在给友人的信札《与江秬香书》中言："……自珍奉先慈讳南归，于九月初旬抵家大人官署，知先生辱赐挽辐之词楹帖三十言，感且不朽，明年暮春，扶先枢道出吴门，当泥首申谢也。……"信中有明确的时间概念，九月到家，而扶先枢去杭，则在"明年暮春"，因此，樊克政著《龚自珍年谱考略》中记载，道光四年（1824）"三月，送先母之枢经苏州返杭"，"葬母于花园梗先祖墓侧，墓上植梅五十株"应该是准确的。②

本年自珍先生三十三岁，有相当长一段时间因哀恸母逝，居忧无诗，也很少与友人交往。

在近两年中，先生用较多的精力编辑自己的诗文集，同时写了一组重要的哲学文章《壬癸之际胎观》，对中国传统文化中的一些带有本根

---

① 据郭延礼著《龚自珍年谱》第93页，齐鲁书社1987年10月版。
② 据樊克政著《龚自珍年谱考略》第245、246、249页，商务印书馆2004年5月版。

性的哲学命题，做出了自己独特的思考。有关这方面的内容，笔者留待在后面的章节与龚自珍对佛学的研究一道介绍。

这里我们还是继续将笔墨集中在关注先生的命运，以及由此而引发的心理、情感、创作方面的多元呈现。

龚自珍参加第四次会试在道光六年（1826）三月，三十五岁。本年会试正考官为大学士蒋攸铦，副考官为工部尚书陆以庄、署工部左侍郎王鼎、署礼部右侍郎汤金钊。同考官有刘逢禄。按理，有对龚自珍赏识的王鼎担任副考官，有他的恩师刘逢禄担任同考官，龚自珍高中的概率要远远大于前三次会试。虽然，考卷上是隐名的，考官并不知道考生是谁。但如果考官对考生先前是熟悉的，对其笔墨风格和行文特点必然都是了然于胸的，对其有不违规的关照也在常理之中。

与龚自珍同时参加会试的还有好友魏源。

刘逢禄正好负责阅浙江卷六十卷，其中有一卷刘考官判定为龚子卷，向主、副考官力荐。邻房考官负责看湖南卷，其中有一卷，刘逢禄看到，判定为魏源考卷，于是也建议负责阅卷的考官向上力荐。这样，在刘逢禄本人和邻房考官的力荐下，龚、魏的考卷算是顺利通过了第一道关。但在四月放榜时，龚、魏两人却双双落第。

落第原因实在说不清楚。在最终有决定权的主、副考官间，他们对此二卷，是否有特别的分歧，也不得而知。据有关记载，三十五岁的龚自珍在京师已经有相当大的名气。这种名气，有时未必是好事，它容易在考官心目中产生先入为主的印象。如果是负面的印象，那就对其非常不利。张祖廉《定庵先生年谱外纪》如是描述龚在京师民间及士人中的行迹："先生广额巉颐，戟髯炬目，兴酣，喜自击其腕。善高吟，渊渊若出金石。京师史氏以孟秋祀孔子浙绍乡祠，其祭文必属先生读之。与同志纵谈天下事，风发泉涌，有不可一世之意。而后学有所问难，则源流海之，循循然似老师，听者有倦色，先生洒然也。舆皂稗贩之徒暨士大夫，并谓为龚呆子。"①

"龚呆子"的绰号大概就是这么来的吧？这绰号是含贬义还是褒义，也难以三言两语道清说白。总之，龚自珍随着年长，加上满腹不得志的怨愤，越来越以一种怪诞而狂放的形象注入世人心目中。"龚呆子"的名号，不仅市井引车卖浆者流知道，士大夫中也必然有所耳闻。他们会喜欢"龚呆子"的行事风格吗？龚自珍在京师官场，随着他的名气越来越大，也就越来越成为颇有争议的人物。古往今来，那些有个性的人才，谁能免得了陷入争议的漩涡？但笔者感到蹊跷的是，魏源行事风格应该比龚自珍要谨慎得多，不是照样也多次落第沉于下僚？因此，从根子上说，当然是这个王朝的选人机制出现了严重的问题。这个王朝选不出、容不得真正有才学的人。真正心忧天下的人才，会被这个腐朽的选人、用人机制逼疯。

这样的王朝不走向衰亡才是让人感到惊诧的！

这次龚自珍、魏源双双落败，似乎对刘逢禄的情绪打击超过了考生本人。他大概没有想到，他赏识的人才，居然都被淘汰下来。刘礼部对此慨叹不已，有诗赋之曰《题浙江、湖南遗卷》：

> 之江人文甲天下，如山明媚兼嶙峋。
> 盎盎春溪比西子，浣花濯锦裁银云。
> 神禹开山铸九鼎，罔两俯伏归洪钧。
> 锋车昔走十一郡，奇祥异瑞罗缤纷。

---

① 《龚自珍全集》第 632 页，上海古籍出版社 1975 年 2 月版。

兹登新党六十俊（自注：浙卷七百余，独分得六十卷），

就中五丁神力尤轮囷。

红霞喷薄作星火，元气蓊郁辉朝暾，

骨惊心折且挥泪，练时良吉斋肃陈。

经旬不寐探消息，那知铩翮投边尘，

文字辽海沙虫耳，司中司命何欢嗔？

更有无双国士长沙子，孕育汉魏真经神，

尤精选理砺鲍谢，暗中剑气腾龙鳞。

侍御披沙豁双眼，手持示我咨嗟频（自注：湖南玖肆，五
策冠场，文更高妙。予决其为魏君源），

翩然双凤冥空碧，会见应运翔丹宸。

萍踪絮影亦偶尔，且看明日走马填城闉。[①]

考官为两位落第考生写出如此鸣不平的长诗，在科考史上也属罕
见。刘先生对龚自珍、魏源的评价之高，也被历史证明并非仅仅因出于
门下而格外厚爱。有这两位载入史册的英才做门下弟子，也给刘逢禄大
人脸上增光溢彩不少。诗中有些古语，或许在无注释时，不是很容易读
通。但不要紧，知其大意即可，不必求甚解。前半阕是谈龚自珍，"红
霞喷薄作星火，元气蓊郁辉朝暾"。龚自珍在大学者的笔下，是何等人
物？后半阕是谈魏源，"更有无双国士长沙子，孕育汉魏真经神"。一个
王朝失去这样的人才，谁不为之垂泪？而时人以及后人，常常将龚、魏
并列论说，据说也因刘逢禄此诗而来。

① 引自樊克政著《龚自珍年谱考略》第 282 页，商务印书馆 2004 年 5 月版。

第五次会试

龚自珍的命运似乎在第五次参加会试时，呈现出些微曙光。

道光九年（1829）三月，龚自珍三十八岁，第五次参加会试。四月初十，会试放榜，中式第九十五名贡士。座师曹振镛、玉麟、朱士彦、李宗昉、吴椿，房师王植。会试中式虽无定额，但一般为四百名。那么，按此总额，龚自珍的名次在前四分之一，算是靠前的了。[①]

四月二十一日，先生参加殿试，效法王安石《上仁宗皇帝言事书》，作《对策》。先生一直向往能成为王安石那样的人，成为皇上的股肱，大权在握，可以叱咤风云，推行新政，实现自己变法图强的宏愿。他曾在文中谈到王安石的万言书，称"自珍读之二十年，每一读，则浮一大白"。[②]陈元禄《羽琌逸事》记载，先生"少好读王文荆公上仁宗皇帝书，手录凡九通，慨然有经世之志"。[③]张祖廉著《定庵先生年谱外纪》中也有类似文字，先生"少好读王介甫上仁宗皇帝书，手录凡九通，慨然有经世之志"。[④]同样文字，未知孰先孰后？此且不论，但先生所作《对策》的内容是必须说说的。

《对策》洋洋洒洒两千余字，此文既议论纵横，气势非凡，又非常务实。且读开篇：

---

① 据陈铭著《剑气箫心——龚自珍传》第 134 页，浙江人民出版社 2005 年 7 月版。
② 据郭延礼著《龚自珍年谱》第 145 页，齐鲁书社 1987 年 10 月版。
③ 引自樊克政著《龚自珍年谱考略》第 330 页，商务印书馆 2004 年 5 月版。
④ 《龚自珍全集》第 633 页，上海古籍出版社 1975 年 2 月版。

　　臣对：臣闻自古英君谊辟，欲求天下骏雄宏懿之士，未尝不以言；人臣欲以其言裨于时，必先以其学考诸古。不研乎经，不知经术之为本源也；不讨乎史，不知史事之为鉴也。不通乎当世之务，不知经、史施于今日之孰缓、孰亟、孰可行、孰不可行也。……

　　文章从纵论经史开始，然后涉及朝政的许多方面，有变革吏治、重视农耕民生、兴修水利、固边安边等等。①

　　四月二十五日，殿试结果揭晓，先生位列三甲第十九名，赐同进士出身。虽说结果不算很理想，但总算又前进了一步。不管是"进士"，还是"同进士"，都还在进士之列，有资格冲刺最后的朝考了。朝考在殿试传胪三日后的四月二十八日举行。如通过了朝考，按清代规定，即被选为庶吉士，入翰林馆学习三年，考试合格，按等第授予不同的官职。总之，进入了这个通道，仕途会顺畅得多。

　　朝考的题目是"安边绥远疏"。出这个考题，也许是道光皇帝的主意，因为就在道光六、七年间（1826—1827），新疆南疆发生了张格尔发起的叛乱事件，清廷调集东三省三千骑出关进剿，在道光七年（1827）十二月得以平息。边塞隐藏的骚乱因素，成了皇帝的心病。可以说这个考题，正中龚自珍下怀。他在此前，就写过《西域置行省议》等多篇关注西部治理的文章。因此，他借此机会阐述他对西域治理的主张，将他的理念贯注到考卷中，完成了一篇可以流传千古的优秀答卷。既然如此，龚自珍考卷完全应该呈皇上阅示，也完全有可能因皇上的赏识，而成为皇上最高智囊团队的成员了。假如真如此，龚自珍的命运可能就被

①《龚自珍全集》第114—117页，上海古籍出版社1975年2月版。

改写，而大清帝国的命运也完全可能因此被改写。偏偏历史没有"假如"，只有"如此"。

按照清廷考试规则，"殿试，皇帝亲策之，……遴其颂扬平仄如式，楷法尤光致者十卷，呈皇帝览，……先殿试旬日为复试，遴楷法如之。殿试后五日，或六日、七日，为朝考，遴楷法如之。三试皆高列，乃授翰林院官。"如是，考官如果慧眼识珠，龚自珍的文章可以有多次呈送皇帝御览的机会。但是，殿上三试，龚自珍皆因楷法不及格，不得入翰林。

这个送皇帝御览的前十名的标准，真是令人匪夷所思。皇帝喜欢听"颂"词，也还算可以理解，为何要把书法水平作为两个衡量试卷的标准之一，不看文章是否对朝政有真知灼见，而要看"颂扬"是否"平仄如式"，看"楷法"是否"光致"。如此选仕标准，岂不是引导考生们把心思都用在如何拍皇帝马屁和把书法练好上？所谓"楷法"好坏的标准，也是要看是否符合清代规定的八股考试专用体，一种被称为"馆阁体"的字体。如此昏庸的录才标准，真正优秀的人才如何才能脱颖而出？

而龚自珍在多年后也还以为，他的朝考试卷不列优等，书法不佳是其关键因素。在四十一岁时某日，他以制钱一千七百从商人手中购得一字帖，而此帖正是塾师宋璠曾让他在十三岁时临过的字帖。睹物思人，更思自己蹉跎的仕途人生，不禁大恸，以酒浇愁，以致酩酊大醉，后以文记之，哀叹如早早学此，则"一生无困厄下僚之叹矣"。翌日，见字帖又是泪雨缤纷。龚自珍的字确实不太符合八股考试所要求的"黑大光园"，而是"斜斜落落，不拘绳墨"，但先生将沉于下僚的根本原因归之于书法，只是一时的激愤之言罢了。如果先生志不得伸是书法惹的祸，那么，魏源的书法如何？不是照样"困厄下僚"吗？对此，先生心中再清楚不过了。在道光十四年（1834），先生四十三岁时，曾专门撰写了一部论书法的书，名为《干禄新书》，"干禄"，即求俸禄。此书系统地论述了如何练习馆阁体的方方面面，从器具的选择，到如何磨墨，以及各种笔画如何掌握。这真是一本奇书。谁说先生楷法不中程？先生居然成为馆阁体的研究专家。遗憾的是，这本书散佚了，仅留下序言。自珍先生也非不爱习书法，而是不忍将人生中最宝贵的时光，消耗在于世无补的书法上，尤其是为科考而专习的馆阁体上。先生对这个"馆阁体"厌恶到了何种程度呢？据《清稗类钞》云：先生家中凡其女其媳其妾其宠婢，悉令学馆阁体，语人曰："我家妇人无一不可入翰林者。"类似记载，在易宗夔《新世说》中也可读到。只要有人跟先生提及翰林，先生立即正色道："今日翰林有什么可说的，我家妇女人人可入翰林。"意为她们的书法水准都符合馆阁体要求。[①]此类逸闻，未免夸张，可作笑谈之资，认真不得也。但从中可看出，当朝以楷法为取士标准，是如何荒唐可笑，龚自珍对此又是如何深恶痛绝。每当先生练习"馆阁体"书法时，便心生烦躁。此"烦躁"非"浮躁"，而是觉得应该花心力做更有价值的事情。

很有必要欣赏一下这篇得以流传下来的朝考文章《御试安边绥远疏》。文章有一千二百余字，恐读者诸君未必有耐心读完此文言长文。有兴趣研读全文者，请打开《龚自珍全集》第一百一十二页即可。这里笔者仅做提要式介绍：

文章开始，即毫不客气地批评朝廷以往实施的安边政策：

---

① 据郭延礼著《龚自珍年谱》第 162—164 页，齐鲁书社 1987 年 10 月版。

　　臣闻前史安边之略，不过羁縻之，控制之。

　　接着文章分析了此种安边政策的弊病，提出了自己的安边战略思维：

　　曰：以边安边。以边安边何如？曰：常则不仰饷于内地十七省，变则不仰兵于东三省。何以能之？曰：足食足兵。足之道何如？

　　龚自珍详细论述了如何足食足兵的方略。果如按照此方略实行，则边塞无忧矣！用不着在发生类似张格尔的骚乱时，要调集东三省之兵马，劳师远征，劳民伤财。

　　故大功虽告成，而兵差费至巨万，兵差所过，州县颇亏空。夫欲边之安，而使内地虚耗而不安，故曰甚非策也。

　　此文，让"读卷大臣故刑部尚书戴敦元大惊，欲置第一"，之所以大惊，是因为龚自珍直言不讳地道出了安边的方略，见识高卓，犀利深刻，让戴敦元先生耳目一新。但戴先生"欲置第一"的目的未达到，因为"同官不韪其言，竟摈之"。[1]同官为何害怕这份试卷列入优等，或呈送到皇上那里去呢？一怕冒犯皇上，因为边疆骚乱被平息不久，皇上正沉浸在英明决策的喜悦中，此文直陈平息方式的隐患，让圣上颜面何以堪？二怕得罪那些与安边政策以及平息张格尔有关的大臣。这些老官僚

---

① 　引自郭延礼著《龚自珍年谱》第145、146页，齐鲁书社1987年10月版。

们不会为国家长远利益着想，他们不会为一份考生的优秀试卷冒得罪圣上和同僚，乃至丢乌纱帽的危险。至于"楷法不中程"，只是一个堂而皇之"摈弃"的理由罢了。

虽然龚自珍经过多轮的殿试和朝考，已经从举人晋升为进士，但只是"学术职称"有了提升，官位和权力并没有得到提升。朝考后他进入不了翰林，成不了庶吉士，五月初七，被任命到京外担任知县。内阁中书与知县，同为七品小官，但内阁中书是闲曹小官，而知县是有实权的小官。用今人的话说，知县毕竟是一县之长，可以说了算，收入也会比在内阁当一个小办事员要多。但龚自珍拒绝了这项任命，仍回原部任内阁中书。或许，他觉得在京城有机会陈述自己的政见，而到了最底层的县衙，就几乎没有什么话语权了。从一个知县小官，要抵达朝廷中枢，其间隔着无数峰峦雾障。在这样的位子上几乎没有翻盘的可能。

而在京城，虽沉下僚，但毕竟有许多与自己志趣相投的文友，大家可以经常聚会饮酒赋诗，也可以坐而论道，在最高的精神层面上进行思想交流和撞击，内心和生活都可以充实得多。

"时流不沮狂生议"

从这一年，经过几番考场折腾，留给龚自珍身心道道伤痕后，到四十八岁先生离京南返，其间还有十年时间。这段时间里，龚自珍基本未再进入考场煎熬。只有一次无关紧要的考试，发生在道光十四年（1834）四月。这个考试，有一个奇怪的名称叫"考差"。据龚自珍在《干禄新书自序》中称："京朝官由进士者，例得考差，考差入选，则乘轺车衡天下之文章。"笔者开始不明白"考差"究竟是干什么的，含义是什么。后查有关资料才弄明白，考差是清代对各省乡试正副主考官的选拔考试。肇始于顺治年间，至雍正形成考差制度，乾隆、嘉庆诸朝不断调整、完善，使其成为清代科举制中的一项重要内容。龚自珍以进士身份有资格参加例行的"考差"，如果入选，就可以被分派到某个省份做乡试的主、副考官，即所谓"乘轺车衡天下文章"也。龚自珍又是因"楷法不中程"未入选。话说回来，即使这个"考差""差"上了又若何呢？无非是多了一个曾任考官的名誉称号，或许多了一些门生，经常提两瓶小酒来拜访座师。如果你这个座师，是只有满腹经纶而无实际权力为其升官铺路的空壳，恐怕连小酒也不会有人给你提来。人心凉薄，古今皆同。因此，这个"考差"对实现先生的伟大抱负，无实际意义。从结果看，先生也不是很在乎这种考试。

在此段时间，龚自珍的官职也曾发生了一些调整和变化。道光十五年（1835）升任宗人府主事，但先生何时任职，未见有明确记载。根据龚自珍有关文章的写作时间推断，其任宗人府主事时间为道光十四年（1834）五月至道光十五年（1835）三月间。[①]宗人府是管理皇家宗室事务的部门，主事的职位是六品官。似乎提升了，其实也是可有可无的小官。到了道光十七年（1837），先生四十六岁时，仍官宗人府，奉旨充玉牒纂修官，三月，改任礼部主客司主事，祠祭司行走。这年春，吏部考绩，先生被列为"京察一等"，被选授湖北同知，先生不就，仍供职礼部。先生此次外授，也算晋升，清代同知官级为正五品。龚自珍对此晋升不感兴趣，未见有对其心态的确切记载。按照常理推测，先生在这个年龄到外地当一个同样也是无足轻重的五品官，与先生满怀壮志的高远目标，相去甚远，当然也就觉得与"考差"类同，一根鸡肋而已。

---

① 据樊克政著《龚自珍年谱考略》第 379 页，商务印书馆 2004 年 5 月版。

至此，我们大致清楚了，龚自珍到四十八岁决定辞官南返前，其官阶也就到此止步了。

龚自珍并没有因官职卑微就彻底放弃，在有机会时，他总是要不断向上传递改变现状的政见。就在道光九年（1829），参加完殿试、朝考因楷法不中式不得入翰林这一年，龚自珍在十二月写下《上大学士书》，吃的是五谷，却要操"肉食"者的心。在《己亥杂诗》第四十八首中有记载：

> 万事源头必正名，非同综核汉公卿。
> 时流不沮狂生议，侧立东华伫佩声。

诗后自注："官内阁日，上书大学士，乞到阁看本。"①这篇《上大学士书》，长达五千余言，所陈之事，可不仅仅是要求大学士要亲到内阁办公（看本），其实，可以看作是龚自珍在内阁任职五年中，对内阁各种弊端观察汇集后的一份改革意见书。有很多的人，对种种荒谬的现象、办事规则、机制习以为常，浑浑噩噩，得过且过，但有血性之先生却如骨鲠在喉，不吐不快。龚自珍在文中，先论述改革之必要性：

> 自珍少读历代史书及国朝掌故，自古及今，法无不改，势无不积，事例无不变迁，风气无不移易，所恃者，人才必不绝于世而已。夫有人必有胸肝，有胸肝则必有耳目，有耳目则必有上下百年之见闻，有见闻则必有考订同异之事，有考订同异之

---

① 《龚自珍全集》第513页，上海古籍出版社1975年2月版。

事，则或胸以为是，胸以为非，有是非，则必有感慨激奋……①

龚自珍在陈述具体改革建议前，先袒露胸襟，其潜在话语是，"大学士"或许对我斗胆提意见会不满，不开心，不以为然，但这是一个"有心肝""有是非"的人才会提的意见，不管你们是否采纳，是否因此而开罪诸公，但我的胸怀是坦荡的。

龚自珍在文中提了六条革除内阁弊端的建议，这些建议都是撼动其现有体制机制的"猛药"，得罪人是必然的。譬如第一条，乞求内阁尚书到内阁办公。这岂不是公开向上司叫板吗？用今天的话说，"尊敬的领导，你怎么成天不见人影？能不能到你主管的部门来一起办公？"凡是想保住自己饭碗之人，敢对上司如此直言吗？笔者在细读此文时，用笔圈出一些只言片语，这里摘引出来，与读者诸君共享，从中可见先生言辞之锋利：

> 大官不谈掌故，小臣不立风节，典法陵夷，纪纲颓坏，非一日之积，可胜痛哉！

> 则大学士既不直日，又不到阁看本，终岁不召见，又不趋公，与冗食需次小臣何以异？

> 夫中书与翰詹同为清秩，翰林纂书，中书分校之，书内得失，一切不当问，中书深以为耻。

> ……②

---

①② 《龚自珍全集》第319—326页，上海古籍出版社1975年2月版。

如此热血偾张之文字，完全不考虑后路，同时代有几人能写出？放到历史的长河中，也寥寥可数。龚自珍的建议得到了什么回应呢？没有任何回应，如一片树叶飘落到水面，未激起任何水花。还有一个最常用的比喻是，如石沉大海。一头是满腔热血，而一头冷若冰霜，还有什么比这更让人憋闷的呢？

先生似乎仍难以遏制议论朝政的冲动。道光十七年（1837）三月，先生由宗人府主事改任礼部主事，在第二年正月，他又上书堂上官，论四司政体宜沿宜革者三千言。又是一份长篇意见书。以先生个性，胸臆间有言而硬憋住，那颗跳动的心脏是要喷出血来的。且看看，他这篇《在礼曹日与堂上官论事书》提出的四大问题的要点：

一、则例宜急修也。
二、风气宜力挽也。
三、祠祭司宜分股办公也。
四、主客司宜亟加整顿也。①

又是一次"不说白不说，说了也白说"的谏言。要说没有一点后续效应，大概也是不可能的。根据后来龚自珍生存状况可以断言的是，龚自珍到了哪个部门都要提意见，其后果必然恶化了他本人的生存环境，激化了他与上司、同事之间的矛盾，一步步把自己逼到了墙角。对此，笔者在后面将再做描述。

先生还有一份改革朝政积弊的手书建议，但未能留传下来。道光

<hr>

① 《龚自珍全集》第 327—330 页，上海古籍出版社 1975 年 2 月版。

十二年（1832），天气反常，很多省份久旱不雨，如此大面积的旱灾，必然带来农田的普遍歉收，政府的税赋难以征收，而且会让大量农耕人员陷入饥馑。按照传统的天人感应的哲学理念，天灾总是与人事相联。天公发怒了，圣上不能不反思王朝在什么地方触犯了天公。六月，"为弭灾起见"，道光帝谕令在京各衙门例准奏事人员，"摅诚直言，各抒所见"。就在此背景下，已至耄耋之年的东阁大学士富俊素闻自珍才识，竟然五度到龚自珍处访问。龚自珍为老先生诚心所感，乃手书《当世急务八条》呈示。公读至"汰冗滥"一条，面露难色，知道此弊虽严重，但难以革除。龚自珍当即将此手书点燃，付之一炬。那无情的火苗，也将两颗试图革除政弊的心，一点一点化为灰烬。

有感于富俊心之诚——如此高龄，职位又比自己高，能如此不耻下问，实属不易，龚自珍感动不已。在《己亥杂诗》第七十七首中对此有记载：

> 厚重虚怀见古风，车裀五度照门东。
> 我焚文字公焚疏，补纪交情为纪公。[①]

也因此，《当世急务八条》一文在富俊阅过即化为轻烟，未能存世。今人只能从龚自珍的诗和诗后自注中，知道曾发生过这么一件事。

《清史稿》如此记载龚自珍的行止："所至必惊众，名声藉藉，顾仕宦不达。"因行止与众不同而为世俗难容，并成为他"仕途不达"的致命根源。这是一个什么样的官场和社会呢？

久沉下僚，言路堵塞，处处碰壁，壮志难酬，龚自珍心情之郁闷，

---

① 《龚自珍全集》第 516 页，上海古籍出版社 1975 年 2 月版。

导致健康严重受损，终于在道光十六年（1836）春某日，一腔热血从口中喷射而出……

　　郭延礼《龚自珍年谱》载："今春以来，先生因思归郁勃，事不顺心，积痞所鼓，肺气横溢，遂致呕血半升……"

　　是年，龚自珍四十五岁，正当盛年。[①]

---

①　据郭延礼著《龚自珍年谱》第 166 页，齐鲁书社 1987 年 10 月版。

第七章

彷徨

中国传统文化中的儒释道，给不同境况的世人提供了不同的人生路径选择。"入"则儒，所谓立德、立功、立言，所谓修身、齐家、治国，乃至为帝王师；"出"则释，在禅境诗意的空灵中，规避俗界的苦难；还有一种选择在"出"和"入"之间，不是不为，而是顺势而为，如涓涓流淌的溪流，遇礁石则缘石而行，绝无辟石开道的野心，但有滴水穿石的坚韧。此类人，通常相忘于江湖，隐于山野丛林间，他们也食人间烟火，但绝不为俗情所困。"出"或"入"则完全视天下大势以及个人境遇而做选择，对于个体生命质量的考量，超越了对于社会道义的承担。这是一种什么样的人呢？世间极少有之智者也。

既然，传统文化已经为各类不同生命个体提供了多元的选择，为何人世间还有那么多的苦难和烦恼。这是因为，具体到每一个不同的个体，他对人生哲学的理解和追求，有着非常复杂的因素。很难在非此即彼间，做出泾渭分明的划分。

有人说，龚自珍是中国最后一位传统士大夫型的人物，他虽然很伟大，但他的人生追求，仍然未能脱离传统士大夫的思维窠臼。脱离龚自珍所处的历史环境，要求其拔着头发离开地面，成为现代性的知识分子，大概过于苛求这位先贤了吧？龚自珍的先知先觉，贯穿其一生的强烈的批判精神，已经足以使之成为中国思想文化史上矗立的丰碑。有人在梳理中国文脉时，轻描淡写地忽略龚自珍的精神文化贡献，只能说他对龚自珍知之甚少。

论龚自珍内心痛苦、郁愤之深，常常会使我们联想到屈原、司马迁以及这一精神的传承者。

在龚自珍存世仅五十年的生命历程中，除去幼年、童年，他的内心总是在各种矛盾纠结中徘徊挣扎着。诸如，他戒诗又破戒，他向佛又无法脱俗，他在狂来击剑和怨去吹箫间彷徨……

"戒" 与 "破"

龚自珍曾在诗中说："纵使文章惊海内，纸上苍生而已。"写文章是如此，那么写诗呢？写文章可以追求经世致用，但写诗可作如是要求乎？从经世致用角度看，只能说百无一用是"写诗"。诗歌是诉诸情感的产物，只有诗盲才会要求诗歌能对社会治理、变革产生什么实际的效用。但写诗又是非常耗费心力的事。古人说："吟成五个字，用破一生心。"为了五个字，要用尽一生心血，此种追求最佳诗境、炼字炼句的精神固然可敬可佩，可是——可是，是否值得为五字耗费如此心力呢？也许从艺术创造角度和从为社会为人生角度，会有不同的答案。据说，清代的古文大家方苞，年轻时也喜欢写诗。大诗人查慎行在看了他的诗后说："君诗不能佳，徒夺为文力，不如专为文。"方苞果真听从了他的教诲，后成为一代古文大家。①龚自珍外祖父段玉裁在读了外孙的《怀人馆词》后，一方面赞誉其"造意造言，几如韩、李之于文章，银碗盛雪，明月藏鹭，中有异境"，"则其才之绝异，与其性情之沉逸，居可知矣"。另一方面，这位老学者又引用前贤的话提醒外孙，写诗填词"有害于治经史之性情，为之愈工，去道且愈远"。②龚自珍当然是明白其中道理的，写诗填词，虽是文人雅士显露才情、情感倾诉、精神寄托之重要方式，但要成为名儒、名臣，显然在此方面不宜倾注过多的心力。

但在文学史上，像龚自珍这样在戒诗与破戒上反反复复者，确实不多见。

在先生一生中，大的戒诗行为有两次。第一次在嘉庆二十五年（1820）秋，这年他二十九岁，第二次参加会试落第，以举人而捐职（一说选任）内阁中书，当年未就职而南归。从乡试到会试，先生已经多次经历考场的挫败，情绪十分压抑低沉。此时，有两首诗反映了他复杂的情绪和思绪。一首是《观心》，笔者在"顿挫"一章中，已引录过此诗；随后又作诗一首《又忏心一首》：

> 佛言劫火遇皆销，何物千年怒若潮？
> 经济文章磨白昼，幽光狂慧复中宵。
> 来何汹涌须挥剑，去尚缠绵可付箫。
> 心药心灵总心病，寓言决欲就灯烧。③

---

① 据王镇远著《剑气箫心》第 11 页，中华书局 2004 年 1 月版。
② 据孙文光、王世芸编《龚自珍研究资料集》第 32、33 页，黄山书社 1984 年 12 月版。
③ 《龚自珍全集》第 445 页，上海古籍出版社 1975 年 2 月版。

情感如潮无法平复，就是佛家所言能销毁万物的"劫火"也难以让它彻底消失。白天呕心沥血写下那些力图经世致用的文章，到了夜晚心情如飘曳不定的灯火，仍然激荡不已。而汹涌"挥剑"的豪情与低沉哀怨的心绪总是在胸中交织难解。看来心病须要佛家所言的"心药"来治疗，那些含寓抨击时政的诗文，我要让它们化为灰烬。

我的简单的翻译，未必非常准确。但可以肯定地说，这两首诗是龚自珍矛盾心境的结晶。经过这种煎熬后，他终于第一次下决心不再写诗。让自己澎湃的情感潮水沉寂下来，用更多的精力来研究经史，实现自己高远的志向。让笔者感到诧异的是，先生在表达自己戒诗的决心时，采用的还是诗歌这种表现方式。所谓"斩不断，理还乱"，在先生这里表现得最为淋漓尽致了。

于是，就有了《戒诗五章》，其中有不少文字明确指向"戒诗"，如：

戒诗当有诗，如偈亦如喝。（其一）

我今戒为诗，戒律亦如之。（其四）

先生在《跋破戒草》中，有自述关于戒诗的文字："余自庚辰之秋，戒为诗，……然不能坚也。"岂止是"不能坚"，"辛巳夏，决藩枑（同"篱"）为之，至丁亥十月，又得诗二百九十一篇，自周迄近代之体，皆用之；自杂三四言，至杂八九言，皆用之。"在丁亥这年，先生编定了《破戒草》一卷，另尚有余诗编为《破戒草之余》一卷，收入诗五十七篇。为先生"删勿录者，尚百五篇"。从决心戒诗到第二年夏，先生便破戒了。或压根儿，先生就未戒过，因为《破戒诗五章》也都是诗，只是先生用诗歌表露了戒诗的心迹而已。从先生的创作量之大，可以看到短短的七年间，他几乎从未中断过写诗。而且，各种诗体，皆随手拈来用之。每每到夜深人静时，诗情幽绪便缠绕心间，风发云涌于笔端。[1]在编定了两本诗集后的本年［道光七年（1827）］，龚自珍第二次又提出戒诗。先生这年三十六岁。从先生全集中可以看到，这年先生共写诗六十一首。其中有一个组诗，题为《自春徂秋，偶有所触，拉杂书之，漫不诠次，得十五首》。这组诗，是龚自珍思想成熟期、又值盛年的重要作品，其中有许多传世佳句，也折射出复杂的思想意象：

> 四海变秋气，一室难为春。（其二）

龚自珍发出王朝盛衰的重要预警信号，并对王朝走向衰落的前景充满悲情。

> 看花忆黄河，对月思西秦。（其二）

龚自珍在赏花及与友人雅集时，仍然心系黄河水患带来的民生问题。面对当空的皓月，仍记挂着西部边塞的安宁。

> 庄骚两灵魂，盘踞肝肠深。（其三）

中华民族两种根脉深厚的哲学思想，实际上代表了两种不同的生活态度。一个人同时兼有两种不同的生活态度当然是非常困难的。但在一个人的一生中，一个时段某种思想占据主流，另一个时段另一种思想

---

① 《龚自珍全集》第 243、451、452 页，上海古籍出版社 1975 年 2 月版；樊克政著《龚自珍年谱考略》313 页，商务印书馆 2004 年 5 月版。

占据主流，则是完全可能的。但龚自珍似乎有些独特，两种不同的传统文脉、几乎对立的人生理念，却深深地盘踞在他心中，不停地相互碰撞和纠缠。这是龚自珍内心格外痛苦的地方，也是成就他诗文奇观的内在驱动力。试想，没有"骚"，何来那些犀利入骨的批判政论文章，没有"庄"，又何来那些空灵的诗词佳构？

　　蹉跎复蹉跎，黄金满虚牝。（其五）

　　"虚牝"，溪谷的意思。如韩愈有类似诗句："可怜无益费精神，有似黄金掷虚牝。"壮志难酬，时光虚掷，让诗人内心痛惜不已。看到这样的诗句，几乎要让人为之垂泪。

　　少壮心力弹，匪但求荣仕。
　　有高千载心，为本朝瑰玮！（其九）

　　诗人在这里袒露自己的心迹。频频地钻考场的那个笼子，并非是为了一顶乌纱帽，或承续仕宦之家的荣光，而是为了实现自己高远的志向。

　　戒诗昔有诗，庚辰诗语繁。
　　……
　　今年真戒诗，才尽何伤乎！（其一五）

　　这里诗人再次说到戒诗了。庚辰那一年，说是戒诗，其实却写了很多诗。这回真的要戒诗了，就是被人说成"江郎才尽"，也不必在乎。[①]
从庚辰首戒到丁亥再度提出戒诗，从诗句中可以明显地触摸到，诗人内
心的轨迹。如果说第一次戒诗，诗人还有戒诗以明志的几分未泯灭的雄
心，到了丁亥年诗人又戒诗，更多的是要脱离俗境，是要向缥缈的禅境
中寻找精神的皈依。截至本年，先生先后参加四次乡试，四次会试，再
加上考军机章京、殿试、朝考等等，进进出出考场十余次，就是一团燃
烧的火焰，也要被不断浇灌的冰水给浇灭了。有几人，能够经受如此多
的科场煎熬？

　　这回戒诗，龚自珍真的是下了狠心了。虽然龚自珍也时有诗作，但
已经很少涉笔了。一直到龚自珍四十八岁离京南返、脱身官场，龚自珍
又一次"开戒"，让诗潮尽情喷涌，此间十二年，龚自珍写的诗总共只
有三十余首。有的年份龚自珍一年只有一首诗存世，也还多是因为友
人间应酬，不得不为之。

佛学与佛教徒

　　前面，笔者说到龚自珍在经受挫折痛苦时，常常萌发出向佛的念
头。我们从龚自珍的很多诗句中，可以看到龚自珍如何受到佛学的影
响。其中有许多字句即出自佛典。诸如"心药""劫火""观心"等等。
不仅仅是影响，龚自珍对佛学可以说有精深的研究。龚自珍的本意并不
是要做一位佛学研究者，而是从佛学中寻找到精神苦痛的出口。但龚自
珍终究还是一位关注现实世界的思想家、批判家，佛学研究以及他对佛

---

① 据王镇远著《剑气箫心》第11—15页，中华书局2004年1月版；孙钦善选注《龚
　自珍诗词选》第77—89页，中华书局2009年8月版。

学的独特见解只是成为他思想库藏中的一部分，而未能促使他成为一个真正的佛教徒。

了解佛经教义，研究佛学理论，或许只是成为佛教徒的第一步，但非必然的一步。很多文化水准不高者，对佛学理论知之甚少者，照样可以成为虔诚的佛教徒。

龚自珍在第二次表示戒诗前编定的《破戒草》最后一首诗为《扫彻公塔诗》，序言说："龚子扫彻悟禅师塔作也。在西直门外红螺寺。"共有四言六章。诗中意蕴皆充满看破红尘的脱世之念。如："吁嗟小子，闻道不迟。造作辨聪，百车文词。电光暂来，一贫无遗。"从个体生命来说，在世间一切努力，到最终都将化作为一缕虚光，一捧尘埃……想到此，人生一切都是似有若无的。

走笔至此，笔者先将电脑键盘搁置一旁，阅读了一堆研究龚自珍佛学思想的文章和龚自珍研修佛学的文章。看着看着，未免就开始醉眼蒙眬了。在下毕竟对佛学问题知之甚少，再加上佛学理论的博大精深，要在短时间入乎其中，实在不是一件容易的事。那些玄奥神秘的词句，如同一道道门扉，将吾辈俗人拒之门外。好在，我是在为一位启蒙思想家和诗文大家作传，不是为佛学大师作传，佛学研究、佛学思想只是龚自珍思想中一个小小的组成部分。那么，请谅解笔者避重就轻，偷偷懒，先从龚自珍与佛学界有关人士接触的故事说起。

一接触到具体事件，想必读者与我一样立马精神起来。而且，龚自珍最初接触佛学界人士的故事，还颇有些浪漫的情怀。还是在嘉庆二十一年（1816）春，其父龚丽正刚刚升任苏松太兵备道，龚自珍携新婚继室夫人何氏从杭州经苏州，去父亲任职的上海省侍。在苏州时，年轻的龚自珍去拜访了有"女青莲"之称的著名的女词人归懋仪。

归懋仪，字佩珊，号虞山女史，江苏常熟人。著有《绣余小草》《绣余续草》《听雪词》等诗词集，是江南著名的女才子，其词"清婉绵丽"。徐世昌《晚晴簃诗话》中称："负盛名数十年，往来江浙，为闺塾师。晚年结庐沪上，有复轩，一灯双管草堂诸胜。平生所为诗千余首。王叔彝题其稿云：'难得佳人能享寿，相随名士不妨贫。'足以括其平生。"因为佩珊女史辈分比龚自珍高，龚自珍称她为"佩珊夫人"，而归懋仪则称龚自珍为"龚璱人公子"。佩珊夫人既被人称为"女青莲"，即使不是佛教徒，也属于清心寡欲的女词人。佳丽美人，而又看透世情，甘于清贫，以潜心于刺绣和诗词唱和为乐，殊为不易。严格来说，佩珊夫人应该说是信奉佛学理念的人，非专研佛学的学者或佛教界人士。她喜欢佛学，并将佛学理念化为自己的生活方式。即所谓心中有佛，至于是否进寺庙、日日燃香念经，那只是一个形式大于内容的事情。①

龚自珍在拜读了归懋仪的诗词集后，作《百字令》题写于集上：

扬帆十日，正天风吹绿江南万树。

遥望灵岩山下气，识有仙才人住。

一代词清，十年心折，闺阁无前古。

兰霏玉映，风神消我尘土。

人生才命相妨，男儿女士，历历俱堪数。

眼底云萍才合处，又道伤心羁旅。

南国评花，西州吊旧，东海趋庭去。

红妆白也，逢人夸说亲睹。

---

① 据王镇远著《剑气箫心》第40—43页，中华书局2004年1月版。

龚自珍对佩珊夫人的词作评价极高，从词中看出，先生对她的词早就为之"心折"了。"红妆白也"，是说夫人虽然是红粉佳人，但品质高纯，亲眼目睹后，果然无愧于"女青莲"之雅号。谢堃《春草堂诗话》卷四云："……余癸未在上海犹见之，年已六十余矣，家甚贫，孜孜于诗，竟能忘倦。"宋咸熙《耐冷谭》卷十六云："归佩珊（懋仪）诗名遍传江浙间，近时闺阁中无此才也。"①

归懋仪依龚词原韵和之，词曰：

> 萍踪巧合，感知音得见风前琼树。
>
> 为语青青江上柳，好把兰桡留住。
>
> 奇气拏云，清谈滚雪，怀抱空今古。
>
> 缘深文字，青霞不隔泥土。
>
>
> 更羡国士无双，名姝绝世（自注：谓吉云夫人），仙侣刘樊数。
>
> 一面三生真有幸，不枉频年羁旅。
>
> 绣幕论心，玉台问字，料理吾乡去。
>
> 海东云起，十光五色争睹（自注：时尊甫备兵海上，公子以省觐过吴中）。

一首词引来了另一首同样绝佳的唱和之词。在今天几乎是不可想象的。诗词唱和，成为古代文人雅士生活的一个常态。就如同他们的常用书写工具是毛笔，而今天是电脑一样。今天的旧体诗词写作者，如何才能与古人比肩呢？明乎此，我们既不必苛求今天的诗词写作者、爱好

---

① 引自樊克政著《龚自珍年谱考略》第 92 页，商务印书馆 2004 年 5 月版。

者，但写作者、爱好者自身也最好不要轻言今日旧体诗词具有了某某朝代的气象。不怕古人在天堂里笑掉下巴吗？

"国士无双"，"奇气拏云，清谈滚雪，怀抱空今古"，可见青年才俊龚自珍在佩珊夫人心目中的形象是如何高卓。还有一个小细节从词中可判断，龚自珍拜访佩珊夫人时，大约是携妻子同往的。否则，佩珊词中不会出现赞美年轻貌美的龚夫人"名姝绝世"这样的词句。

此后，先生与"女青莲"经常有诗词唱和往来。

在嘉庆二十五年（1820），龚自珍的思想发生了戏剧性的根本变化，一大变化是师从刘逢禄，烧尽"虫鱼学"，甘做"卖饼家"，修学作文致力于经世致用；另一方面，先生又有了断灭尘世欲求向佛的念头。这就又说到先生与归懋仪的诗词唱和了。这年春，先生写有一首与归懋仪的唱和之诗，可以看作先生接受佛学理念最初的萌芽。诗题是《寒夜读归佩珊夫人赠诗，有"删除苫箧闲诗料，湔洗春衫旧泪痕"之语，怃然和之》：

> 风情减后闭闲门，襟尚余香袖尚温。
> 魔女不知侵戒体，天花容易陨灵根。
> 蘼芜径老春无缝，薏苡谗成泪有痕。
> 多谢诗仙频问讯，中年百事畏重论。①

这里的一些字句，都与佛理有关。如"魔女""戒体""灵根""诗仙"等等。"魔女"是传说中印度摩登伽神的淫女，专以魔法迷惑人的心性，使人堕入色欲不能自拔；"戒体"则是指人信佛受戒后可以产生抗拒世

---

① 引自王镇远著《剑气箫心》第40—43页，中华书局2004年1月版。

俗欲望的功力;"灵根",在佛学中则指超越世俗的"六根"(眼、耳、鼻、舌、身、意),从而进入"无我"的境界;"诗仙"当然只有天界佛境才会有了,这里指佩珊夫人。本传至此,尚未涉及龚自珍的情感生活。容后详述。这里读者诸君只要知道,龚自珍是一位多愁善感、情感丰富而又风流倜傥之人即可。在这里,龚自珍对年轻时的风流韵事,似乎有所忏悔。决心此后,如同戒断入仕之念一样,也要戒断情念。佩珊夫人之所以在诗中有"湔洗春衫旧泪痕"之句,显然对龚自珍多为情事所困,或常常沉湎于情事,是很了解的,因此才有此委婉善意的规劝,希望这位后生才子,对于写诗、博取功名和情感缠绵,皆不宜过于"执着",方可减少尘俗的烦恼。

但龚自珍能够从"烦恼"中解脱出来,进入"无我"的仙境吗?或起码像陶渊明那样做到"结庐在人境,而无车马喧。问君何能尔,心远地自偏"的境界吗?

答曰:难!

果真做到了,龚自珍就不是我们现在看到的龚自珍了。他的伟大和可贵,正在于对现实的洞察和忧思,对社会大众的悲悯情怀。

道光元年(1821),龚自珍三十岁时,考军机章京落败后,写有一首重要的拟乐府长诗,名为《能令公少年行》。这首令梁启超击节赞赏、回味不尽的诗,已经明确显露出先生仕途颓丧之余,向佛境求解脱的意向。且读这首诗:

能令公少年行

序曰:龚子自祷祈之所言也。虽弗能遂,酒酣歌之,可以怡魂而泽颜焉。

蹉跎乎公！公今言愁愁无终。

公毋哀吟娅姹声沉空，酌我五石云母钟。

我能令公颜丹鬓绿而与年少争光风，听我歌此胜丝桐。

貂毫署年年甫中，著书先成不朽功。

名惊四海如云龙，攫挐不定光影同。

征文考献陈礼容，饮酒结客横才锋。

逃禅一意皈宗风，惜哉幽情丽想销难空。

拂衣行矣如奔虹，太湖西去青青峰。

一楼初上一阁逢，玉箫金琯东山东。

美人十五如花秾，湖波如镜能照容，山痕宛宛能助长眉丰；

一索钿盒知心同，再索班管知才工，

珠明玉暖春朦胧，吴歈楚词兼国风。

深吟浅吟态不同，千篇背尽灯玲珑。

有时言寻缥缈之孤踪，春山不妒春裙红，

笛声叫起春波龙，湖波湖雨来空濛，

桃花乱打兰舟篷，烟新月旧长相从。

十年不见王与公，亦不见九州名流一刺通。

其南邻北舍谁与相过从？痾瘘丈人石户农，

嵚崎楚客，窈窕吴侬，

敲门借书者钓翁，探碑学拓者溪僮。

卖剑买琴，斗瓦输铜，

银针玉薤芝泥封，秦疏汉密齐梁工，

佉经梵刻著录重，千番百轴光熊熊，奇许相借错许攻。

应客有玄鹤，惊人无白骢，

相思相访溪凹与谷中，采茶采药三三两两逢，高谈俊辩皆沉雄。

　　公等休矣吾方慵，天凉忽报芦花浓，

七十二峰峰峰生丹枫，紫蟹熟矣胡麻饛，门前钓榜催词筒。

　　余方左抽豪，右按谱，高吟角与宫，三声两声棹唱终。

吹入浩浩芦花风，仰视一白云卷空。

归来料理书灯红，茶烟欲散颊鬓浓，

秋肌出钏凉珑松，梦不堕少年烦恼丛。

东僧西僧一杵钟，披衣起展华严筒。

噫嘻！少年万恨填心胸，消灾解难畴之功？

吉祥解脱文殊童，著我五十三参中，

莲邦纵使缘未通，他生且生兜率宫。①

　　由于诗的篇幅长，且生冷词语多，不借助注释工具书不易读通。不想因此阅读障碍费力的读者，不妨跳过去，了解大致诗意即可。当然，如能读透全诗并高声朗诵之，当有荡气回肠、神清气爽之感。正如诗的序言所说："酒酣歌之，可以怡魂而泽颜焉。"

　　龚自珍运用那神骛八极、心游万仞的超级想象力，为我们描摹了一幅他向往的理想生活图。在这样的"理想国"中，他无忧愁羁挂，一边品味美酒，一边醉心于"征文考献"，写下"名惊四海如云龙"的不朽著作，成就"立言"之功。虽然喜欢佛教中虚空的境界，但也难以忘怀"幽情丽想"的世俗情感。在著述之余，便携美人徜徉于青峰湖波之间，倾听美人吹奏"玉箫金琯"，迷途而忘返。与先生来往的没有那些骑"白骢"的达官贵人，没有府衙的腐朽糜烂之气，只有古朴纯真的山

① 《龚自珍全集》第452—453页，上海古籍出版社1975年2月版。

中之民。来敲门借书的是湖边"钓翁",来拓碑学书的则是"溪僮"。而那些"采茶采药"的山野之人,也都腹有诗书,相遇到一起,"高谈俊辩皆沉雄"。酒酣兴起,则放声高歌。歌声伴随管弦之音,浩荡回旋于芦花丛中。龚自珍知道,如此的理想人生,只存在于虚无缥缈的想象之中,在现实中是不存在的。因此他的万千烦恼,到头来只能从《华严》佛经中去寻求解脱。他希望来生不要降临到这浊流滚滚的人世间,而是出生在佛教传说中的"天堂"——"兜率宫"。

这样一种"理想"之诗,也就适合酒酣歌之,以纾解胸中的郁闷之气。歌余,先生还得拾掇起笔墨,随同众考生,步入那煎熬心魂的考场。

龚自珍学佛的第一位导师为江沅先生。江沅,字子兰。关于江沅究竟年长龚自珍多少,不同版本的书籍,有不同的说法。陈铭在《剑气箫心——龚自珍传》中说,江沅年长龚自珍二十五岁;而麦若鹏在《龚自珍传论》中称在龚自珍三十岁时,江沅先生五十六岁,江沅应该长龚自珍二十六岁。一岁之差,无关紧要。但可以肯定的是,江沅是龚自珍上一辈分的学人。江沅先生,既非专研佛学的佛学家,也非严格意义上的佛教徒,只是一位对佛学有浓厚兴趣,在从事文字学研究时也对佛学有所研究的学者。江先生的主要著述是《说文解字音韵表》《说文释例》《染香庵文集》二卷,另有阐述佛学的著作一卷。到了晚年,江先生才受戒于常州天宁寺"持长斋,衣僧服",俨然是佛教徒了。但江沅的导师彭绍升,算得上是龚自珍在佛学研究方面的师爷,却是一位精研佛学的顶级佛学专家。龚自珍四岁时,彭绍升卒。此人好生了得,弃官向佛,把全身心都贯注到佛学中去了。在某年考中进士后,居然放弃官职,归隐田垄山林,专研佛学,成为著名的佛学理论家,有多种佛学著述问世。

彭绍升法名际清，号知归子，是清代著名的居士，撰《一乘决疑论》《华严念佛三昧论》《二林唱和诗》《居士传》《善女人传》《重订西方公据》《念佛警策》等，为此，龚自珍写有《知归子赞》①，赞誉"震旦之学于佛者，未有全于我知归子"，认为知归子是"大菩萨度世示现"，在这篇赞中，自珍自称"怀归子"，以此表达对这位佛学大师的敬意。但梁启超在《清代学术概论》中称"……自珍受佛学于绍升"，却与事实不符。知归子是龚自珍的师爷，但龚并未直接受教于彭绍升。龚自珍四岁时，彭绍升已仙逝。但龚自珍肯定会研读彭绍升的佛学著作，受彭绍升的佛学思想影响，当是无可争议的事实。

龚自珍能够静下心来，研读佛学著作，并开始撰写佛学文章，当在母亲段驯去世丁忧期间。郭延礼著《龚自珍年谱》在道光四年（1824）条目下有明确记载："在家居丧，研究佛学。"②仕途的顿挫，以及亲人离世带来的哀痛，都促使龚自珍从另一个向度思考人生的意义。而正是此阶段，他写下了一组（九篇）阐述宇宙观的形而上的论文《壬癸之际胎观》。他的另一篇重要的谈佛学的文章《发大心文》，也写于此一时段。他的佛学理念仍然贯穿着一种对现世的关怀，并非纯粹的凌空蹈虚。文中说："当念众生困于粗重淫欲，不知厌苦，复有慧根男女，想阴炽盛，生诸疾病，种种粗细境界，我皆化作色身，为其成就如愿，然后解脱而以度之。我生天上，供养第一，当念贫穷众生，我以法力取龙宫宝贝，或美衣食，而以度之。"

龚自珍写有一系列关于佛学的文章，只要翻开他的全集便知，用不着笔者在这里列出篇目，徒增阅读的累赘感。我这里想强调的是，佛学为龚自珍苦闷的内心找到一条获取平衡的通道。但龚自珍始终未能成为

---

① 《龚自珍全集》第396、397页，上海古籍出版社1975年2月版。
② 据郭延礼著《龚自珍年谱》第101页，齐鲁书社1987年10月版。

虔诚的佛教徒，他至多只是一位研究佛学的票友。虽如此，佛学的理念以及营造的脱世境界，却为龚自珍的诗文写作注入了灵气、仙气，为他的忧患意识和现实关怀，插上了形而上的翅膀。

花之寺与花之诗

龚自珍宣泄被压抑的心志、情感的又一个重要通道，是与同气相投的友人经常雅集，赏花、饮酒、写诗。至于是否也议论朝政，虽然少见有明确记载，但显然是避免不了的。只是，如果集会过于频繁，而抨击朝政成为聚会的主旨，则很可能给自己带来灭顶之灾。因此，从现存史料看，先生与友人聚会，还是以喝酒、吟诗为主，偶涉政治，也很隐晦含蓄。

笔者发现，先生与友人聚会最多的一个地方是北京三官庙的花之寺。此地在北京右安门与丰台之间。从先生的《己亥杂诗》"记得花阴文宴屡，十年春梦寺门南"中可知，花之寺是先生离开京城前十年中经常与友人会聚的地方。这里花木盈庭，尤以遍植海棠闻名，"海棠大十围者八九十本"，在海棠花盛之时，赏花车马熙熙攘攘。人气充盈，茶楼酒肆各种服务行业也就十分兴旺，因此这里也是适合文人雅士聚会的处所。如果环境虽幽静，但连个品茶、饮酒的地方也没有，聚起来就很不方便。此地是小京官和文人最喜欢聚集的地方，因此，在龚自珍的京官生涯中，有明确记载的，就有五次与友人的聚会，选择在此地。

道光七年（1827）三月，龚自珍三十六岁时，首次与金应城、汪正准、朱祖毅、龚自树往花之寺赏花。因昨天吹了一日大风，海棠花瓣落满一地，比之花绽枝头，眼前满地缤纷的景象让观者另有一番滋味。龚自珍似乎更偏爱这落花之景，触景生情，诗句也就自然而然地从心底喷涌而出——

> 西郊落花天下奇，
>
> 古来但赋伤春诗。
>
> 西郊车马一朝尽，
>
> 定庵先生沽酒来赏之。
>
> 先生探春人不觉，
>
> 先生送春人又嗤。
>
> 呼朋亦得三四子，
>
> 出城失色神皆痴。
>
> 如钱塘潮夜澎湃，
>
> 如昆阳战晨披靡；
>
> 如八万四千天女洗脸罢，齐向此地倾胭脂。
>
> 奇龙怪凤爱漂泊，琴高之鲤何反欲上天为？
>
> 玉皇宫中空若洗，三十六界无一青蛾眉。
>
> 又如先生平时之忧患，恍惚怪诞百出难穷期。
>
> 先生读书尽三藏，最喜维摩卷里多清词。
>
> 又闻净土落花深四寸，冥目观想尤神驰。
>
> 西方净国未可到，下笔绮语何漓漓？
>
> 安得树有不尽之花更雨新好者，
>
> 三百六十日长是落花时？[1]

因眼前落花之景带来的"失色""神皆痴"，激发了龚自珍澎湃无际

---

[1] 《龚自珍全集》第 488 页，上海古籍出版社 1975 年 2 月版；关于观花记载，参见樊克政著《龚自珍年谱考略》第 297 页，商务印书馆 2004 年 5 月版。

的想象力，他用一连串的比喻句来形容对海棠落花的感觉：

如同雷霆万钧的钱塘潮水在夜晚奔涌而来；

如同东汉刘秀与王莽在昆阳大战，用精锐之旅摧枯拉朽般挫败王莽四十万大军；

如同仙界八万四千天女梳洗罢向这里倾倒胭脂之水；

……

但诗的落脚点还是在诗人对落花的感同身受上，落花飘零，由灿烂而归于泥土，与人又有何区别？而诗人觉得自己尚未"灿烂"过，就已经成了"零落"泥土之人了，难免要引起诗人痛彻心扉的喟叹。如果我们注意到刚刚在不久前，他曾写下了一首声泪俱下的诗《哭郑八丈》，大概能更深切地理解诗人面对落花的情感涌动。郑八丈既是先生的世交，又是他儿子的启蒙老师。虽有滔滔辩才，却终生沉于下僚，生活困苦。在他去世时，先生写下这首悼亡诗。诗人在多首诗中，对落花咏叹不已。到了"落红不是无情物，化作春泥更护花"，则将自己的人生境界提升到一个至高的层次，成为千古传唱的名句。

龚自珍第二次与友人在花之寺聚会，是在三年后的道光十年（1830）四月九日。这次聚会由黄爵滋、徐宝善邀集，参加者众。黄爵滋，字德成，号树斋，江西宜黄人。道光进士，官至刑部左侍郎。徐宝善，原名三宝，字廉峰，安徽歙县人。嘉庆进士，官至御史。参加此次集会者共有龚自珍、魏源、汤鹏、潘德舆等十四人。这些人有着相同的政治理念，虽说是赏花，其实带有研讨学术和议论时弊的政治色彩。①让人感到惊诧的是，这次雅聚，又逢海棠花落。"落红委地，簌簌如积，著树

---

① 据郭延礼著《龚自珍年谱》第147页，齐鲁书社1987年10月版。

者亦无复晕雪融霞之态矣。"邀集者是有意选择这样的时段来聚会吗?
完全可能。因为花盛之时,游人如织,车马喧腾,不适合同好在一起饮
酒赋诗及议论时事。赏花其实是次要的,友人聚会才是他们的主要目
的。而利用友人聚会的时机,大家倾吐心中块垒则是聚会的主旨。聚集
在一起的这些小官和文人,大家几乎都有着共同的政治立场和雅好。比
如像黄爵滋、龚自珍、魏源都是力主禁止鸦片贸易的强硬派。

在聚会中每人都要拈韵赋诗,留下了不少优秀的诗作。但从各种史
料记载看,未见先生在此次聚会留下诗作来。或许有,但未收入先生的
诗文集。

时隔近两个月的六月二日,龚自珍邀集周凯、张祥河、魏源、吴葆
晋、张维屏等在龙树寺蒹葭簃集会,置酒叙谈。其中张维屏是嘉庆九年
(1804)举人,到北京时,学士翁方纲见之曰:"诗坛大敌至矣!"由
此诗名大盛。但此人官运也不佳。道光二年(1822)赴会试,中进士,
被分派到外地当一个知县,后捐升同知,到五十七岁时,就在这个小官
位置上告老还乡,有著述多种。张维屏有诗记载了这次小型诗酒集会:
"老树百年柯叶改,天龙一指春常在。酒人醉眼半模糊,一片蒹葭绿成
海。楼头帘卷西山青,座中簪盍皆豪英。主人好客善选胜,此地压倒陶
然亭。"诗固然好,但也属寻常的应酬之作。[①]

多种史书根据以上两次聚会,判断龚自珍参加过所谓的"宣南诗
社"。据考证,龚自珍、魏源、黄爵滋并未参加过这个诗社,在龚自珍
的诗文中未留下任何有关此诗社的痕迹。林则徐曾短暂地参加过活动。
这个诗社也不像有些史书所说的,"目的在反对帝国主义",只是一个来
自南方的小京官和小文人的一个"雅歌投壶的消闲组织"。

---

① 据樊克政著《龚自珍年谱考略》第340页,商务印书馆2004年5月版。

随着花之寺聚会的次数的增加，龚自珍的情绪也越来越消沉。在第二次花之寺聚会后的第二年，龚自珍四十岁，开始发愿诵大藏"贞"字函《拔一切业障根本得生净土陀罗尼》。龚自珍试图更深地沉入佛学中去，对现实越来越绝望。

道光十二年（1832）春，龚自珍四十一岁时，邀集宋翔凤、包世臣、魏源、端木国瑚、杨掌生等十四五人，第三次前往花之寺聚会。参加者，有旧友，也有新朋。在新朋中，最引人注目者为包世臣，是比龚自珍年长十七岁的长辈。此人一生精力在讲学，或担任幕客，在六十岁时才当过知县级别的小官，但他也同样喜欢议论时政，其书法和书法理论在晚清有很大影响。对其议论时政的胆识，《清史列传》有一段评述："口若悬河。居金陵，布衣翛然。江西督抚，遇大兵、大荒、河、漕、盐诸巨政，无不屈节咨询，世臣亦慷慨言之。虽有用有不用，而其言皆足以传于后。"[1]可见此人之牛。龚自珍对这位年长的"牛人"也是神仪已久。早在此次聚会十年前，就曾写诗赠包世臣：

> 郑人能知邓析子，黄祖能知祢正平。
> 乾隆狂客发此议，君复掉罄今公卿。[2]

邓析子和祢衡都是敢于犯上直言的正义之士，但都遭到杀害。包世臣也同样敢于"掉罄"（面对公卿大官敢发议论），虽未掉脑袋，但也难以在官场如鱼得水。龚自珍与包世臣的深厚友情，还可以从另一个细节

① 据刘逸生等注《龚自珍编年诗注》第 149 页，浙江古籍出版社 1995 年 12 月版，另据陈铭著《剑气箫心——龚自珍传》第 159 页，浙江人民出版社 2005 年 7 月版。
② 《龚自珍全集》第 462 页，上海古籍出版社 1975 年 2 月版。

看出：包世臣这位书法大家，曾慷慨地把自己珍藏的《瘗鹤铭》旧拓本赠与晚辈龚自珍。《瘗鹤铭》旧拓本珍贵到何种程度呢？只要稍稍了解书法史的人，都懂得这份馈赠的分量。南朝梁时丹阳秣陵（今江苏南京）人陶弘景（456—536），是著名的医药家、炼丹家、文学家，人称"山中宰相"。他家养的鹤死了，埋了并写了铭文，刻于摩崖之上。虽然铭文谈不上特别精彩，但书法艺术水准之高堪称中国书法史上一绝。黄庭坚认其为"大字之祖"，在诗中说："大字无过《瘗鹤铭》。"令人感到传奇的是，凡是中国历史上有名的书法家，都在这里留下了书法摩崖石刻，并拓了此铭而去。后来摩崖遭雷击滑坡，碑文下半截落入江中，再后来，上半段也消失了，后世虽陆续打捞出一部分，但完整的摩崖石刻再也无法见到了。

龚自珍十分珍视这份来自书法大家的馈赠，将其挂在书斋中，并称其为自己藏品的"九十供奉"之一。为此，先生曾在《己亥杂诗》中的两首诗中记载其事。

关于此次雅集中，先生与同好间有些什么精彩的议论，未见到任何记载。根据当时的政治环境，也不大可能有文字记载留传下来。只能大胆假设，议论肯定是有的，因为参加聚会的都有着相近的政治理念，且多为正直谔谔之士，面对日益腐朽的朝政不发声，怎么可能呢？但要求证发过哪些议论，就只能留下一片空白，让后人去想象。

第四次花之寺雅聚，时在道光十六年（1836）三月。由徐宝善邀约，参加者多达十八人。就在这次聚会上，定庵先生"醉赋"词一首《凤凰台上忆吹箫》：

白昼高眠，清琴慵理，闲官道力初成。

（先生对时事已经心灰意懒，自嘲也加入了混日子的闲散官员的行列。）

任东华人笑，大隐狂名。

（先生自称"狂"士，这"狂"正彰显了他的不愿与昏昏之人同流合污的品性。先生曾在《与江居士笺》中自我表白"榜其居曰'积思之门'，颜其寝曰'寡欢之府'，铭其凭曰'多愤之木'"。任凭那些权贵们如何嘲讪，先生仍以"狂士"自得。）

傃幸词流云集，许陪坐、裙屐纵横。

（这里描述雅集现场的情景。来者皆为满腹经纶的诗词大家及名士。）

看花去，哀歌弦罢，策骞春城。

（放下手头那些无聊的公务，在这春风吹拂的京城，且策马赏花去吧！）

连旬，朝回醉也，纵病后伤多，酒又沾唇。

对杜陵句里，万点愁人。

（先生这里化用杜甫诗《曲江》之意，抒发自己在京城做闲官的感受。纵伤病缠身，也总是要借酒浇愁。但酒可以麻醉自己一时的神经，能够消解积郁心中的愁绪吗？）

若使鲁阳戈在，挽红日重作青春。

（这里喻借鲁阳的典故，表明先生胸腔内仍有一股不平之气。冀望于时光倒流，仍有机会挥戈挽日。）

江才尽，抽思骋妍，甘避诸宾。

（先生在结句自嘲已经江郎才尽，只能梳理思绪把玩丽词艳句

聊以度日。）^①

　　笔者在这里愿意不厌其烦地引用龚自珍在这次聚会中创作的词句，是因为在此次聚会中，先生的心绪已经坏到了极点。他看到了自己闲居冷曹的命运已成定局。用今人的话说，要想成为拥有话语权的重臣股肱，除非咸鱼翻身，江水倒流。在龚自珍心中只有绝望，看不到任何希望。

　　也正因此，先生在此次聚会大醉后回到府中"呕血半升"，长期郁结在心中的那股不平之气，化为从胸腔喷涌而出的热血。

　　也正是在这一年，先生四十五岁，萌发了弃官南返的念头。有诗为证。有一位同年参加会试的浙江同乡冯文江在广西隆州任上获罪被免职。至于获何种罪被免职不清楚，先生在赠诗的序言中没有明确说明。冯文江回到北京，在从北京南返回浙前，来龚自珍宅中向他告别，同时慕先生诗名，向先生索诗，先生为此而作诗一首。该诗收入《定庵集外未刻诗》中，其中有句云："走万里路汔小休，闭门风雨百感瘳。樵青明姬宜菱讴，菱田孰及鸳湖秋？"冯文江将回到浙江嘉兴南湖（鸳鸯湖），过一种打柴采菱躬耕田垄的陶渊明式的悠闲生活。先生对此心生羡慕之情。这样一种心绪，正可看作先生在三年后辞官南返的序曲。

　　道光十九年（1839），龚自珍四十八岁，在四月二十三日辞官出都前，曾邀集廖鹿柴、吴葆晋、蒋湘南、孔宪彝等，第五次到右安门花之寺观海棠。这是一次为了告别的聚会，也是充溢着离别的伤感以及友人深情氛围的一次聚会。他们大概没有想到，这一别，等待他们的是与龚

---

① 　有关解释，参见杨柏岭著《龚自珍词笺说》第355—357页，黄山书社2010年10月版。

自珍天人永隔。龚自珍不仅仅是即将离京，无法预料的是两年后即猝死于丹阳县云阳书院。对于这次聚会，龚自珍没有留下笔墨，同游的吴式芬有诗咏谈此次聚会：

>   ……
>   新妆试罢媚清晓，翠袖无言倚斜竹。
>   不羞狂态对幽姿，却借花光洗尘目。
>   莫辞后会订再来，得陇岂复嘲望蜀。
>   良辰胜侣非易得，归程恐逐南飞鹄。（时定庵将乞养南归。）
>   苏堤十里足春阴，君家正在湖山曲。
>   明年湖上看花时，此景回思定怅触。[1]

可以肯定地说，此次龚自珍邀集几位同好聚会，其旨绝不在赏花，而是一次满腹惆怅的叙别。

叔侄不同的仕途轨迹

写到这里，关于龚守正是必须记上一笔的。写他不仅仅是因为他是龚自珍的叔叔，也不是因为龚自珍的离京南返与龚守正有一点直接关系，而是因为同处一个家族，龚守正是一个极其平庸的人，但却能在仕途上一帆风顺。他的官场人格与龚自珍的士人风骨正好形成了强烈的反差。由此，我们就知道，在一个平庸乃至昏庸的年代，像龚自珍这样的狂傲

---

[1]　据孙文光、王世芸编《龚自珍研究资料集》第32、33页，黄山书社1984年12月版。

之人，才气逼人之人，是不可能被重用的。一个平庸的政府，怎么可能容忍得下有锋芒的饱学之士？因此，龚自珍的失意，其实在他所处的年代，恰恰是必然的结果。如果他被重用了，那么清王朝的历史可能就要被改写了。朝廷也就不是"四海为秋气，一室难为春"的朝廷了。

客观地说，龚守正不算官场"厚黑学"的标本。他只不过处处中规中矩、深谙官场基本的游戏规则罢了。龚守正（1776—1851），字象曾，号季思，系龚自珍祖父禔身第五子。龚自珍的父亲龚丽正是禔身次子。嘉庆五年（1800）龚守正中举人，两年后又中进士。然后任编修官至礼部尚书。曾任湖北、陕甘、江南乡试考官，两充会试总裁。龚守正在官场可以说是一路顺风顺水之人。对他的为官之道，很少有史料提及。有一则轶事透露了龚自珍与叔叔的关系：

> 龚为主事时，其叔方为尚书。一日龚往谒，甫就坐，忽阍人报有小门生求见，其人固新入翰林者。龚（自珍）乃避入耳室中，闻尚书问其人以近作何事，其人以写白摺对。尚书称善，且告之曰："凡考差，字迹宜端秀，墨迹宜浓厚，点画宜平正，则考时未有不入彀者。"其人方唯唯听命，龚（自珍）忽鼓掌曰："翰林学问，原来如是。"其人惶遽去。尚书大怒诃之，由是废往还礼以自绝。[①]

从此轶事可看出，龚守正是如何恪守官场规则的。同时也可看出，龚自珍是如何不通人情世故。如果此类带有野史传闻性质的记载不足为凭的话，那么，另有一段有可靠出处的记载表明，龚自珍确实

[①]　引自孙文光、王世芸编《龚自珍研究资料集》第203页，黄山书社1984年12月版。

非常看不起这位虽然官场得意但却十分昏聩的叔叔。这样的官场人格类型的人，是无法跟他谈什么正义，谈什么思想，谈什么心怀天下苍生的，在他的心中唯有往上爬，一切言行都服从于此目的。龚自珍曾讥诮守正曰：

> 吾叔读五色书学问，红面者，搢绅；黄面者，京报；黑面者，禀帖；白面者，知会；兰面者，账簿也。[1]

龚自珍在此对龚守正的讥刺够刻薄的，意思是说他没有什么学问，只会根据官员的面色将对方分成不同的层次，然后采取不同的态度对待之。

深谙为官之道的龚守正似乎对他这位侄儿还是非常赏识的，做官归做官，在心中对黑白也还是有基本的分辨尺度的。龚自珍于道光二十一年（1841）年去世后，龚守正在给这位侄儿写的挽联中称："石破天惊，一代才名今已矣；河清人寿，百年士论竟如何？"[2]

① 引自孙文光、王世芸编《龚自珍研究资料集》第 100 页，黄山书社 1984 年 12 月版。
② 引自樊克政著《龚自珍年谱考略》第 642 页，商务印书馆 2004 年 5 月版。

下部　春泥

第八章 佳人

　　本传至此，笔者感到必须尽快进入有关龚自珍情感生活的内容了。在这里，读者诸君可以看到一位思想、文化巨人的另一面侧影。

　　龚自珍不仅仅是伟大的启蒙家、思想家、诗文大家，更是有血有肉的人。他用文字批判社会、批判现实、批判官僚阶层，批判的都是沦为统治工具的男性世界，在他的所有文字中却看不到对女性的任何不恭之词。

　　他是一位具有浪漫情怀的人，他的浪漫情怀既反映在文字中，反映在与友人相处之中，更反映在对才貌俱佳的女性的态度上。

　　王国维在《人间词话》中有一段文字，批评龚自珍为"凉薄之人"，那是这位冬烘先生不知情为何物，不懂得生活中异性之间那些微妙复杂的情趣。他的批评，源自龚自珍的一首诗：

　　　　偶赋凌云偶倦飞，偶然闲慕遂初衣。

偶逢锦瑟佳人问，便说寻春为汝归。①

设想一下，如果我在旅途中遇到一位才貌俱佳的美人，主动问我："先生，您是到哪里去啊？"我便半开玩笑地说："我到处寻寻觅觅，为的就是找到您这样的美人啊！"这样的情景发生，岂不是再自然不过的事。用得着一本正经地斥责说，你这是对女性的轻薄行为啊！一个男性，如果见到佳人美女而心如槁木，我们只能说他的生理心理已经极度地老化了。

段美贞

"无情未必真豪杰，怜子如何不丈夫。"如果读读鲁迅与许广平的《两地书》，就会发现那些文字比虚构的爱情小说更有情趣和意味。

好了，下面我们该来看看那些龚自珍曾爱过的人和爱过龚自珍的人。

龚自珍对女性的某种特殊的情愫，是否与童年体弱多病，对慈母的过分依恋有关呢？用弗洛伊德的心理学解释，或许他有一种恋母情结？先生幼年时，每逢斜阳夕照，听到卖糖人吹箫传来的声音，他就会产生一种心灵颤抖的恐惧感。这时，母亲段驯就会把儿子紧紧地搂在怀中。正是对箫声的一种特殊的敏感，使得"箫"成为他诗词中被反复描述的意象。

正式进入龚自珍生活的女性，应该是他的第一任妻子段美贞。段氏是龚自珍的表妹。龚自珍的母亲段驯是大儒段玉裁的女儿。龚自珍成人

---

① 引自孙文光、王世芸编《龚自珍研究资料集》第171页，黄山书社1984年12月版。

后，段玉裁读到这位外孙的诗文，老先生赏识外孙的才学，便做媒把次子段骕的女儿段美贞许配给龚自珍。

龚自珍与段美贞同龄，在二十一岁这年结为夫妻。正好这一年，自珍父亲龚丽正从京城外放被提任至安徽徽州任知府。春，全家离京南下。四月到任，同月，龚自珍与表妹段美贞在苏州完婚。从留存的文字看，龚自珍非常喜爱这位表妹，段美贞温柔贤淑，知书识礼，与龚可谓传统意义上才子佳人式的绝配。夏，龚自珍偕同新婚妻子至杭州。初夏的西子湖畔，气候宜人，柳枝摇曳，鱼翔水底，两位新人泛舟湖上，在凉风习习的小舟上享受新婚的甜蜜。此时，青年才俊龚自珍不禁诗兴大发，回府后一首被广为传播的妙词挥毫而出：

> 天风吹我，堕湖山一角，果然清丽。
> 曾是东华生小客，回首苍茫无际。
> 屠狗功名，雕龙文卷，岂是平生意？
> 乡亲苏小，定应笑我非计。
>
> 才见一抹斜阳，半堤香草，顿惹清愁起。
> 罗袜音尘何处觅？渺渺予怀孤寄。
> 怨去吹箫，狂来说剑，两样消魂味。
> 两般春梦，橹声荡入云水。[1]

首句写游湖景色。清风拂面，湖波涟漪，是难得的良辰美景。"东华"指京城，"生小"指小时候。幼时长期客居京城，以求功名，但前

---

[1] 《龚自珍全集》第 564 页，上海古籍出版社 1975 年 2 月版。参见杨柏岭著《龚自珍词笺说》第 138 页，黄山书社 2010 年 10 月版。

景仍是苍茫一片。靠屠狗那样的武功，或华丽空洞的文辞来获得功名，难道是自己孜孜追求的目标？大概同乡苏小小，也要笑话我如此低级的人生志向吧！

好景难续，夕阳西沉，愁绪顿时涌上了心头。实现自己的志向，犹如寻觅西子湖畔的美人，难见踪迹。自己胸腔内有满腹幽恨却无处寄托。无论是"吹箫"，还是"说剑"，皆如同春梦般，随着橹声消失在虚幻的云水之间。

我的解读实在不怎么高明，消解了词本身的韵味。这首词是龚自珍早期的代表作，如要领悟其中精髓，还请读者诸君细细品味原句。这首词一出现，在南方文人中即引来一片好评，不少墨客雅士写和诗以呼应。后人评价该词词风，经典地体现了龚自珍哀艳杂雄奇的诗词特征。严迪昌编注的《元明清词》评价："词上片写唾弃之事，下片表现理想之境，归结到'云水'茫茫。一个上下求索的不宁心魂振立纸端。"孙文光等在《明清词三百首》中评点说："天风挟大气以开篇，声势浩大；云水裹橹声而结束，篇终接混茫，故全词实是借山水以抒发胸中壮志和感慨，有稼轩唤'红襟翠袖，揾英雄泪'之风。"①

龚自珍在杭州住的时间不长，然后就往父亲任职的安徽徽州出发，与父母团聚。在第二年的农历四月，离开徽州赴京参加顺天乡试。要离开情深意笃的新婚一年的妻子，虽依恋不舍，却也只能绝然上路。旧时代，金榜题名，是每个男人心中的梦想。更何况龚自珍这样胸有凌云大志之人。红颜薄命，难道段美贞也在为这个古老的谶语提供新的例证？新婚还不到一年，不知为什么她就变得体弱多病。或许是水土不服，在苏州长大的女孩子，可能对徽州的生态环境不太适应。但这也只是一种

① 引自杨柏岭著《龚自珍词笺说》第 142 页，黄山书社 2010 年 10 月版。

猜想。

龚自珍到京后住在友人家中，离农历八月应试还有数月，他在做应试准备的同时，也时时怀念着远方体弱多病的妻子。

行笔至此时，笔者在翻阅有关龚自珍的传记史料时，发现有关对龚自珍的情感描述似有误。陈铭先生在《剑气箫心——龚自珍传》第三十三页，引录龚自珍《浪淘沙·别梦醒天涯》词，来表述龚自珍在词中对妻子的怀念。

词曰：

> 别梦醒天涯，惆怅年华。
> 怀人无奈碧云遮。
> 我自低迷思锦瑟，谁怨琵琶？
>
> 小字记休差，年纪些些。
> 苏州花月是儿家。
> 紫杜红兰闲掐遍，何处蘋花？①

此词的写作时间，参照陈铭先生叙述，应该是在嘉庆十八年（1813）龚自珍二十二岁赴京赶考期间。因此有了在京怀念妻子之说。按照郭延礼年谱记载：嘉庆十六年（1811）龚自珍二十岁编定的《怀人馆词选》中有《浪淘沙·别梦醒天涯》，"依编次，复考词意，疑是词作于本年前后，姑系于此，待考。"此词在《怀人馆词选》排第三首，可见写作时间应该不晚于本年。这就有了不同的说法。按照郭谱记载，此词与先生

---

① 《龚自珍全集》第553页，上海古籍出版社1975年2月版。

在京怀念妻子无关。

另，笔者在查阅杨柏岭《龚自珍词笺说》对该词的解析时发现，据词中"苏州花月是儿家"句，可做基本判断龚氏是在怀念苏州的一位妓女。"花月"通常指代妓女。这样的解说，从写作时间到词意是可以说得通的。否则，说婚后一年，龚自珍在京城作词，怀念的却是一位苏州妓女，显然与情理不合。因此，可以基本肯定陈铭先生对此词词义的理解有误，对该词写作时间的判断也欠准确。

但就在这年初秋，龚自珍在友人、水司主事汪全德家中，见秋花而心生感慨，遂赋词七首，其中只有三首后来被作者本人留存下来。这三首分别是《惜秋华》《减兰》《露华》，除了第三首较多地通过禅意反映词人的心境，前两首有很多词句表达了青年龚自珍羁旅京师，在前途未卜之际，对妻子的深深的思念之情。他完全想象不到，就在他沉浸于相思之苦时，妻子却撒手人寰，驾鹤西去。由于音信不通，或家人考虑到他在京城应试，为免其受干扰，没有及时地将讯息传递给他。且看这两首词：

惜秋华

瑟瑟轻寒，正珠帘晓卷，秋心凄紧。

瘦蝶不来，飘零一天宫粉。

莫令真个敲残，留傍取、玉妆台近。

窥镜，乍无人，一笑平添幽韵。

芳讯寄应准。待穿来弱线，似玲珑情分。

移凤褥，欹宝枕，露干香润。

秋人梦里相逢，记欲堕、又还黏鬓。

醒醒，海棠边、慰他凉靓。

减兰

阑干斜倚，碧琉璃样轻花缀。

惨绿模糊，瑟瑟凉痕欲晕初。

秋期此度，秋星淡到无寻处。

宿露休搓，恐是天孙别泪多。①

　　《惜秋华》用玉簪花，既寄托对社会、身世感慨，同时也寄寓着对南方妻子段美贞的深情思念。"窥镜，乍无人"，说的就是忽然发现思念的闺中人不在身边，作者希望玉簪花不要全部凋零，能留下些许，供闺中人用来装束。下片中"芳讯寄应准"，说一定会将美好的信息寄给家人，这里既说明此词写作时乡试应该尚未举行，作者对前景尚充满美好的期待。下句中用牛郎织女七夕相会的传说，抒发对妻子的思念，柔情绵长不绝如缕。《减兰》中的词句，仍由牵牛花而联想到七夕相会，烘托出自己迫切期望见到妻子的心情。到了末句"宿露休搓，恐是天孙别泪多"，希望不要搓掉牵牛花上的露水，因为这可能是织女于黎明前离开牛郎时洒下的泪水。这里作者把对妻子的深情推向极致，让人止不住也要为之泪湿衣襟。

　　新婚远别，本就是人世间最悲催的情感之一。如果想到这一别居然是天人永隔，龚自珍大概不会去赴那个乡试吧？但是，世间很多事都无法用如果来重新演示。那个叫"命运"的魔鬼总是在你料想不到的地方折磨你。

① 《龚自珍全集》第572页，上海古籍出版社1975年2月版。参见杨柏岭著《龚自珍词笺说》第171页，黄山书社2010年10月版。

龚自珍的付出，并没有换来金榜题名。在落败后，他满腹惆怅，谁料想回到徽州家中，又遭受另一重情感打击。他日夜思念的闺中人，已躺在黑漆漆的灵柩内。青年龚自珍只能扶柩痛哭，牵牛花上的露珠果真是化作了离人的伤心雨。段美贞去世时年仅二十二岁。龚自珍离家后，妻子病情渐重。遂请医生诊治，谁知庸医将之误诊为妊娠反应，待到发现误诊，已经无力回天，不幸病逝于七月五日。而此时，也正是龚自珍吟诗作词，托咏花寄思妻之情的时段。冥冥中有心灵感应吗？七夕相会，如果意念可以穿越万水千山的阻隔，也只能飘荡在无边的虚空中……

嘉庆十九年（1814）三月，龚自珍送妻子段美贞灵柩回杭州。后将亡妻下葬于杭州西溪富家山。在这年春，龚自珍又一次泛舟西湖，并且同第一次与新婚妻子同游西湖一样，写下一首名为《湘月》的词：

> 湖云如梦，记前年此地，垂杨系马。
> 一抹春山螺子黛，对我轻鬟姚冶。
> 苏小魂香，钱王气短，俊笔连朝写。
> 乡邦如此，几人名姓传者？
>
> 平生沉俊如侬，前贤倘作，有臂和谁把？
> 问取山灵浑不语，且自徘徊其下。
> 幽草黏天，绿阴送客，冉冉将初夏。
> 流光容易，暂时著意潇洒。[①]

两次相隔时间不长的西湖游，但心境迥然不同。从新婚憧憬未来，

---

① 《龚自珍全集》第 565 页，上海古籍出版社 1975 年 2 月版。参见杨柏岭著《龚自珍词笺说》第 198 页，黄山书社 2010 年 10 月版。

到妻亡又落第，心绪落差之大，大概要超过"飞流直下三千尺"的庐山瀑布了吧？如果说前一次游湖龚自珍还有"垂杨系马"的豪气，那么，这次游湖，面对湖光山色，他内心则充满了伤感和孤独感，想到的是"苏小魂香，钱王气短"，只能"问取山灵浑不语，且自徘徊下"，甚至有"几人名姓传者"的看破世情的沉沦感。

何吉云

真正伴随龚自珍度过一生的是另一位佳人，名何吉云。龚自珍把早期情感的浪漫交给了段美贞，而把积年累月的柴米油盐、生儿育女的苦差事留给了何吉云。

在嘉庆二十年（1815），龚自珍有了第二次婚姻。续弦夫人何氏，浙江山阴人，也是书香门第之后，祖父何裕里，曾任贵州下江通判。父亲，即龚自珍的岳父何镛曾任何官职，史载不详。从相关史料中可知，何吉云也是一位文化修养很高的女性。生于一七九四年，小龚自珍两岁。何女士擅长吟诗且不说，其书法造诣尤为人称道。在龚自珍补"中书考差"时，有人断言，"定庵不能作小楷，断断不得差。如其夫人与考，则可望矣"。可见，龚自珍夫人的书法在社会上是享有较高知名度的。①

何吉云在龚自珍的人生旅途中，是知音，是贤妻，是良母。不断地用女性的温润，慰藉着他那颗痛苦的灵魂。龚自珍有二子二女，子龚橙、龚陶，长女阿辛，皆为何氏所生。

笔者非常想用更多的笔墨来描述这位伟大的思想家、诗文大家背后

---

① 据樊克政著《龚自珍年谱考略》第564页，商务印书馆2004年5月版。

的伟大女性，遗憾的是苦于难觅更多的史料。这也许因为，日常生活的琐事不是史家关注的兴趣点所在。而生活的艰辛抑或乐趣，其实就在日常生活的点点滴滴。

情痴

龚自珍是风流倜傥的情种，他那些旁逸出婚姻外的风流韵事，常常为文人墨客所津津乐道。当然也有类似王国维那样的老夫子，高悬道德之剑而加以谴责。吾辈以为，对于此类情感方面的事情，也还要用历史的眼光来对待。就正如，在实行一夫一妻制的今天，我们不能简单地指责白居易妻妾成群有什么道德上的问题。只要你有足够的家产可以供养那些妻妾，并且协调好她们之间的关系，在他所处的时代不会有人认为是什么大的道德问题。东坡先生在杭州、黄州任职期间，也常常与文人墨客携妓饮酒吟诗，成为民间茶余饭后的风流谈资。

自珍在丹阳暴卒，时人传为因"丁香花公案"，即自珍与一满族大臣贝勒侧室顾太清之恋情泄露而遭谋杀。对此，笔者后文将会详加细述。萧一山先生在《清代通史》中谈到这一事件时认为："太清既非正室，以清代之风气论，直可视为红粉知己，风流佳话，不能以礼教绳之，亦未可以奸非论罪，故定庵反复道之而不自讳，正可见其坦率为人耳。《己亥杂诗》等于定庵之自传，情文俱茂，焉能作无病呻吟语哉？（定庵好读梅村诗，梅村有"博得美人心肯死，项王此处是英雄"之句，想定庵已心领而神会矣。）"①

---

① 据萧一山著《清代通史》第四卷第331页，华东师范大学出版社2006年3月版。

由此佩服民国史学天才萧先生持论之客观，史识之独到。由之我也更相信，有才学之人，必定皆性情中人。心如槁木之人，如何能写鲜活之文？

常言道：爱美之心人皆有之。世界上最美的是什么？是美人啊，即使是断了臂的维纳斯，在人们心目中也是最美的女神啊！今天有流行歌曲说，"爱江山更爱美人"。在龚自珍的心目中，江山与美人究竟孰轻孰重？我们或许无须给出明确的答案，或许这类答案就像无解的方程式，永远也没有终极的结论。这里有一个小掌故，可以说明先生在面对美人时，是如何地热血飞扬。传说道光五年（1825）十二月的某天夜里，龚自珍做了一个自己也感到极其蹊跷的美梦，梦到有人给了他一枚玉印，该玉印白透如镜，中有彩痕。[1]让他感到惊喜的是，梦想居然成真，数日后嘉兴有古董商家告知有汉凤纽白玉印一枚，问先生有兴趣否。先生视其玉，几乎抑制不住内心的狂喜，原来此印如梦中所见之玉印，在阳光照射下，可见其中彩痕，上刻"婕好妾赵"。篆法、刀法皆精妙入神。"赵"字以鸟迹寓名。

这是一件奇珍无比的宝物。其珍贵不在这方印的玉料多么稀缺，而是这方印是汉代美女赵婕好，又被称为"赵飞燕"的印。飞燕因其舞姿轻盈，如燕翩飞，被微服私访的成帝招进宫中，封为婕好，后又被立为皇后。龚自珍之喜爱这方印，也因之是从宫中流入民间的古代美人的玉印。先生毫不犹豫地用五百金并加上所藏《宋拓娄寿碑》将此印收入囊中。先生酷爱此物，有好藏古物之癖使然的一面，但也由此可见，先生对美人倾情到了什么地步。尽管这个美人，已经只能描画在历史的画册上，挂在墙壁上养眼。有诗曰"龚生好古胜好色"，更何况此物既古又

① 据王镇远著《剑气箫心》第52页，中华书局2004年1月版。

有色。龚自珍得此物之狂喜程度，还有先生为此写的诗为证，其中有一首说：

> 寥落文人命，中年万恨并！
>
> 天教弥缺陷，喜欲冠平生。
>
> 掌上飞仙堕，怀中夜月明。
>
> 自夸奇福至，端不换公卿。①

　　龚自珍因得到这方印，觉得这辈子终于没有白活。上苍让他从此物中得到了补偿。乃至于先生觉得即使用这方印来换一顶公卿的官帽，他也不愿意。谁信这是先生的真实心理状态呢？也许是鲁迅笔下的阿Q精神心理在起作用吧？他是用玉印来平衡仕途失意产生的精神沉郁吧？这个"玩物"，真的能填平先生人生中一切不如意的沟壑？先生那么深广的忧国忧民之心，会因为这个宝物而彻底消解？谁会相信，反正我不相信。况且，先生获得此印时，为道光五年（1825），正值三十四岁盛年，希望尚未完全泯灭，何至于"好古好色"到了此种地步？

　　龚自珍以此印为题，共写了四首诗。虽然很用心，辞甚工，但在先生的诗中只能算平平之作。诗评家佚名在《定庵诗评》中说："此四首先生极经意之作，而转觉无味。"②因此，当代学者王镇远也忍不住重复古人那句老话"欢愉之辞难工"，来说明诗歌创作的一条基本规律。

　　故事没有到此结束，先生因此印欣喜若狂到了向诗友们征集万首歌颂玉印宝物的诗作，然后要将之与玉印一起供奉在三层楼阁上。这就已经到了神经癫狂的地步了。也确有诸多友人，汪元爵、徐宝善、顾翰、

---

① 《龚自珍全集》第 472 页，上海古籍出版社 1975 年 2 月版。

② 引自王镇远著《剑气箫心》第 54 页，中华书局 2004 年 1 月版。

高锡恩等人为先生助兴而赋诗。诗皆为平庸之作，无足称道。

后来有野史说，龚自珍视作奇珍异宝的这枚玉印，其实是一个赝品。因某人与先生赌博输了钱，弄出这方印来抵赌债。而后来，先生知道是赝品后，又用它抵债给了别人。野史中确有类似的记载，但皆称是"传闻"。用现代的新闻学规则来看，"传闻"是不可作为可靠的信源的，只能看作是真假难辨的民间八卦。①

那个赵飞燕只是古时的美人，那方玉印只是已故美人的遗物，居然也能让龚自珍如痴如狂。让我们来看看，他与同时代生活中的红粉佳人间，都发生过哪些故事。

红泪

"红泪"在古语中本指女子的泪。王嘉《拾遗记》："薛灵芸别父母，泪下沾衣。至升车就路之时，以玉唾壶承泪，壶即红色。"应该是壶中的泪成了红色吧，形容伤心至极。泪从心血中淌出。②龚自珍在《己亥杂诗》借用来指自己的泪，原句为"红泪淋浪避客揩"。先生避开客人拭去痛彻心扉的泪。

他因何事如此一洒"红泪"呢？为一位心仪的美人。这位美人在先生离京南返十三年前离世。先生在北京获得了她去世的讯息（拊心消息过江淮），顿时捶胸顿足，泪雨倾盆。为了追悼这位去世的女子，龚自珍为此写了十六首诗。

这位女子是谁呢？姓甚名谁？何方人氏？

① 据王镇远著《剑气箫心》第 54 页，中华书局 2004 年 1 月版。
② 引自刘逸生注《龚自珍己亥杂诗注》254 页，中华书局 1980 年 8 月版。

有人根据诗句揣测，女子或许是龚自珍表妹，与龚家有亲戚关系。如诗中说该女子"娇小温柔播六亲，兰姨琼娣各沾巾"。[1]笔者认为，据此很难确认该女子与龚家有亲戚关系。诗中写的是，女子的亲戚说起女子英年早逝，都为之垂泪。并不是说龚家的亲戚是如何伤心。如果要从诗中索隐痕迹，我倒是认为，该女子为西子湖畔的青楼女子可能性为大。

且读《己亥杂诗》第一百八十七首：

> 云英未嫁损华年，心绪曾凭阿母传。
> 偿得三生幽怨否？许侬亲对玉棺眠。[2]

这是先生悼亡诗中的其中一首。"云英"非指该女子，而是用典暗指。典出辛文房《唐才子传·罗隐》："隐初贫来赴举，过钟陵，见营妓云英有才思。后一纪，下第过之。英曰：罗秀才尚未脱白？隐赠诗云：钟陵醉别十余春，重见云英掌上身。我未成名英未嫁，可能俱是不如人。"未嫁出去的才貌双全的营妓与饱学而落第的才子，双双都是失意人。先生以此典故入诗，是否隐隐透露了该女子的身份？[3]再读另一首：

> 残绒堆积绣窗间，慧婢商量赠指环。
> 但乞崔徽遗像去，重摹一帧供秋山。[4]

诗中的"崔徽"，先生又是借典来喻指该女子。崔徽为唐代河中府妓女，"同裴敬中相恋。后来敬中回返兴元，崔徽不能从行，因绘写自

① 据王镇远著《剑气箫心》第59页，中华书局2004年1月版。
②④《龚自珍全集》第527页，上海古籍出版社1975年2月版。
③ 据刘逸生注《龚自珍己亥杂诗注》第257页，中华书局1980年8月版。

己的肖像托人送给敬中，表示坚贞相爱。"

先生多次用古代著名妓女掌故写入怀念他心爱的女子诗中，不会是随意为之吧！①

但笔者无法从史料中找到关于该女子的确切身份的记载，只能揣摩之，聊算一家之言。

第二个问题是该女子的名字，龚诗中没有明确道出。但在其中一首诗中，先生说到自己曾给她取了一个别名，叫"高华"，诗云：

> 蟠夔小印镂珊瑚，小字高华出汉书。
> 原是狂生漫题赠，六朝碑例合镌无？②

"夔"是古代传说中像龙的独脚怪兽。首句说，刻着"蟠夔"的印章，显出珊瑚般的美丽花纹。"高华"这两个字出自《汉书》。《晋书·王恭传》称赞王恭："少有美誉，清操过人，自负才地高华，恒有宰辅之望。"那么，下文笔者就用"高华"这个名字来取代"该女子"。

"高华"在先生的心目中应该不仅仅是一位具有"倾城倾国""沉鱼落雁"之美的"花瓶"，同时也应该是很有才思的女子。否则，何劳先生从《汉书》中找出"高华"两个字来命名？

那么，佳人高华是何方人氏？

这一点不会有疑问，龚自珍在诗中说得很明白：

> 小楼青对凤凰山，山影低徊黛影间。③

---

① 据刘逸生注《龚自珍己亥杂诗注》第260页，中华书局1980年8月版。
② 《龚自珍全集》第528页，上海古籍出版社1975年2月版。
③ 《龚自珍全集》第527页，上海古籍出版社1975年2月版。

她居住的小楼，对面就是草木青翠的凤凰山。而凤凰山在杭州城南十里。这里"背山临水，风景优美"。她的眉黛间，似乎徘徊着青山的影子。

龚自珍的组诗虽写于己亥之年，记述的已经是十三年前的事。所记之事应在道光七八年间。道光七年（1827），作者三十六岁。而在女郎逝世后十一个月，先生回到杭州，时间约在道光八年（1828）。①在北京先生获知心上的女子因病离开了人世，已经情难自禁，泪雨婆娑。十一个月后来到女子的住处，目睹的是空空的梳妆镜台，而小婢和阿母、姨娣等女孩的亲眷，见到迟来的先生，也都热泪盈盈。先生是如何伤心，如何再洒"红泪"，稍稍想象一下，画面就会呈现在我们的脑幕上。这位女子，在先生的笔下简直是完美无缺了。不仅貌美如"洛水女神"，而她的针线功夫，则如传说的"针神"。至于温柔贤淑，也是亲邻们赞不绝口的。

更让龚自珍心神摇撼的是，女子对先生的挚爱深情。她在病床上，日日盼望着先生归来，特地把自己亲绣的汗巾（围在腰间的带子）、钞袋（荷包）、枕头衣（套），让阿娘赠给心上人。拿到这些散发着女子体温的遗物，睹物思人，先生的泪水大概要流干了吧？请读诗：

阿娘重见话遗徽，病骨前秋盼我归。
欲寄无因今补赠：汗巾钞袋枕头衣。②

在堆满女子"残绒"的绣窗前，女子身边的婢女商量着要把主人留下的指环赠给先生留念。但先生不要指环，而只要一帧女子的遗像，他要重新描画下来，供在自己的房间里。先生还拉着婢女衣衫，让她陪伴

① 据刘逸生注《龚自珍己亥杂诗注》第266页，中华书局1980年8月版。
② 《龚自珍全集》第527页，上海古籍出版社1975年2月版。

自己像当年与她的女主人一样同游西湖，以解对恋人的思念之情。他似乎从婢女的言谈举止中，多少看到女主人的影子。但"婢学夫人"，与夫人比终究难以神似。下面这首诗写了先生面对婢女，把婢女想象成夫人的微妙心理：

> 小婢口齿蛮复蛮，秋衫红泪潸复潸。
> 眉痕约略弯复弯，婢如夫人难复难。①

绵绵不尽的情思，如同一场梦终将随风飘逝。"人生得一知己难"，而男人如想得一"红粉知己"则更是难上加难。这也许是龚自珍对这一段情感在经过了多年后也难以释怀的原因吧：

> 女儿魂魄完复完，湖山秀气还复还。
> 炉香瓶卉残复残，他生重见艰复艰。②

炉香渐灭，花卉凋零，阴阳两隔，芳魂难觅……他生还能重见吗？这问题只有仙界的神灵才能回答。所幸的是，先生因此留下的十六首诗，可以让后人品味纯真情爱的永恒魅力。

灵箫

在龚自珍结束了与西湖佳人一段凄丽的情感缠绵的十三年后，在辞官南返途中，停留在清江浦（今淮阴）时，又开启了另一段才子佳人式

①② 《龚自珍全集》第 528 页，上海古籍出版社 1975 年 2 月版。

226

的情感之旅。

王镇远先生在《剑气箫心》一书中有一章专写先生的这段情感，题名为《定公四十遇灵箫》。这里作者在标题中把定公的年龄搞错了。"四十"应该为"四纪"，龚自珍诗云：

> 天花拂袂著难消，始愧声闻力未超。
> 青史他年烦点染，定公四纪遇灵箫。①

古人以十二年为一纪，定庵这年四十八岁，因此称"四纪"。毫无疑问，龚自珍是在四十八岁这年遇到了他又一位为之动情的绝色佳人。这人的名字在诗中明确道出，为"灵箫"。诗人丝毫不避讳这段情感，在诗中希望未来的史家，在记录历史时，不要忘记带上这一笔。因此，遵先生所嘱，有关他与灵箫的情感经历，本传是必须记载的。

十多年前相识相恋的那位西湖女子，是否是一位落入风尘的女子，无法准确判定，但灵箫肯定是一位落入风尘的女子。灵箫这名字，大概也不是她的本名，而是艺名，是风月场上的称谓。这名字或许就意味着，这是龚自珍在官场失意之时，上帝赐给他的一个弥补人生缺失的珍贵礼物。呵，灵箫！先生幼年时，每闻箫声便心灵悸动而要往妈妈的怀里钻。而在他的诗词中，箫与剑则成了回环反复的意象。

箫声在定庵四十八岁时，幽幽地吹来。先生是该迎着箫声而起舞，一头栽进吹箫人的怀抱，还是避箫声而远去？

"天花拂袂著难消"，龚自珍坦承自己抗拒不了佳人的诱惑，摆脱不了世俗的情感。在佛家的"出定"与"入定"间，他常感到"定力"不够，

---

① 《龚自珍全集》第 518 页，上海古籍出版社 1975 年 2 月版。

遇美色而难自持。"天花"是佛经中用语，天女以天花散诸菩萨、大弟子上。花至诸菩萨，即皆坠落；至大弟子，便著不坠。天女曰：结习未尽，花著身耳；结习尽者，花不著也。

定庵先生在《己亥杂诗》中共用了三十六首诗来记录他与灵箫的情感经历。先生从北京回杭州，途经清江浦（今淮阴），在酒席间结识沦落到风月场的灵箫。先生回杭时未携家眷，回杭后又返回北京，再从北京携眷回杭，前后三次滞留于清江浦。从先生的诗中可以读出，他与灵箫的情感经历可谓波澜迭起，峰回路转。如果美妙的情感只是停留在缥缈的云端，那么这情感可能随风而逝；但如果将这情感落到地面，则又会产生许多无端的曲折烦恼。先生与那位湖畔女子和与清江浦女子的不同情感经历，正好诠释了两种不同的情感困境。

在后面章节写龚自珍辞官南返时，笔者会写到他南返的原因和心境。这里简单地交代一下，先生是在对自己的前途无望的情景下，决定诀别庙堂，从此回归江湖。他的回归，绝不是因为西湖鲈鱼羹的诱惑，而心甘情愿地放弃仕途追求去寻找生命本体的快乐的。因此他的回归充满了无奈、沮丧、失落……这样一种心境，导致了他精神和情感生活的放荡不羁。他在京城与杭州间的路途中，除了给我们写下了三百一十五首诗组成的伟大的大型组诗《己亥杂诗》集，其途中大部分时间，除了访僧，便是选色。用他自己的话来描述，"大抵醉梦时多醒时少也"。这样一种心理因素，导致了他离京后的行迹。而他的组诗中，很多都与他途中的经历相关。

灵箫的出现，让醉眼蒙眬的龚自珍眼前如有电光闪过。对一般烟花女子，先生或许出于一种生理和情感的宣泄，而对灵箫动情，显然不仅仅因为她的美色。道光十九年（1839）五月十二日，先生从北京抵达清江浦，在此酒席间结识了灵箫并有赠诗：

一言恩重降云霄，尘劫成尘感不销。

未免初禅怯花影，梦回持偈谢灵箫。[1]

灵箫的一句话，如同天降恩旨。龚自珍表白，就算经过"微尘那样多的劫，而这些劫又化成无数微尘，我仍然不会忘记你的厚意浓情"。此间，定庵与灵箫相处的时间可能不多，但相互间已经有了感情承诺。等到先生回京接家眷，于同年九月二十五日重到清江浦时，先生在这里住了整整十天，几乎每日与灵箫缠绵在一起。相互间也就有了更多深入的了解。从先生的诗中，我们知道了灵箫的非凡之处，也可以琢磨出诗中透露出的他们发生恋情的信息。

豆蔻芳温启瓠犀，伤心前度语重题。

牡丹绝色三春暖，岂是梅花处士妻？[2]

"豆蔻"指灵箫。"瓠犀"指瓠瓜的瓜子，形容灵犀的牙齿。诗中用"牡丹绝色"来描述灵箫的貌美。对灵箫的赞美，定庵的多首诗中都有描述："对人才调若飞仙，词令聪华四座传。"是说灵箫语惊四座，才情犹如天仙一般。得定庵先生这样的诗文大家如此高评，可见灵箫才情之非同一般。"天花岂用铃旛护，活色生香五百春。"比喻灵箫是天女撒下的天花，活色生香，永开不败。"一队画师其敛手，只容心里贮秾春。""秾春"指美好的情韵。在定庵先生眼中，灵箫是如此之美：一群画家面对她时，感到无法下笔，只能把她的美妙情韵藏在心中。真是：

---

① 《龚自珍全集》第518页，上海古籍出版社1975年2月版。

② 《龚自珍全集》第532页，上海古籍出版社1975年2月版。

眼前有女难描画，只能胸间珍藏她。灵箫的可贵还在于她是胸有大志之人，言语间显然对定庵先生的过于颓废消沉有所批评，使得定庵先生如醍醐灌顶，惊异于风尘女子中居然有此知音：

> 风云材略已消磨，甘隶妆台伺眼波。
> 为恐刘郎英气尽，卷帘梳洗望黄河。①

定庵先生在幽幽的箫声中，同时感受到一位温柔女子剑一般的豪气。罗素大约说过类似的话：好女人是引导男人向上的车轮。定庵先生在沮丧、沉沦中，从女子处获得了一股向上牵引的力量。这就更让他为之动情。在灵箫面前，定庵先生甚至都有点感到自卑了：

> 道韫谈锋不落诠，耳根何福受清圆？
> 自知语乏烟霞气，枉负才名三十年。②
> （"道韫"是东晋谢奕的女儿，有辩才。这里暗喻灵箫。）

定庵先生感到自己的言词，与灵箫比缺少山水清润的气息。一个老男人跟少女兼才女比生命活力乃至口齿伶俐，定庵当然未必是对手。

灵箫的冰雪聪明和才情，乃至心机，似乎不是定庵先生能够轻易地驾驭的。他们之间在今后的关系走向上肯定是发生了分歧。"伤心前度语重题"，说的都是什么呢？从诗中可读出，就是定庵先生是否为灵箫脱籍，将她娶为妻室的问题。两人多次协商此事。先生已有妻室，对灵箫不可能隐瞒，如要娶她只能纳为侧室。也许，在这个问题上，灵箫

---

① 《龚自珍全集》第 532 页，上海古籍出版社 1975 年 2 月版。
② 《龚自珍全集》第 533 页，上海古籍出版社 1975 年 2 月版。

表现得很不开心。所谓"岂是梅花处士妻",只是定庵的一个托词罢了。也许,他用诗开导灵箫不必计较所谓的名分问题。这个对男人来说,不是特别重要。

灵箫来自苏州良家,因何缘故沦落、迁移到清江浦,不清楚。但灵箫希望回到苏州,这在龚自珍的诗中有所透露:"儿家心绪无人见,他日埋香要虎丘。"就是死也要埋到苏州的虎丘去。在如何安顿灵箫的问题上,显然没有达成双方都能接受的共识,乃至先生在首度离开清江浦时有意不辞而别,下狠心割断这段情丝:

> 美人才地太玲珑,我亦阴符满腹中。
> 今日帘旌秋缥缈,长天飞去一征鸿。[①]

随后定庵收到了灵箫的道歉信。面对溅落了美人泪的信笺,先生的骨头在又"犯贱"了:

> 青鸟衔来双鲤鱼,自缄红泪请回车。
> 六朝文体闲征遍,哪有萧娘谢罪书?[②]

灵箫在表示道歉的信中,似乎对定庵让自己脱籍的条件做了让步。从后来定庵的诗中也可解读出,先生对如何安顿灵箫也做出了妥善的安排,比如有诗说:"万一天填恨海平,羽琌安稳贮云英。""……羽琌山下是西陵。""羽琌山庄"是定庵回来后新建的位于昆山的寓所。但这段情爱故事,并没有到此获得大团圆式的结局。他们之间就婚嫁问题的

---

①② 《龚自珍全集》第 533 页,上海古籍出版社 1975 年 2 月版。

"谈判"又一次破裂。定庵在离开清江浦赴京接家眷时，灵箫原本要来为先生送行，但未等灵箫梳洗装扮后来到，他就登船离开了。

身体离开了清江浦，但先生的心神还停留在清江浦。在抵达清江浦北——一个名"渔沟"的交通站时，他忍不住在墙壁上题诗：

> 未济终焉心缥缈，百事翻从阙陷好。
> 吟到夕阳山外山，古今谁免余情绕？①

"未济"是《易经》中最后一卦，这里指定庵要将灵箫纳为侧室的协商未果。先生写毕这首诗，随后又控制不住"余情"，给灵箫寄去两首诗表示思念之情难以释怀，对自己绝情而去表示后悔：

其一

> 欲求缥缈反幽深，悔杀前番拂袖心。
> 难学冥鸿不回首，长天飞过又遗音。

其二

> 明知此浦定重过，其奈尊前百感何？
> 亦是今生未曾有，满襟清泪渡黄河。②

情到深处难自禁。看来龚自珍对此女真是痴迷到不能自拔的程度了。居然在从清江浦往北渡过黄河的途中，抑制不住地泪流满襟。如果先生在这两首诗中表达的情感没有变化，他与灵箫之间会重新燃起相依

---

①② 《龚自珍全集》第 534 页，上海古籍出版社 1975 年 2 月版。

相恋的烈火吗？也说不定。但先生对灵箫的情感终于被时间的流水渐渐地冲淡。在这年十月十日，先生又寄一诗给灵箫：

> 阅历天花悟后身，为谁出定亦前因。
> 一灯古店斋心坐，不似云屏梦里人。①

在此诗中，定庵先生表示要收敛心性，在古店孤灯中让自己从世俗的情感中慢慢解脱出来。先生在寄出前两首诗后，似乎没有得到灵箫的回应。因此，在此诗后有"顺河道中再奉寄一首，仍敬谢之，自此不复为此人有诗矣"之类的自注。但笔者感到有些诧异的是，如果先生仍然钟情于此女，为何要在此诗中表达枯心向佛的意向呢？这不是自相矛盾吗？不管怎么说，灵箫对定庵的"绝情"而去，没有表示出任何和解的迹象。在这首诗寄出两个月后，定庵重到清江浦，问讯灵箫的踪迹，得悉灵箫已经回往苏州，从此闭门谢客了。

龚自珍感叹灵箫的心迹难测。笔者觉得这也许正是灵箫的魅力所在。如此个性鲜明的女子，是会让须眉男儿羞愧的。在处理与灵箫情感时，定庵的优柔寡断、举棋不定，肯定让灵箫彻底失望了。

写到这里，有一个疑问始终在我心中挥之不去。那就是，定庵先生最终有否娶灵箫为妾呢？在比较了不同的说法后，我仍然觉得难下定论。曾任浙江社会科学院文学研究所所长的陈铭先生，著有两种关于龚自珍的著作《剑气箫心——龚自珍传》和《龚自珍评传》，前者为传记，是"浙江文化名人传记丛书"之一种，后者为评传，侧重介绍传主的思

---

① 《龚自珍全集》第534页，上海古籍出版社1975年2月版。

想艺术成就。他应该是目前研究龚自珍的权威专家之一。按照陈铭先生的说法，灵箫被龚自珍纳为侍妾了。在《剑气箫心——龚自珍传》的第二百二十页，他写道："龚自珍南返途中，曾经在清江浦停留，并喜欢上两个妓女。一个叫灵箫，最后成了他的侍妾；另一个叫小云，不肯做龚自珍的妾。"这段话，有一个显然的笔误，即妓女小云，并非定庵在清江浦所遇，而是在扬州，有定庵的诗为证：

能令公愠公复喜，扬州女儿名小云。

初弦相见上弦别，不曾题满杏黄裙。①

诗尾注解说"小云"是："作者这次南归时，在扬州遇见的一个妓女。"关于小云，笔者在后面还会写到。这些都可证，小云并不是在清江浦与定庵相识。设想一下，定庵先生如果在清江浦同时与两个妓女周旋，不是一般的逢场作戏，年近半百之人，精力有那么旺盛吗？

对龚自珍是否将灵箫纳为侍妾了，作为一家之言，且存疑。陈铭先生未在此处标明史料来源，笔者无法查证。支持"纳妾说"的还有郭延礼的《龚自珍年谱》和麦若鹏写的《龚自珍传论》。在郭著第一百九十四页，有"先生约于此年娶妾灵箫"，依据是《己亥杂诗》中有"定庵四纪遇灵箫"之句。显然，此依据不足为凭。郭著用了"约"字，证明作者也没有完全把握断定定公何时娶灵箫为妾。麦若鹏在其著第三百八十九页写道："经过和灵箫的曲折'谈判'以后，他为灵箫脱籍纳做侍妾，接到昆山羽琌山馆的别墅去同居了。"他的依据是定庵先生当时颇为得意地写了这样的诗：

———

① 《龚自珍全集》第 518 页，上海古籍出版社 1975 年 2 月版。参见刘逸生注《龚自珍己亥杂诗注》第 139 页，中华书局 1980 年 8 月版。

灵箫合贮此灵山，意思精微窈窕间。

丘壑无双人地称，我无拙笔到眉弯。①

　　笔者查阅了先生这首诗，该诗是《己亥杂诗》的第二百首，按时间
顺序，应该在定庵第一次相识灵箫之后，第二次与灵箫重逢之前。

　　其意是灵箫是合适安置在这座灵山中的，这是我费尽了一番思量后
做出的安排。这里山川秀美和人之美正好相称。可惜我没有一支拙笔，
像《汉书》中写的张敞那样为妇人画眉。②在这首诗的后面，编注者有
一条注释："灵箫这时还没有到羽琌山馆，所以诗中只是希冀之词。"在
此诗后面还有一首也写到类似的意思："携箫飞上羽琌阁。"——"我将
携着灵箫飞上别墅的高阁。"因此作者把可能的事，说成是已经发生的
事了。至于后来两人关系的终局，定庵为灵箫写的最后一首诗说得明明
白白。也确实未见定庵其后再有诗和文字提到灵箫。在樊克政《龚自珍
年谱考略》中，无论正文还是在附录《家世》中，也未见有定公娶灵箫
为妾的记载。定公确实曾娶有一妾，并为他生有一女，名阿辛。在樊著
的第五百六十四页《家世》中有记载："妾某氏，阿辛之生母。"王镇远
先生所著《剑气箫心》（中华书局 2004 年 1 月版）在写到定公与灵箫的
恋情时，以一段富有诗意的描述，写到了这段恋情的结局："这一段缠
绵悱恻的恋情如一颗晶莹清冷的露珠，在晨风曦光中悄然而逝了……"

　　因此，笔者在考量各家之言后，是倾向于定公并未娶灵箫为妾的。
以灵箫爱恨鲜明之个性，也不大可能在回苏州"闭门谢客"之后再吃回
头草。

---

① 《龚自珍全集》第 528 页，上海古籍出版社 1975 年 2 月版。

② 据刘逸生注《龚自珍己亥杂诗注》第 268、269 页，中华书局 1980 年 8 月版。

小云

在上文中曾提到在龚自珍南返途中，另一个与他产生情感纠葛的风尘女子小云。按照《己亥杂诗》第九十九首所写"初弦相见上弦别"，定公与小云在一起相处的时间应该很短。

龚自珍确实是名不虚传的风流种子。从他的诗中可以读出，他也非常喜欢小云，而且对小云有相当高的评价。虽然相比较灵箫，先生没有在小云身上投注那么深的情感。

从野史中的记载看，小云是一位既有才情美貌又任性不羁的女子。她有那种一会儿让定公郁闷，一会儿又让定公喜笑颜开的挑逗功夫。她的性格或许有点像《红楼梦》中的晴雯。因此定公诗云："美人才调信纵横"，"能令公愠公复喜"。定公在《己亥杂诗》中有三首诗写他与小云的交往。这样任性的女子，定庵知道只能是偶然品尝一下的美味，但要将她作为"家常菜"，就会有一种畏惧心理。有谁会受得了日日悲喜无常的情感折磨？因此，他在诗中说："不留后约将人误，笑指河阳镜里丝。"意思是说，你看我头发已经斑白，而你正处青春妙龄时，咱们就此别过，就不要再约会了，以免耽误了你未来更好的日子。称自己老，不宜与小云再约会，只是定公的托词罢了。他在与灵箫的相处过程中，为何没有以镜中白丝而做了断的理由呢？

行文至此，我突然想到一个问题，为何定公能在风月场中遇到很多令他钟情的才情貌皆具的女子呢？而今日在娱乐场所谋生的女子，常常徒具一张花瓶式的脸蛋，一张口讲话则寡淡无味呢？盖因时代环境之大不同也。旧时女子，除了做家庭妇女，几乎就没有别的出路。因此很多其实智商很高，才貌双全的女子，因家贫或种种因素导致生活困窘，只好沦落到青楼去谋生。

沉沦

虽然定庵先生辞官南返途中，纵情于酒色之中，有他的特殊的心理因素。他毫无顾忌地把自己的此类形迹写入诗中，证明在他所处的时代风气，并不将此类行为视作道德伦理上的严重问题。他的这些记叙婚外情感的诗作，也不可能瞒着妻儿。如在今日，定庵如果将他此类诗写入博客之中，不仅警察要作为凭证来找他的麻烦，恐怕太太也要寻死觅活闹将起来。

某位书生，在给友人的书信中，用讥诮的口吻描述了定庵南行途中的行踪："某祠部辩若悬河，可抵之隙甚多，勿为所慑。其人新倦仕宦，牢落归，恐非复有网罗文献、搜辑人才之盛心也。所至通都大邑，杂宾满户，则依然渠二十年前承平公子故态。其客导之出游，不为花月冶游，即访僧耳……"不知从何渠道，这封批评定庵先生的私信，居然让他本人看到了。我猜想，定庵先生读此信后定会仰天一笑，然后挥毫赋诗一首：

> 网罗文献吾倦矣，选色谈空结习存。
> 江淮狂生知我者，绿笺百字铭其言。①

写毕诗，先生在编诗集时特地把此信附录于后，将批评者引为知己。以此告诉世人，知我者，江淮狂生也。"选色"与"谈空"，正是我

---

① 《龚自珍全集》第519页，上海古籍出版社1975年2月版。参见刘逸生注《龚自珍己亥杂诗注》第142页，中华书局1980年8月版。

一贯的喜好啊。

但我们也不能因此就对定庵之滥情、沉沦于酒色持一种欣赏的态度。他本人就写过一篇文章，严厉批判统治者通过设官妓来腐蚀知识分子灵魂的伎俩。此文题为《京师乐籍说》，文中明批唐、宋、明代设官妓以消磨士人斗志的政策，实质是影射当朝的愚民行为，文中说：

> ……
>
> 凡帝王所居曰京师，以其人民众多，非一类一族也。是故募召女子千余户入乐籍。乐籍既棋布于京市，其中必有资质端丽、桀黠辨慧者出焉。目挑心招，捭阖以为术焉，则可以钳塞天下之游士。乌在其可以钳塞也？曰：使之耗其资财，则谋一身且不暇，无谋人国之心矣；使之耗其日力，则无暇日以谈二帝三王之书，又不读史而不知古今矣；使之缠绵歌泣于床笫之间，耗其壮年之雄材伟略，则思乱之志息，而议论图度，上指天下画地之态益息矣；使之春晨秋夜为袞体词赋、游戏不急之言，以耗其才华，则议论军国臧否政事之文章可以毋作矣。如此则民听一，国事便，而士类之保全者亦众。
>
> ……①

上面这段龚自珍的批判文字，其中指出的士人斗志与良知，被统治者利用乐籍女子消磨的状况，岂不恰好是对先生南下途中形迹的自我画像？就清代的乐籍情况看，问题较唐、宋、明代反倒有了很大改

---

① 《龚自珍全集》第 118 页，上海古籍出版社 1975 年 2 月版。另据章培恒等主编的《龚自珍诗文选译》第 44—46 页，凤凰出版传媒集团 2011 年 5 月版。

观。从清顺治八年（1651）开始，已经逐步废除教坊女乐。至康熙后，各省官妓也次第废除。但民间乐坊、青楼仍然昌盛。其繁华程度南方要远远胜过北方。据王书奴编著的《中国娼妓史》载，一位名陈大声的人曾作《嘲北地娼妓曲》，讥刺清代民间北方妓女之土，不及南方如南京、扬州一带女子懂风情、有才情，曲子唱道："门前一阵骡车过，灰扬。哪里有踏花归去马蹄香？棉袄棉裤棉裙子，膀胀。哪里有春风初试薄罗裳？生葱生蒜生韭菜，肮脏。哪里有夜深私语口脂香？开口便唱冤家的，不正腔。哪里有春风一曲杜韦娘？举杯定吃烧刀子，难当。哪里有兰陵美酒郁金香？头上发髻高尺二，蛮娘。哪里有高髻云鬓宫样妆？行云行雨在何方，土炕。哪里有鸳鸯夜宿销金帐？五钱一两等头昂，便忘。哪里有嫁得刘郎胜阮郎？"[1]也正因此，定庵先生的风流韵事多发生在清江浦往南地域。而乾隆皇帝数次劳民伤财地下江南寻花问柳，也因地域缘故，青楼佳丽大多会集于江南也。

如何看待定庵先生数度沉迷于酒色之中？笔者只能说，人性是复杂的，定庵先生也是血肉之躯，也有常人食、色的基本欲求，我们不必用白璧无瑕的标尺来苛求。

定庵先生本囊中羞涩之人，他哪来的银两去花月冶游？朋友资助也。在清江浦，他得到了时任知府的何俊的资助，而在扬州则得到当地官员卢元良的资助。正如定庵在诗中毫不隐讳地自嘲："侥幸故人仍满眼，猖狂乞食过江淮。"[2]

① 据王书奴编著《中国娼妓史》第 264 页，上海三联书店 1988 年 2 月版。
② 据樊克政著《龚自珍年谱考略》第 461 页，商务印书馆 2004 年 5 月版。

雅癖

龚自珍友人谈到他时，曾称他"好古胜好色"。先生痴迷"美人经卷"是出了名的，既然好古胜过了"好色"，本传对先生的好古"雅癖"岂能疏略不记？

此章前面文字，已经介绍了先生获得赵飞燕玉印之狂喜。爱美人是一方面，好古也是重要原因。龚自珍一生爱好收藏，他的昆山羽琌山馆，庋藏的古代书画、器物之多，足可建立一个小型的博物馆了。龚自珍本人自称所藏之物有："三秘""十华""九十供奉"等。

三秘：

汉赵婕妤玉玺

秦天禽四首镜

唐石本晋王大令《洛神赋》九行

十华：

大圭有三孔

召伯虎敦

孝成庙鼎

秦镜十有一字

元虞伯生隶书卷

杨太真图临唐绢本

赤蛟大砚

古瓦有丹砂翡翠之色者一

优楼频螺花一瓮

君宜侯王五铢

九十供奉：

刚卯

古玉四十以为印

瑑琮一

碧玉版蒙古牌

回回玉剑珌

古刻生死心浓世缘自淡八字玉一片

六朝人尘尾枋子

汉卅六字镜

汉卅四字镜

古停空镜

单子自簋

姬大母鬲

商尊

汉双鱼列泉洗

古规金钩

凤铎

宋米家香合子

佛纽六朝印

西番印曰寿

燕姬匜

唐人双钩卫夫人残字

薛素素兰花卷

管仲姬泼墨山水

小鸾女子写金刚般若经

吴玖夫人山水

金五云夫人花叶小卷

横波夫人红梅一枝

唐瓢蛇纹大花瓮长三尺者一

霁青一片

墨定碗四事

高勾骊花瓶

鳝鱼黄奇石砚

叶小鸾女子疏香阁诗砚

纳兰公子填词砚

青花璞矩一

紫云平如掌者一

蕉叶痕

青田芳香沈逸之好印

马湘兰惜花弄月印

疢疾除乐无事可久长九字印

芒芒前哲十六字印

河清人寿印

太白先生刻名印

定庵藏器印

大小凡夫顶礼印

汉后隋前有此家印

丁龙泓刻酒被清愁花消英气印

宋印曰食邑万户

天下三十八分之一开斜方全图，附钦天监博士陈杰跋尾

古布

金错刀

万石币

刌币

涅金

大安邑

上行文币有宝字

武安

大布黄千

梁当金

直身古刀第二枚

莒刀杸千

且

坥

安易七品

定平一百

孝建四铢

大明月

壮泉三千

大货六铢

王金五铢

汉女钱

七罗汉大造象钱

汗血

渠黄

佛号六字

齐将田单

长年益寿

明榻石鼓文

宋拓汉敦煌太守裴岑纪功碑郑谷口所藏，今藏元禄抱潜草堂

宋拓异本曹娥碑

王稚子石阙

瘗鹤铭段雀翁跋

黄初瓦文

随常丑奴志

水牛山般若经

少室铭

宋拓岳忠武王乾坤正气摩厓

沈传师书柳州罗池神庙碑（此碑天下孤本，旧藏吴门陆氏）

宋拓欧阳询皇甫府君碑①

这些器物藏品的原始记载，均来自龚自珍之子龚橙的妻弟陈元禄。笔者无收藏雅好，对古物更无把玩之心得。对龚自珍的上述主要藏品，这里只是根据史料照录。这些器物是何物？其文物价值几何？

---

① 据孙文光、王世芸编《龚自珍研究资料集》第58—62页，黄山书社1984年12月版。

笔者大多不知。在此列出物名，对古物感兴趣者，可以细细考研之。这些堪称历史宝物的藏品，在龚自珍离世后，都流落到了何方？龚自珍的后人是如何处理这些藏品的？这是笔者最为关心的。遗憾的是，征询各种文献，却找不到明确的答案。这大概也是古今藏家的悲剧。在世时这些东西是你的心头之物，等你离开这个世界，这些东西你能带到天国与之永远相伴吗？

龚自珍的业余癖好，除了好古，还嗜好赌博。只是常因赌资匮乏，不得不罢手。他认为自己博技很精，"闻声揣色，十猜八九"。但结果却屡屡成为输家，有人问："既然你的赌技很高明，为何总是输呢？"先生却也振振有词："有人才抱班马，学通郑、孔，入场不中，其魁星不照应也，如予之精于博，其如财神不照应何？"原来如此，先生赌技是精的，成为输家是因为财神爷不照应啊。此话不必当真，一笑了之吧。①

① 据孙文光、王世芸编《龚自珍研究资料集》第101页，黄山书社1984年12月版。

第九章

涌泉

倦鸟

道光十九年（1839），龚自珍四十八岁。这年四月二十三日，先生离京，辞官南返。离开京城时先生未携带家眷仆从，雇了两辆车，一车自己乘坐，另一车载文集百卷。离京前，好友汤鹏书赠楹帖，曰："海内文章伯，周南太史公。"吴葆晋为之饯行于时丰斋，并出城七里相送。[①]

写下这段文字，紧接着需要回答的是两个问题：

一是定庵先生辞官出走的原因；

二是为何不一次性地携带家眷，而要孤身一人先回，然后再返回京城接家眷？如此千里迢迢，旅途颠簸，劳顿不堪，为何却要多跑一个来回？

---

① 据樊克政著《龚自珍年谱考略》第454页，商务印书馆2004年5月版。

先回答第一个问题——

导致先生离开京城府衙的一个直接诱因是，道光十八年（1838）九月二十七日，他的叔叔龚守正被命"署礼部尚书"，成了他的嫡堂侄、担任礼部主事的龚自珍的顶头上司，按照清代的有关律例，龚自珍应该回避。回避的方式有两种，一是调至其他部门任职，其次是自己请辞，不再担任官职。龚自珍选择了后一种。他的离京是得到皇上御批的。同年九月三十日，龚守正就龚自珍应否回避，上折请旨，道光皇帝下谕："龚守正奏嫡堂侄礼部主事龚巩祚应否回避，龚巩祚著照例回避。"①还有一个请辞的理由，也是很正当的。按照清廷规定：如果父母年八十以上，或七十以上而独子，家无次丁者，为官者可以请辞回籍赡养父母。而在道光十八年（1838），龚自珍的父亲龚丽正已经七十二岁，龚自珍正好是独子，符合请辞的条件。但这一条，本人是可以根据自身意愿，做出是否辞官的决定的。

龚自珍倦于仕途，最根本的原因当然是看不到前景，如果继续待下去，也只能困于下僚，在闲衙冷曹坐冷板凳。由于他屡屡上书建言，其后果是意见非但得不到采纳，反倒得罪很多人。就在道光十八年（1838）初，先生离京前一年，撰《在礼曹日与堂上官论事书》，文中提出四项改革积弊的建议，言辞之激烈、犀利，为府衙所罕见。先生既已心灰意冷，居然还是如此激昂地上书谈改革，真是哀莫大于心未死啊！也可以想象，先生的行为，在死气沉沉的官衙内，会遭遇什么境况。据有关史料载，龚自珍的离京与"忤其长官"有关。另有一份记载，也佐证了定庵先生在离京前是如何"忤其长官"的："道光二十年（疑误为道光十九年初或道光十八年），直督请裁撤天津水师，谓无所用，计费且数

---

① 据樊克政著《龚自珍年谱考略》第641页，商务印书馆2004年5月版。

十万，上可其奏。先生上书万言，言不可撤状。不报。先生旋引疾。后二年，英夷内寇，其目朴鼎查直抵津门，上章请和，要挟失国体，人始服其先识。"[1]遗憾的是，这份万言书已散佚。同事的倾轧、上司的打压，使得龚自珍度日维艰。

也就在这一年的秋天，龚自珍被莫名其妙地剥夺俸禄。按照他的职位，正六品官，每年的俸银为六十两，俸米三十石，再加上其他一点微薄的补助，这点俸禄养家已经很困难，更何况俸禄被夺。[2]先生被剥夺俸钱的具体原因不详，大概与"忤其长官"不无干系。能够剥夺他俸钱的人，肯定是官阶比他高的官员，这等于向他发出信号——看你还谈什么改革，赶紧卷铺盖走人吧！

龚自珍本是豪侠之人，手中只要有银子，与友人交往皆慷慨待之。与他的父亲龚丽正的做派差不多，除了常邀友朋聚会，家中也常常宾朋满座。由于不注意积蓄，一旦俸银断了，生活很快陷入窘境。他在《乞籴保阳》诗中，记录了自己因家贫无法生活去保定向朋友求助的情形：

……

读书一万卷，不博侏儒饱。

掌故二百年，身先执戟老。

苦不合时宜，身名坐枯槁。

今年夺俸钱，造物簸弄巧。

---

[1] 引自《龚自珍研究论文集》第168页，上海书店出版社1992年7月版。另据孙文光、王世芸编《龚自珍研究资料集》第56页陈元禄《羽琌逸事》所记，先生每到一处，都要上书建言："公在史馆日，上书总裁官，论西北塞外部落源流山川形势，订一统志之疏陋五千言。在内阁日，上书大学士乞到阁看本千余言。在礼部日，上书堂上官，论四司政体宜沿宜革者三千言。"

[2] 据麦若鹏著《龚自珍传论》第92页，安徽大学出版社2005年7月版。

......

剥啄讨屋租，诟厉杂僮媪。

笔砚欲相吊，藏书恐不保。

妻子忽献计，宾朋佥谓好。

故人有大贤，盍乞救援早？

如臧孙乞籴，素王予上考。

西行三百里，遂抵保阳道。[①]

　　从诗中可以看到，定庵家贫到了需要把藏书典当出去的地步，更不用说自己编辑的文集因无资费而无法付梓。妻子给他出了主意，你有那么多好友，为何不向他们求助呢？这样，龚自珍就驱车三百里，到保阳（即保定）向托浑布借贷。托浑布是蒙古旗人，嘉庆己卯（1819）进士。他于嘉庆二十三年（1818）与龚同中式举人，因此而有"同年"之谊。托浑布先生的官运比龚自珍要顺畅得多。他在中举第二年，便参加会试成为进士。道光十二年（1832），因台湾大旱，导致粮价暴涨而发生内乱，托浑布奉命平定了起义，因军功而被升任直隶按察使，随后不久又调任河北布政使。托浑布专管地方财政税赋和官吏考绩等，即使是一个廉政官员，生活境况也肯定比龚自珍要好得多。托浑布待朋友情同手足，一看门人送来的名刺，马上笑迎老友进堂，置酒共饮，且出手很爽气，因此定庵的诗中还有"置酒急酌之，暖此冬心冬""冬心暖未已，馈我孤馆中"等感恩的句子。[②]靠朋友接济终非长久之计。在如此情境下，先生还有必要再在北京煎熬下去吗？弃官离京，乃无可奈何之举也。

---

① 《龚自珍全集》第506页，上海古籍出版社1975年2月版。

② 据樊克政著《龚自珍年谱考略》第444页，商务印书馆2004年5月版；麦若鹏著《龚自珍传论》第229页，安徽大学出版社2005年7月版。

绯闻

现在再来回答第二个问题。有一种说法，先生孤身一人离京，是因为一件绯闻暴露而仓皇出走。苏雪林就曾提出疑问：龚自珍"尽可从容归去，何必弃其眷属傔从，以一车自载，一车载文集百卷，仓仓皇皇，好像逃难一般？"她推断其原因与一件绯闻暴露有关，而导致仇人追杀。

首先说定庵先生"仓仓皇皇"离京，是与史实不符的。龚自珍之倦于仕途，准备离京南返，在心中酝酿已久，绝不是因为某件绯闻而仓皇出走。

是"从容"，还是"仓皇"，这里再说一个具体事件：就在先生南返前一年七月，有浙江会稽乡人来龚宅赠以"会稽茶"。先生细问来人此茶产地、种植、采集情景，又细细品味其区别于龙井、碧螺春茶的独特茶质，然后写下《会稽茶》诗：

> 茶星夜照越江明，不使风篁负重名。
> 来岁天台归楫罢，春波吸尽镜湖平。①

先生在诗中有"来岁""归楫"之意。甚至他在诗的引言中，为自己规划好了"谒天台大师塔，归路访禹陵旧游，再诣稽山"的路线，并称："明年不反棹浙江，有如此茶矣。"此言何意？是说如果明年不回到南方，就将自己如茶叶般扔进沸水中浸泡？反正此诗明确表明，先生回

---

① 《龚自珍全集》第505页，上海古籍出版社1975年2月版。

归南方，绝非"仓皇"做出的决定。当无可置疑。

所谓绯闻指的是定庵与顾太清女士的关系。顾太清，名春，字子春。号太清，常自称"太清西林春""西林春""太清春"。系高宗之曾孙、荣恪郡王绵亿之长子奕绘之侧室。这位顾太清好生了得，不仅诗词写得好，且工书画，著有《天游阁集》《东海渔歌》等。沈宝善在《名媛诗话》中称她"巧思慧想，出人意外"。有学人在论清代满洲人词时有"男中成容若，女中太清春"之说。①龚自珍与这位女才子、有夫之妇的绯闻之说，源自何处呢？

此说主要见于清末民国时期的野史。裘毓麐在《清代佚闻·龚定庵佚事》中记载："初定庵官京曹时，常为明善堂主人上客。主人之侧福晋西林春太清慕其才，颇有暧昧事。……后稍为主人所觉，定庵急引疾归……""名善堂主人"即奕绘，"西林春太清"即顾太清。这段野史所据资料来源不详。曾朴以此为据，将之渲染虚构成一段故事写入了小说《孽海花》，使得这段绯闻故事真真假假，流布甚广。

另一个绯闻的源头来自于对龚自珍诗的误读。龚自珍在《己亥杂诗》第二百零九首写道："空山徙倚倦游身，梦见城西阆苑春。一骑传笺朱邸晚，临风递与缟衣人。"（忆宣武门内太平湖之丁香花一首）光绪末年有位名冒广生之人，在读了有关奕绘、顾太清的诗文集后，写了六首绝句，其第六首云："太平湖畔太平街，南谷春深葬夜来。人是倾城姓倾国，丁香花发一低徊。""南谷"为太素与太清葬处。这里取再顾倾人国之意，用"姓倾国"隐指顾太清。又用"丁香花发"牵扯上龚自珍的诗。因而给人以龚、顾"暧昧"的暗示。②更有人将龚自珍暴卒于丹阳书院传为因龚、顾的"暧昧"关系，而导致奕绘派人毒死了龚。这一段公案，被称

① 据樊克政著《龚自珍年谱考略》第623页，商务印书馆2004年5月版。
② 据樊克政著《龚自珍年谱考略》第624页，商务印书馆2004年5月版。

之为"丁香花公案"。就连美国耶鲁大学教授孙康宜，在其发表的一篇关于龚自珍的论文中也这样论述："这一年，龚仓皇挂冠出京，连家小也没有带上，据说是因为某满洲权贵行将对他进行政治迫害。……可以想见，对于龚这样一个拥有远大政治抱负的人，这场飞来横祸是一个多么沉重的打击。"[①]对此，已经有很多学人做了考证，均认为龚自珍夫妇与奕绘夫妇之间有正常的友情往来、诗词唱和是有可能的，但说龚与顾之间有什么"暧昧"，纯属无稽之谈。根据孟森的考证，龚自珍出都前一年，顾太清之夫奕绘已经去世。寻仇之说，从何谈起？而冒广生则自称，有关龚与顾的遗事，得闻于某周先生之口。此种口头传闻，岂可作为信史写入诗文中？笔者不想在此再重复那些烦琐的考证，只想告诉读者，这段绯闻又是一种类似今天的毫无事实依据的八卦传闻。有兴趣对此进一步了解的读者，可以参读樊克政先生的《龚自珍年谱考略》附录六《关于龚自珍己亥离京与辛丑暴卒的原因问题》。[②]史料证明，龚自珍离开京城，是早就酝酿且是从容离京的。离京时有很多朋友为之饯行，并留下了多首离别诗，所谓"仓皇"说实无根据。如果有人追杀，定庵一介文人，身边无一兵一卒护卫，想杀他，岂不是易如反掌？

至于定庵为何孤身一人先行，目前笔者未看到对此有说服力的解释。我的推想是，先生一人先行，沿途访友外加"谈空"与"选色"要方便得多，轻松得多，从容得多，如果携带家眷，不可能在沿途随心所欲地滞留，他的放荡不羁无疑也得收敛许多。对于这一点，我们只要计算一下先生出京、回京、再携家眷返回的时间，也可看出一些端倪。

龚自珍于农历四月二十三日出都，于八月底抵达昆山羽琌别墅。其间，用了整整四个月的时间。然后先生稍事休整后，于九月十五日再出

①　引自孙康宜《写作的焦虑：龚自珍艳情诗中的自注》，见《北京大学学报》2006 年第 4 期。
②　据樊克政著《龚自珍年谱考略》第 622 页，商务印书馆 2004 年 5 月版。

发返京接家眷，到十一月二十二日偕同家小再从京郊出发，其间用了两个月。这段时间总共有七个月，先生都是处于独处生活的状态。而偕同家小从京城于十一月二十二日出发，于十二月二十六日到达昆山羽琌山馆，仅用了一个月的时间。这份旅程时间表，是否能说明一些问题呢？① 另外，先生先回到老家，做一些安顿家小的准备，也在情理之中也。在《龚自珍年谱考略》中就有类似的记载："到昆山，修复别墅羽琌山馆，其西邻为徐屏山。"先生在《己亥杂诗》第二百零二首中写道：

> 料理空山颇费才，文心兼似画家来。
> 矮茶密致高松独，记取先生亲手栽。②

龚自珍的羽琌山馆，是于道光五年（1825），他到昆山做客购下的，原是徐秉义留给后代的旧宅院。③ 十多年过去了，破朽在所难免，如果不加整修恐难以入住。先生花了很多心力，不仅将此旧宅修葺一新，而且移来许多树木石块装点环境，让羽琌山馆成为一座花园式别墅。"携箫飞上羽琌阁"，从诗中也可看出，先生对经过自己亲力改造过的羽琌山馆是如何满意。在将离开羽琌山馆准备北上迎眷时，好友特来协助筹划，先生也有言记载。在《己亥杂诗》第二百二十八首后自注云："料理别墅，稍露崖略，将自往北方，迎眷属归以实之。"在第一百八十一首后自注云："陈硕甫秀才夬，为予规画北行事，明白犀利，足征良友之爱。"

以上只是我对先生孤身一人先行原因的猜想，不能做定论。胡适说，做学问可以大胆假设，但要小心求证。但有些史实，虽想小心求

---

① 据刘逸生注《龚自珍己亥杂诗注》第 11、12 页，中华书局 1980 年 8 月版。
② 《龚自珍全集》第 528 页，上海古籍出版社 1975 年 2 月版。
③ 据原昆山文联主席老铁提供的羽琌山馆资料。

证，但无史料可查证，也就只好停止于猜想了。类似这样无法求证的问题，在史学家的仓库里恐怕堆积如山吧？无关紧要，不妨暂且悬疑。

诗史

读者在看了本传"佳人"一节中写到的关于龚自珍与灵箫和小云发生的情感纠葛，或许以为先生在辞官南返后，除了"选色""谈空"就没有干别的，那就错了。先生在沿途还走访了很多文友以及观览了许多重要的人文景观，诸如孔子故居等。同时，沿途对民生问题有了更多的体察。龚自珍在南返途中仍然记挂着在禁烟抗英前线的林则徐，并在《己亥杂诗》中写有"故人横海拜将军"之诗。

在南返途中，龚自珍生平首次拜谒孔林时，寄宿在老友孔宪彝之弟孔宪庚家。龚自珍与孔宪彝相识于道光七年（1827）间。孔宪彝是龚自珍极为推崇的优秀诗人，称其为阙里诗人的领袖，认为他的诗"古体浑厚，得力昌黎（韩愈）、昌谷（李贺）居多；近体风旨清深，当位置于随州（刘长卿）、樊川（杜牧）之间"。龚自珍抵达曲阜时，孔宪彝还在京城，其弟孔宪庚接待了他。其后，龚自珍将自编的《己亥杂诗》刻本寄示孔宪彝，孔效其体作七绝六首，其中两首写道：

不须言行编新录，此即君家记事珠。
出处交游三十载，新诗字字青珊瑚。

戒诗以后诗还富，哀乐中年感倍增。
值得江湖狂士笑，不携名妓即名僧。

当龚自珍离开曲阜时，虽然时光还在阴历十月，孔家院子里的一棵腊梅竟然提早绽放了，主客都倍感欣喜。此梅是孔子对后学龚自珍的拜谒心有所动，特地以梅示之，以表嘉许吗？①

在扬州逗留期间，龚自珍除了与妓女小云喝酒缠绵，还拜访了前辈大学者阮元先生。老先生年逾古稀，须发皆白，但身体健朗，精神矍铄，在当地是名震遐迩的大牛人。因他在道光十八年（1838）在大学士官位上退休，便以耳聋为由闭门谢客，专心于研究典籍，考证文物，写字著述，懒与俗人应酬，或受人请托办事。一般人想见他一面，可不容易。但一听说龚自珍到访，老先生便兴奋起来，立即设家宴款待。耳朵也不聋了，两人秉烛长谈，从古到今，从庙堂到江湖，天马行空，无所不涉及。时人有"阮公耳聋，见龚则聪；阮公俭啬，交龚必阔"的说法。按照这一说法，阮公除了好酒好茶招待，没准儿还会拿出些银子来资助囊中羞涩的龚自珍呢。自珍先生沉湎青楼，难道能白吃白喝吗？当然，这是我的揣测。②

本传第二章曾描述，在清江浦（今江苏淮阴市），龚自珍目睹运河上为京城运送粮食的纤夫之劳苦，夜闻运河畔传来的号子声，不禁有感而赋诗。诗中先生联想到自己作为京官的一员，也曾经享用这些纤夫运送到京城的粮食，心中因愧疚而泪雨缤纷。这首"只筹一缆十夫多"的绝句也写于先生南返途中，是《己亥杂诗》第八十三首。笔者想，先生愧疚原因不仅在于自己也曾享用了底层百姓用汗水浇灌出来的粮食，而是百姓养活了连同自己在内的大量官僚，而这些官僚却从未将百姓疾苦放在心中，而是终日尸位素餐，浑浑噩噩地安享俸禄。

① 据麦若鹏著《龚自珍传论》第 328、329 页，安徽大学出版社 2005 年 7 月版。
② 据麦若鹏著《龚自珍传论》第 298、299 页，安徽大学出版社 2005 年 7 月版。

在《己亥杂诗》中，类似这样的涉及社会问题和民生的诗句还有许多：

满拟新桑遍冀州，重来不见绿云稠。

说的是他曾向河北保定布政使托浑布建议，通过栽植桑树、促进养蚕丝绸业来改进老百姓生活。可是一年多过去了，却没有看到他的建议付诸实施。

五都黍尺无人校，抢攘廛间一饱难。

这里描述的是城镇、市集中一片乱哄哄的景象，连一把标准的官尺也找不到了。

谁肯栽培木一章，黄泥亭子白茅堂。

旅途中满目荒凉，草木稀疏，老百姓盖不起房屋，只能住在简陋的窝棚里。

因此说龚自珍出都后，精神完全颓废，对政事不再关心，完全不是事实。即使是战士，也不能每时每刻处于随时冲击的紧张状态，做必要的休整，调节一下身心，以利于继续前行，也是有必要的。先生后来的表现，也确实证明先生心中一辈子都未丧失忧国忧民的情怀。

他出都的第一首诗写道：

著书何似观心贤？不奈卮言夜涌泉。

百卷书成南渡岁，先生续集再编年。①

你看看，先生雄心勃勃，还要续写新的篇章呢！

龚自珍南返从己亥年四月二十三日至十二月二十六日携家眷到昆山，将沿途所思所想，写成诗篇，共得诗三百一十五首，统题为《己亥杂诗》。龚自珍的艺术创造力，在挣脱府衙牢笼的羁绊后，获得一次空前的大爆发。也正是这一大型组诗，奠定了龚自珍作为中国文学史上古典诗词最后一位大家的地位。《己亥杂诗》既是诗史，也是史诗，是龚自珍心灵史、思想史、命运史的诗意呈现。他的"仕宦经历，师友交友，生平著书"，情感艳遇等等，在组诗中都有记录。有学者认为，这是先生用诗对自己此前的人生，做了一次总结。张荫麟在龚自珍诞辰一百四十周年时撰文称："在《己亥杂诗》中，实展开自珍一生之全景，其中除写景纪游外，有感时讽政之作，有谈禅说偈之作，有论经史考据之作，有思古人咏前世之作，有叙交游品人物之作，有话家描琐事之作，亦有伤身世道情爱之作。……但有此作，即无其他造诣，自珍亦足千古矣。"②

龚自珍在《与吴虹生书》之十二中记录了《己亥杂诗》的写作经过："弟去年出都日，忽破诗戒，每作诗一首，以逆旅鸡毛笔书于账簿纸，投一破簏中；往返九千里，至腊月二十六日抵海西别墅，发簏数之，得纸团三百十五枚，盖作诗三百十五首也。中有留别京国之诗，有关津乞食之诗，有忆虹生之诗，有过袁浦纪奇遇之诗，刻无抄胥，然必欲抄一全分寄君读之，则别来十阅月之心迹，乃至一坐卧、一饮食，历历如绘。"

先生写诗的方式，可看作文学史上的一段趣闻佳话。将沿途所思，

① 《龚自珍全集》第 509 页，上海古籍出版社 1975 年 2 月版。
② 引自孙文光、王世芸编《龚自珍研究资料集》第 223 页，黄山书社 1984 年 12 月版。

以诗句的方式，用鸡毛笔随手涂写在账簿上，然后揉成纸团，扔进随身携带的破篾筐中。回到家后，再慢慢将所有纸团展开，一一抄录，竟然在这短短的十个月中，创作了三百一十五首诗。想象一下，先生写诗的方式和姿态，是何等的潇洒而别致？据考证，龚自珍身后的著作严重散佚，其中散佚最多的又要数诗词作品。作者本人在文中曾自称"诗编年始嘉庆丙寅，终道光戊戌，勒成二十七卷"，这二十七卷当然不包括后来写的《己亥杂诗》。遗憾的是，这二十七卷诗作文稿均散佚，后人陆续收拾保存下来的，除《己亥杂诗》外，只有二百八十余首。[①]

程金凤

程金凤是为龚自珍写《己亥杂诗》后记的作者。但迄今无人考证出"程金凤"的背景，包括她的出生地、家庭、著述情况等等。按一般猜测，能够给先生诗集写后记的人，肯定与先生关系非同一般。能够给先生的诗下评论式断语的人，其学问功底也肯定非"三脚猫"之辈可比。在樊克政著《龚自珍年谱考略》中记载，道光二十年（1840）三月十九日，"程金凤为其将《己亥杂诗》抄竣，并有跋。""程金凤，待考。"既抄录，且能评论，此女是何等之辈？

且来拜读以下程金凤女士的"后记"，题为《己亥杂诗书后》：

> 天下震矜定庵之诗，徒以其行间璀璨，吐属瑰丽；夫人读
> 万卷书供驱使，璀璨瑰丽何待言？要之有形者也。若其声情沈

---

① 据刘逸生注《龚自珍己亥杂诗注》第 11 页，中华书局 1980 年 8 月版。

烈，恻悱道上，如万玉哀鸣，世鲜知之。抑人抱不世之奇才
与不世之奇情，及其为诗，情赴乎辞，而声自异，要亦可言者
也。至于变化从心，倏忽万匠，光景在目，欲捉已逝，无所不
有，所过如扫，物之至也无方，而与之为无方，此其妙明在
心，世乌从知之？凤知之而卒不能言之。尝闻神全者，哀不能
感，乐不能眩，风雨不能蚀，晦朔不能移，乃至火不能烧，水
不能溺，此道家言，似不足以测学佛者浃，抑古语言所可到之
境止于此，定公其殆全于神者哉！全于神者哉！写《己亥杂诗》
竟，聊书简末。庚子谷雨日，新安女士程金凤。①

　　这位新安女士究竟与定庵是何关系且不论，有人推测也许是定庵本
人托名为诗集做一个介绍，也并非无此可能。陈铭先生认为，此文附录
在先生的自刻本之后，证明此文在先生心中的分量。先生肯定不会随随
便便找一个名不见经传的人来品评自己的诗作。但又"至今不知这位女
士是何等身份，与龚自珍是何等关系。从行文风格，近似定庵；所评所
议，亦似定庵自诩"②。此"后记"对龚诗的品评确实非常精到，即使是
诗论家也未必能体悟至此，力透纸背至此。疑是龚自珍化名而作，是完
全可能的。王国维也采取过类似的方式，化名樊志厚为自己的《人间词
话》作序。用今人的眼光看，采取这种方式是否有自炫之嫌？我想说的
是，无论是"自炫"，还是"自谦"，都是要有实力做后盾的。如果对本
人诗的品评，是符合其诗自身品质的，那就不能视为"自炫"，而是"自
信"。同样，"自谦"也是需要有资本的，没有资本的"自谦"，不能称
为"自谦"，而是"自卑"。

今人刘逸生先生对《己亥杂诗》特色做了这样的概括："博采融铸古今诗家之长，运以个人深厚的才情与广博的学问，尽文字之美，抒一家之言，在思想性与艺术性上的结合开辟一新境界。"①有了古今的定评，笔者已无须再置喙了。

但诗论家的定评，还得辅以民间阅读的广泛流传、经久不衰的时间检验，才能真正奠定一位伟大诗人的地位。不用说，龚自珍有许多诗句，已经成为历代稍有古典文学修养的大众口口相传的名篇佳句，如：

> 九州生气恃风雷，万马齐喑究可哀！
> 我劝天公重抖擞，不拘一格降人才。
>
> （《己亥杂诗》第一百二十五首）②

诗人在诗后自注："过镇江，见赛玉皇及风神、雷神者，祷祠万数，道士乞撰青词。"这首千古名诗的写作触发因素，本是应天都庙道士乞求而作。但作者没有写成道士需要的应景诗，而是抒发了对整个时代的期冀。

> 浩荡离愁白日斜，吟鞭东指即天涯。
> 落红不是无情物，化作春泥更护花。
>
> （《己亥杂诗》第五首）③

这首诗写于诗人刚出都不久，后两句被各种文章引用颇多。它的原

---

① 引自刘逸生注《龚自珍己亥杂诗注》第19页，中华书局1980年8月版。
② 《龚自珍全集》第521页，上海古籍出版社1975年2月版。
③ 《龚自珍全集》第509页，上海古籍出版社1975年2月版。

意是表达作者出都时一种心境。虽然辞官离京，但在有机会时仍然愿意为国家效尽余力。时值暮春，芳菲摇落。诗人是踏着一片落花离京南返的，心中自然充满惆怅和伤感。但诗人的血还是热的，心脏还在有力地搏动着。

河汾房杜有人疑，名位千秋处士卑。

一事平生无齮龁，但开风气不为师。

(《己亥杂诗》第一百零四首)[①]

"但开风气不为师"，这句话曾被胡适先生拿来做夫子自道。它的源头在这里。

少年击剑更吹箫，剑气箫心一例消。

谁分苍凉归棹后，万千哀乐集今朝。

(《己亥杂诗》第九十六首)[②]

"剑气箫心"被大量龚自珍的研究者引用来描述他本人特有的精神气质和诗文特色。

这里引录的只是《己亥杂诗》中的几首，还有此集外的那些名篇佳句，就不在本章过多罗列了。

与龚自珍的同时代学人中，有人极力推崇龚自珍的诗，而认为他的文不及诗，蒋之潇即其人之一也。如他在一首诗中写道："吟诗如作史，中有春秋书。圣曰思无邪，岂在风月铺。我友龚与魏，穷经戒歌呼。我

---

① 《龚自珍全集》第 519 页，上海古籍出版社 1975 年 2 月版。
② 《龚自珍全集》第 518 页，上海古籍出版社 1975 年 2 月版。

今亦见及，欲将诗扫除。"①对此，我们也只能姑妄听之吧。对于龚自珍来说，他最看重的当然是那些讥刺时政的文章，因为在文章中，他才能详述自己对腐朽官僚阶层及制度的批评意见。而诗只不过是文余表达情感的手段，虽然其中也充满了批判的力量。而愚以为，将两者进行高下类比大可不必，两种不同的文体，也无可比性。它们都是龚自珍留给我们的珍贵的精神珠宝。

回到故都杭州后，面对满目青山绿水，先生顿觉如同进入了"禅境"："小别湖山劫外天，生还如证第三禅。"流连在碧波粼粼的西子湖畔，自珍先生也许后悔沉滞京城太久了，从到任内阁中书（1821）至辞官南返（1839），整整十八年，正是他人生最美好的时段。家乡秀丽的山水，清新的空气，绵绵飘落的雨丝，荡涤着他在京城累积的满身尘埃污垢。他感觉呼吸顿时顺畅了许多，那颗被庸俗官场侵蚀太久的心似乎也纯净了许多。这里不仅有西子湖畔的柔美，更有钱塘大潮如千军万马般的大气磅礴。此地山水之境，正与先生剑气箫心之气质相契合。

---

① 引自孙文光、王世芸编《龚自珍研究资料集》第302页，黄山书社1984年12月版。

第十章 陨落

壮志未酬身先死

龚自珍于道光二十一年（1841）年八月十二日辰时，因暴疾逝世于江苏丹阳县县署。另有一说是猝死于丹阳的云阳书院。或两种说法，其实同处一地。龚自珍纪念馆的解说词，说先生猝死于云阳书院。

从先生辞官南返于道光十九年（1839）十二月二十六日安顿家小于羽琌山馆，至先生猝然仙逝之日，之间隔有将近两年的时间。此期间，先生的活动，主要是外出到江浙一带访友吟诗作文，撰写诗词若干，但大多为应酬之作。

其间最重要的作品，首推那篇被代代传诵充满批判精神的奇文《病梅馆记》了。对于此文写作的时间，不同版本的书籍，有稍稍不同的说法。如凤凰出版传媒集团出版的《龚自珍诗文选译》中认为该文"写于龚自珍道光十九年（1839）辞官南归途中"。而樊克政在《龚自珍年谱考略》中认为，根据文中："安得使予多暇日，又多闲田，以广贮江宁、杭州、苏州之病梅花，穷予生之光阴以疗梅也哉？"则显系其晚年辞官后的口吻。故该文当作于其道光十九年（1839）南归之后。本传从樊说。

对此文笔者在前面章节中曾有介绍，这里不再详述。光明日报出版社曾请诸人推荐自己心目中的妙文并做点评，然后汇集为《中国好文章》出版，本人推荐了先生的《病梅馆记》，这里不妨将点评文字自引如下：

> 在梳理中国文脉时，我们看到：先贤大家们将汉语言文学之美推向极致的创造之功，固为我们所景仰；但我更为看重的是"美的极致"中所蕴藏的"精气神"。这样一种"精气神"是由士人风骨、悲悯情怀、忧患意识等所构成的。我们从屈原、司马迁、杜甫、陆游、苏东坡、辛弃疾、龚自珍……直至现代文学史的巅峰大家鲁迅，都能强烈地感受到这么一股"精气神"。他们是汉语言文学的传承接力者，更是一个民族因此而生生不息的脊梁。周氏兄弟的高下之分，不仅仅在于学养厚薄、笔墨功夫等，更在于是否有这股"精气神"！
>
> 清代诗文大家龚自珍的《病梅馆记》，可以看作我所最为仰慕的"美的极致"与"精气神"完美融合的缩微样本。这篇仅三百余字的短文，其所传递的力量，当今文士们即使用三百万字能否相匹衡耶？当代作家中著作等身者不乏其人，但有几人能拈出哪怕仅仅一篇能够震烁当下和未来的如此佳作？因此文学永远不是数量的竞赛。所谓的长篇小说的"尊严"，绝对也不是靠长度、符号堆砌来维持的。
>
> 龚自珍生于清代由盛转衰的时代拐点上，他最早洞察到了大清帝国必然走向衰亡的命运。他对社会肌体的千疮百孔痛心

疾首，为疗救社会疾患，一生都在奔走呼号……

他的"如焚"之"忧心"，几乎贯穿于他所有的诗文。

龚自珍把对社会批判的锋芒，首先指向"士人"。他在另一篇文章中说："士皆知有耻，则国家永无耻矣；士不知耻，为国之大耻。"知乎此，让我们再来品味他的《病梅馆记》，便可更为深切地领悟到该文的"核心价值"。文章的线索很清晰：夭梅、病梅、疗梅……层层递进。他先写出江南地域普遍存在的"夭梅""病梅"现象，由于一种"文人画士"病态的审美情趣的导向：养梅之民，为求"重价"，便将天然生长的梅花，"斫其正，养气旁条，删其密，夭其稚枝，锄其直，遏其生气"，因此而"江、浙之梅皆病"。这么做，都是为了满足"文人画士"以"曲为美""敧为美""疏为美"的病态审美需求……因此，龚自珍抑制不住心中的郁愤，大声"骂"起来："文人画士之祸之烈至此哉！"

龚自珍的笔墨力量不仅仅止于此，看起来他是以"夭梅""病梅"现象为"靶标"，其实际剑指的却是清代森严血腥的专制统治，使人才普遍遭受扭曲、压抑的官僚体制，隐曲地表达了他对人才解放、个性自由的追求和向往。更为可贵的是，龚自珍并没有仅仅停留在"清议"上，而是以实际行动参与"疗梅"，疗治社会疾患。为此，他购来三百盆"病梅"，专辟"病梅馆"，将病梅"毁其盆，悉埋于地，解其棕缚"，使得病梅得以在自然生态下健康生长。虽然他的"病梅馆"无法将江南之"病梅"尽皆疗之，但这样一种以点滴之功参与社会改造的努力，使我们看到了一股充溢在文外的"精气神"。

有学人说，中国文脉的传承在今天还需等待；我要说，这样一种士人风骨、家国情怀"精气神"的传承，在今天也需等待。①

稍稍了解中国近代史的人都知道，此间中国近代史中最屈辱的一页，中国近代转型期最剧烈的震荡正拉开序幕，中国近代史肌体上疮疤正开始溃烂、滴血。

道光十九年（1839）正月二十五日，禁烟大臣林则徐抵达广州；

二月初四，林则徐严令外商呈缴鸦片；

四月二十二日至五月十五日，林则徐将收缴来的鸦片二百三十七万余斤，销毁于虎门海滩；

此后发生一连串中英之间的摩擦事件，诸如尖沙咀村民被英国水手殴杀、英船在九龙海岸进行武装挑衅等。

八月二十四日，英国内阁会议决定发动侵华战争。②

历史的发展都在龚自珍的预言之中。

鸦片战争的硝烟，由此弥漫在华夏的领海和海岸。侵略者的炮声，当然也在不断地敲击着定庵先生的胸腔。

道光二十一年（1841）正月，龚自珍就任江苏丹阳县云阳书院讲席。三月初五，其父闇斋老人病逝。原先由闇斋老人主讲的杭州紫阳书院由定庵先生继任，但先生仍兼任丹阳书院讲席。在林则徐前往广东销烟时，龚自珍曾表示愿随同前往，共筹抗敌大计。但林则徐委婉地谢绝了先生的意愿。这其中当然有林则徐从多方面做出的权衡和考量。这年七月，梁章钜莅任江苏巡抚，于八月一日带兵抵上海，主持当地防御英军入侵备战事宜。龚自珍怀着一腔热血，写信给梁章钜，表达要与他一起筹划御敌事宜。梁也期待先生前往助力。谁料将行之时，却猝然辞世。

---

① 引自《中国好文章》第133—135页，光明日报出版社2013年9月版。
② 据樊克政著《龚自珍年谱考略》第496页，商务印书馆2004年5月版。

梁章钜在后来的文集中记载:"余方扫榻以待,数日而凶问遽至,为之泫然。"梁还在诗中写道:"渤海佳公子,奇情若老成。文章忘忌讳,才气极纵横。正约风云会,何缘露电惊。……"

这一小小的细节,表明龚自珍在辞世之前,流淌在血管里的报国忧民热血,并未因仕途坎坷、雄图难展而冷却。恰如他本人诗中所写:"落红不是无情物,化作春泥更护花。"

讣闻传至京城,陈元禄等友人为之挥泪。其叔父龚守正,为之作挽联曰:"石破天惊,一代才名今已矣;河清人寿,百年士论竟如何?"虽说龚自珍生前对这位深谙官场潜规则、官运亨通的叔叔很不屑,叔侄的关系很僵,但从龚守正的挽联看,他对这位侄子的持论也还算客观。孔宪庚有悼诗曰:"剪烛更深夜饮酣,名花相对拟优昙。何期书剑飘零客,来供黄梅哭定庵。"①

龚自珍辞世一年后,挚友魏源为之编订《定庵文录》并写序文。

三年后,道光二十四年(1844)十一月二十五日,其妻(继室)何吉云去世,享年五十一岁。

死因之谜

对于龚自珍毫无先兆的暴卒,其因曾有各种传闻:一种是追杀说,即把所谓的"丁香花案"牵扯进来,认为是顾太清的丈夫奕绘派人杀死了龚自珍。此说显然很荒唐,奕绘已经于前一年离世,追杀说自是难以成立。另外还有一种说法是毒杀说,因先生娶灵箫为妾,两人之间有矛

---

① 据樊克政著《龚自珍年谱考略》第 533 页,商务印书馆 2004 年 5 月版。

盾，而导致灵箫下毒害死了先生。此说也无任何可靠凭据。且不说先生是否娶了灵箫为妾也还无定论，即使是先生娶了灵箫入住羽琌山馆，也无法想象像灵箫这样美丽而又对先生充满深情挚爱的女子，有什么理由会下此毒手？如果先生死于非命，也不可能不在身体上留下痕迹。

从几种关于龚自珍的年谱记载看，无论家人和友人关于先生暴卒的文字，均无被杀害或被毒害的说法。有两份最初的记载，无疑最具说服力。一是陈元禄在《羽琌逸事序》中说："道光二十一年八月十二日，定公以疾卒于客……"陈元禄是龚自珍儿子龚橙的妻弟，他的记载应是可靠的。二是最早由吴昌绶编纂的《定庵先生年谱》载："八月十二日，暴疾捐馆。"① 因此说，限于当时的医疗条件，龚自珍猝死于某种未被发现的隐疾，诸如心肌梗死、脑溢血等的可能性最大。本传前面的章节，曾写到先生因心情郁闷加饮酒过度，回宅后曾呕血半升。可见，先生的身体状况一直不佳。辞官南返途中，先生为解心中之闷，沉沦于酒色之中，对身体也必然会过度透支。如无其他可靠凭据解释先生死因，本传作者认同先生死于暴疾的说法。

后人

龚自珍有二子二女。

长子橙（1817—1878），又名家瀛、衫、宣、祢、公襄，字昌匏、孝拱，号石匏。继室何氏出。监生。著有《元志》《汉雁足灯考》《诗本谊》《理董许书》《六典》等。《王韬日记》咸丰十年（1860）二月三日记载："孝拱……居京师最久。兼能识满洲、蒙古字，日与之嬉，弯弓

① 孙文光《龚自珍己亥出都和丹阳暴卒考辨》，见《龚自珍研究论文集》第174、175页，上海书店出版社1992年7月版。

射云，试马蹑日，居然一胡儿矣。"①龚橙也是著名学者，为人风流狂放与其父相仿。只是他处身时代大变革、大震荡之中，虽有满腹才学，却一无所用。其命运比之父亲更为不堪。清末学者谭献称其："怀抱大略，不见推达，退而著书，又多非常异议可怪之论，所谓数奇者也。"②关于龚橙，这里有必要多记一笔，坊间曾有传闻，称龚橙在八国联军入侵中国时，曾充当入侵者的间谍。就连我的一位媒体朋友说到龚自珍时，也问：他的儿子是否曾为八国联军当向导？笔者遍查各种史料，未见有关于此事的可靠记载。当时的清人著作、留京官员日记、当年侵略者的回忆录，无一字提及此事。如果确有其事，不可能没有文字记录。梁启超《饮冰室文集》卷四十四集（下）有一段关于龚孝拱的文字："孝拱为定庵子，圆明园之役，有间谍嫌疑，久为士林唾骂。或曰：并无此事，孝拱尝学英语，以此蒙谤耳。"③如果没有可靠的证据，任何严肃的学者和写作者，岂可把传闻当作信史，写入书中？

次子陶（1819—? ），原名家纶，又名家英、宝琦，字念匏。继室何氏出。廪贡。曾署江苏金山知县。

长女阿辛，继室何氏出。工词。嫁江西南丰附监生刘赓，夫君曾官福建宁化县泉上里县丞。

次女阿菇，庶出。

再后有名字记载的龚自珍后人，有龚橙、龚陶的儿子及龚陶的孙子。再往下无考。据《杭州日报》的一篇文章称，龚自珍嫡系后人至四代后无传，而其旁系亲属后人则延续至今未断。④

① 引自《清代日记汇抄》第265页，上海人民出版社1982年4月版。
② 据王镇远著《剑气箫心》第91页，中华书局2004年1月版。
③ 据樊克政著《龚自珍年谱考略》第533页，商务印书馆2004年5月版。
④ 据叶全新《马坡巷里龚氏家》，刊2010年3月11日《杭州日报》。

尾声

寻踪

在本传正文初稿画上句号时，笔者萌发一个想法，到龚自珍曾经留下踪迹的某些重要地点去实地考察一下。笔者最想去的有昆山羽琌山馆、镇江鼎石山天都庙和丹阳云阳书院、清江浦（今淮阴市）以及杭州龚自珍故居（纪念馆）、龚自珍的墓地。

但经初步了解情况后，我不得不简缩了我的考察计划。曾任昆山文联主席的老铁先生，给我提供了数百字的关于羽琌山馆的资料。其中说到，羽琌山馆除了这几百字的文字记载，其实际建筑已无迹可寻，只知道羽琌山馆的地理位置在东塘街富春桥西，现在已成为一个名为琼花新村的居民住宅区。我到那个居民小区能看到什么呢？

天都庙

二〇一五年四月九日傍晚，我驱车来到了江苏镇江市鼎石山下。鼎石山又名宝塔山，是位于市区塔山路的一座不足百米高的小山。现名为宝塔山公园。正值仲春时节，园内草木葳蕤，樱花盛开。但此时园内已无游人，只有一位看园的留守工作人员。当我说明来意后，他马上把我引到了山脚下一块龚自珍的纪念碑前，碑上刻写着龚自珍南返经过此地天都庙时，应庙内道士乞求写的那首著名的诗："九州生气恃风雷……"我询问天都庙位于何处？老先生告诉我，天都庙不在公园内，沿着山脚往东走，不远处就到。按照他的指点，我找到了天都庙。根据史料记载，当年的天都庙是一处人气很旺的著名庙宇。但我看到的天都庙是大约只有几十平方米大小的很小的庙，夹在拥挤的住宅之中，远不复当年的盛况了。如果不是专门踏访，很可能路过门前而不觉。

云阳书院

寻访龚自珍担任主讲席并最终猝死的丹阳县云阳书院，也经历了一番复杂的过程。我先是从金山网上的一篇文稿中获知，江苏镇江丹阳县的云阳书院，现在已经成为丹阳市实验小学。没有任何人陪同，我从酒店打车直奔实验小学而去。当我跟学校传达室门卫说明来意后，他非常热情地把我引到学校大门右侧，让我看墙壁上关于校史的图文介绍，其中介绍到龚自珍曾在此担任主讲师。但我感到奇怪的是，介绍称该校最早建于乾隆三十六年（1771），距今已有两百多年历史。书院名为"鸣凤书院"。那么，"鸣凤书院"与"云阳书院"是同一所书院吗？门卫和几位老师均说不清楚。门卫又带我找到现任实验小学校长陆国祥的办公室。陆校长让办公室的同志拿来一份介绍学校历史和现状的画册，从画册中影印的《丹阳县志》中，我找到了最权威的文字："鸣凤书院（又名云阳书院）"，"书院创办后，延聘讲学者多为江浙名人学士，其中最有影响的是清末著名思想家、文学家龚自珍"。在另一册陆校长提供的《丹阳市实验小学著名校友录》中，我读到了一篇介绍龚自珍在云阳书院讲学，于一八四一年九月二十七日清晨，不幸暴病身亡的短文。可以告慰先生的是，他的身影似乎还在如今的校园内晃动。他的"不拘一格降人才"的理念，在他曾担任教席的学校似乎也得到了传承和延续。该校有一栋教学楼名为"自珍楼"。校长谈起如何"不拘一格"培养人才，也滔滔不绝。

清江浦

那个定庵先生曾与灵箫发生刻骨铭心恋情的清江浦，地域囊括了整个江苏省江阴市。当地作家严苏帮助我找到从事地方志编写的人员，热心给我提供了一份文字资料《清江浦大事记》。从这份大事记中我了解到，清江浦在清代曾经是一座非常繁华的城市，其地位可能不亚于今天的上海。因为这里曾是清代通过运河向京城漕运粮食等各类生活用品的重要交通枢纽，被称之为"南船北马，九省通衢""帆樯衔尾，绵延数里"。乾隆四十年（1775）时，人口达到五十四万。可见当年之繁盛。一七九三年十一月三日，英国派遣来访问清朝的使团经过清江浦。使者安德逊在日记中惊叹："巨大的城市，多得难以令人置信的帆船和百姓。"

因经济的繁盛，带来了府衙官员、巨商富贾、文人墨客以及青楼女子的汇集。龚自珍钟情的美女灵箫，会从苏州移居到清江浦来谋生，也就可以理解了。

在这份大事记里，当然不会有关于龚自珍艳遇的任何记载。那么，即使去清江浦，又从何处去感受先生当年的情怀？

龚自珍纪念馆

最终，我决定再到杭州龚自珍纪念馆去一次，主要目的是为了拍一些资料图片。记得两年前，为了搜集史料，我曾到纪念馆去过一次。先是从网上搜索到纪念馆的地址：杭州上城区马坡巷十六号。从酒店打车去马坡巷，出租车司机居然不知道马坡巷在何方位，问龚自珍纪念馆，当地居民也回答不出在何处。经过好一番摸索，才辗转找到了名叫马坡巷的一条很窄也很短的巷子。至于龚自珍纪念馆内，除了两位工作人员，未见一个参观游客。我当时就唏嘘不已，这位近代思想启蒙史的重要人物、被柳亚子誉为"三百年来第一流"的诗文大家，何至于被冷落至此？也许因为，杭州这座城市人文景观太多，可数的历史名人太多？但应该说，能够与龚自珍的思想、文学成就并驾齐驱的名人，也还是屈指可数的。

杭州人不应该遗忘这位伟大的先贤。

当我于二〇一五年三月十六日上午第二次从酒店去龚自珍纪念馆时，又再次重演了前次去的情况。我包租的小面包司机，费了不少周折才将我带到了纪念馆。他的导航仪把"马坡巷"导成了"马市街"，两地相距数公里。不巧的是当天正好是周一，是纪念馆的休息日，大门紧闭。为免白跑一趟，我从居委会了解到了馆长杜女士的电话，联系后知道馆里有值班人员。于是，我才得以进馆，拍了一些资料照片。纪念馆对面的小面馆老板告诉我，这里除了间或有学校组织学生来参观，平时基本无人涉足，大概要算杭州人气最低的人文景观之一。

翁山墓地

龚自珍的墓地在何处呢？樊克政著《龚自珍年谱考略》中引录了一段史料，"关于龚自珍的葬地有'葬在昆山'之说。但查《龚氏家谱》下册《墓图·翁山图》载龚自珍与继室何吉云之墓在杭州翁山，'管坟人翁□□'"，可知"'葬在昆山'说实非"。[1] 二〇一〇年三月十一日《杭州日报》刊登的文章《马坡巷里龚氏家》中提供的情况要更为详细，曾有台湾教授慕名到杭州来探寻龚氏墓地，当地陪同学者告诉他，从龚氏家谱中，只知道龚自珍墓地在翁山，但不清楚具体方位。他也为之唏嘘不已。后有人从新发现的未刊稿《仁和龚氏宗谱》中了解到，翁山自古即是龚氏家族墓地，山上葬有龚氏六到十一世的先人墓，各画有墓图与夫妇姓名。谱上有一页墓图，墓图碑上刻有"十二世定庵公何太君"，下行另有小字注明，"看坟人翁玉成，坟包五十文……"。由此可以断定，龚自珍夫妇的坟地在杭州市郊翁山无疑。遗憾的是，前往踏勘的学者到翁山一看，只见茶树丛中坟墓很多，但无一块墓碑，因此无法辨识哪座坟是龚自珍夫妇的。

---

[1] 据樊克政著《龚自珍年谱考略》第 532 页，商务印书馆 2004 年 5 月版。

　　尽管如此，我还是决定去翁山一趟。从龚自珍纪念馆到翁山距离十七千米，小面包车拉着我，时间不长就到了。询问山脚下当地居民，无一人知道这里有龚自珍的墓地。穿过狭窄而幽长的居民住宅巷子，到了山脚下，只见一排排的茶树成梯级向上，找不到可以攀行的路径，我只能在茶树草丛间插足穿行，因刚下雨而泥石湿滑，一步一个趔趄，几次几乎要摔倒。到了半山腰，实在无法再向上爬行了。我只好停止脚步，拍了一些翁山的照片。我知道，即使爬到山顶了，我也无法找到先生的墓地。

　　我驻足在山腰间良久，面对青翠的山峰和一排排环绕的茶树，默默地向先生的在天之灵表示我的敬仰和祭奠之情。我的眼眶里有些湿润。乙未清明节将至，可我来这里寻访先生的墓地，却疏忽了带些供品和酒水。先生的那些精彩的诗文都是酒精加愁绪浸泡出来的。

　　在一个多世纪前，一位著名的西方传教士曾说："中国人最缺乏的不是智慧，而是勇气和正直的纯正品性。"

　　他的评说犀利入骨，但也有例外，如龚自珍。

　　拍照时，我特地多拍了几幅凸露在杂草丛中的石头。不知道在它坚硬的质地里，是否附注着先生不朽的精魂？

2015 年 3 月 18 日初稿成
2015 年 8 月 26 日校改毕

附录一　龚自珍年表

　　龚自珍（1792 年 8 月 22 日——1841 年 9 月 26 日），乳名阿珍，初名自暹，后名自珍。始字爱吾，又字尔玉，改字璱人，曾更名巩祚，再更名易简，字伯定。号定庵。又号定公、碧天怨史、曼倩后身、定庵道人、羽琌山民。自称龚子、龚老定。人称龚大、羽琌先生。学佛名观实相之者、苦恼众生、大心凡夫，号怀归子等。

乾隆五十七年壬子　1792 年　一岁

七月初五午时，龚自珍生于浙江仁和县（今杭州市）东城马坡巷。

同年妻段美贞生。

乾隆五十八年癸丑　1793 年　二岁

英国使臣马戛尼尔等来华，提出开放宁波、舟山、天津诸港口
互市，未许。

乾隆五十九年甲寅　1794 年　三岁

居杭州。

魏源生。

乾隆六十年乙卯　1795 年　四岁

父龚丽正由增生中式浙江乡试第五名举人。

嘉庆元年丙辰　1796 年　五岁

正月初八，父亲龚丽正赴京应会试，中进士。

嘉庆二年丁巳　1797 年　六岁

夏，龚自珍随母亲及姑父潘立诚至京。住仁匠胡同仁邑会馆对面。

本年叔父守正捐监生。

嘉庆三年戊午　1798 年　七岁

居北京。幼年早慧，在母亲教导下学习古典诗文。内容主要是
吴伟业、方舟、宋大樽之作品。

嘉庆四年己未　1799 年　八岁

仍居北京。住下斜街。放学后从父学习《昭明文选》。

父丽正被补授礼部主事。

嘉庆五年庚申　1800 年　九岁

居北京。移居门楼胡同。过继祖父敬身逝世，享年六十六岁。
父亲龚丽正奔丧南下。
叔父守正应浙江乡试中举。

嘉庆六年辛酉　1801 年　十岁

八月初三，龚自珍随母段驯、叔父守正由水路返杭。
时父龚丽正主讲清江浦讲席。

嘉庆七年壬戌　1802 年　十一岁

居杭州。《定庵先生年谱外纪》云："童时居湖上，有小楼在六桥
幽窈之际，尝于春夜，梳双丫髻，衣淡黄衫，依阑吹笛，歌东
坡《洞仙歌》词，观者艳之。"有人为之绘《湖楼吹笛图》。余
集曾为该图题《水仙子》一首。
叔父守正考中进士。

嘉庆八年癸亥　1803 年　十二岁

七月十四日，随父到京。住横街。从建德拔贡生宋璠学习。
外祖父段玉裁授以许慎《说文解字》。
十一月，父丽正任军机章京。

嘉庆九年甲子　1804 年　十三岁

塾师宋璠命作《水仙花赋》，才情初露。又作《辨知觉》。

嘉庆十年乙丑　1805 年　十四岁

开始考证古今官制。
父丽正题升礼部员外郎。叔父守正被授编修。

嘉庆十一年丙寅　1806 年　十五岁

诗编年始于本年。今《全集》存编年诗始于 1819 年，之前的诗均已散失。

十月，俄国海军在阿尼海湾登陆，公然宣布库页岛及其居民受俄国保护。

嘉庆十二年丁卯　1807 年　十六岁

读《四库全书总目提要》，始为目录之学。

父丽正提升吏部郎中。

嘉庆十三年戊辰　1808 年　十七岁

入国子监肄业。

开始对金石学感兴趣。

三月，叔父守正充任会试同考官。

闰五月，父丽正任广西乡试正考官。

嘉庆十四年己巳　1809 年　十八岁

春，与王昙订交。

嘉庆十五年庚午　1810 年　十九岁

八月，应顺天乡试。

九月，放榜，中式第二十八名副贡生。

塾师宋璠（1778—1810）卒。

始倚声填词。可考者有《桂殿秋》。

嘉庆十六年辛未　1811 年　二十岁

外祖父段玉裁为其取表字爱吾。

六月初二,作《水调歌头》("风雨飒然至")词,怀念塾师宋璠。
另有词多首。

嘉庆十七年壬申　1812 年　二十一岁

考充武英殿校录,始为校雠之学。

正月初十,父丽正由吏部郎中简放安徽徽州知府。

春,全家离京南下。

四月,龚自珍在苏州与舅父段骕之女美贞完婚。

外祖父段玉裁索观所作诗文词。为之作《怀人馆词序》。

嘉庆十八年癸酉　1813 年　二十二岁

四月入都,二次准备应顺天乡试。未中。八月南归。

《明良论》之一、二、三、四,约作于此时。

七月,妻段美贞病逝于徽州。

嘉庆十九年甲戌　1814 年　二十三岁

秋,段玉裁阅《明良论》四篇,写批语于第二篇后。

父主持重修徽州府志约始于本年,龚自珍参与搜集文献。

《尊隐》一文约作于是年。

嘉庆二十年乙亥　1815 年　二十四岁

父丽正调任安庆知府。

约于本年秋或冬,在杭州续娶何吉云。

本年五月,外祖父段玉裁所著《说文解字注》刊成。九月初八,
段玉裁卒。

嘉庆二十一年丙子　1816 年　二十五岁

正月，父丽正升任江苏苏松太兵备道，驻上海。

春，龚自珍赴上海侍任。路经苏州，初识归懋仪。

自本年始，在上海侍任期间，助父甄综人物、搜辑掌故。

秋，第三次省试落第。

十二月二十日，父丽正在苏州开始署理江苏按察使。

《乙丙之际箸议》诸篇作于去年迄本年间。

嘉庆二十二年丁丑　1817 年　二十六岁

八月，王昙卒。助其葬，并作《王仲瞿墓表铭》。

九月二十七日，长子橙生。

将诗文托人交王芑孙请教，王芑孙阅后有复函。王复函中，对
龚自珍既有高评，又直言劝其收敛锋芒，免得如他一般"坐老
荒江老屋中"。

嘉庆二十三年戊寅　1818 年　二十七岁

八月，应浙江乡试。九月放榜，中式本省第四名举人。

十一月，叔父守正升司经局洗马。

嘉庆二十四年己卯　1819 年　二十八岁

早春，自苏州北上准备参加会试。吴文徵等友人为之饯行。母
亲段驯也为此作诗四首。

三月，应会试。四月，会试放榜，落第。

在北京始与魏源交往。又识当时另一著名的今文经学家宋翔凤。
从刘逢禄受《公羊春秋》。

嘉庆二十五年庚辰　1820 年　二十九岁

三月，应会试。四月，会试放榜，仍落第。

筮仕（古称初次做官），捐职内阁中书。但到第二年才到阁行走。

《西域置行省议》于本年定稿。

七月二十五日，嘉庆帝死。八月二十七日，其次子旻宁继皇位，颁诏以明年为道光元年。

道光元年辛巳　1821 年　三十岁

至京，到内阁行走。

五月初九，大病初愈。

十一月初一，作《拟进上蒙古图志表文》。

夏，考军机章京，未录。赋《小游仙词十五首》。

自嘉庆二十一年十月迄本年二月，凡六年，研读段玉裁《说文解字注》共三遍，有题记。并撰《段氏说文注发凡》一卷。

道光二年壬午　1822 年　三十一岁

三月，应会试。闰三月初十，会试放榜，仍落第。

九月二十八日，家中书楼遭火灾。

十一月离京南归省亲。

道光三年癸未　1823 年　三十二岁

二月下旬抵京。

三月，因叔父守正任会试同考官，故未应会试。时母段驯以诗相慰。

六月，编成《小奢摩词选》一卷，《定庵初集》十九卷。

七月初一，母段驯卒。下半年以居忧无诗。

道光四年甲申　1824 年　三十三岁

在家居丧，研究佛学。

三月，送先母之柩经苏州返杭。葬母于花园梗先祖墓侧。

道光五年乙酉　1825 年　三十四岁

在家居丧。十月服满。

十二月十九日，得汉凤纽白玉印一枚，文曰："婕妤妾赵"。

父丽正奉旨到京，送部引见，旋引疾归里。

叔父守正充任陕甘乡试正考官，十二月升詹事。

道光六年丙戌　1826 年　三十五岁

春，入京。

三月，应会试。四月会试放榜。本年刘逢禄任会试同考官，得龚自珍卷，曾力荐。邻房有湖南一卷，刘认为是魏源卷，亦亟劝力荐。但二人均落第。刘作诗伤之。龚魏齐名，肇始于此。

道光七年丁亥　1827 年　三十六岁

三月二十七日，与诸文友同游花之寺观海棠。作《西郊落花歌》诗。

十月，从道光元年以来的诗作中，选录一百二十八首编为《破戒草》一卷，又选录五十七首，编为《破戒草之余》一卷。

用二十天研究李白诗，用朱墨别真伪，定李白真诗百二十二篇。

秋，父丽正离京南归。

道光八年戊子　1828 年　三十七岁

二月上旬，撰成《大誓答问》一卷。刘逢禄应所请，为作《大誓答问序》。

本年，魏源始为内阁中书。

叔父守正于九月返京，十月，任顺天武乡试副考官。

道光九年己丑 1829年 三十八岁

三月，应会试。四月初十，会试放榜，中式第九十五名贡生。

四月二十一日殿试，《对策》力图效法王安石《上仁宗皇帝言事书》。

四月二十五日传胪，中殿试三甲第十九名，赐同进士出身。

四月二十八日朝考，作《御试安边绥远疏》。殿上三试，楷法均不及格，不得入翰林。

五月初七，被命以知县用。呈请仍回内阁中书任。

刘逢禄卒。

道光十年庚寅 1830年 三十九岁

四月初九，参加由黄爵滋、徐宝善所邀集的花之寺诗会。

本年叔父守正于七月二十一日升礼部右侍郎，十一月十三日，转礼部左侍郎。

道光十一年辛卯 1831年 四十岁

夏，曹籀来京，留住于寓所一月。以所撰《大誓答问》相示，并让其携归杭州。

约于本年与诗人张维屏相识。为其所辑《国朝诗人征略》写序。

五月十五日，叔父守正降补通政使司通政使。

道光十二年壬辰 1832年 四十一岁

春，与宋翔凤、包世臣、魏源等聚会花之寺。

夏，京城大旱。六月初七，道光帝谕令各衙门建言。大学士富俊五度来访。乃手陈《当世急务八条》。

道光十三年癸巳　1833 年　四十二岁

冬，将《闱告子》删存，为之写自记一则。

将《古史钩沉论》一至四定稿。

作《六经正名》《六经正名答问》一至五。另有著述多种。

叔父守正于二月被命署都察院左副都御史，五月初一，升授左副都御史，六月初二，升授兵部右侍郎。

道光十四年甲午　1834 年　四十三岁

是年有乡试，四月，考试差未入选。

撰有诸多诗文。

叔父守正于六月十五日被命署户部右侍郎兼管钱法堂事务，六月二十五日，被命充任江南乡试正考官，八月简放江苏学政，九月二十四日抵任。十一月十一日，转兵部左侍郎，十一月二十六日，调补户部左侍郎。

道光十五年乙未　1835 年　四十四岁

升任宗人府主事。具体何时任此职，无明确记载。吴昌绶所撰《年谱》定为本年，姑从其说。

有诗文著述多种。

道光十六年丙申　1836 年　四十五岁

次女阿莼生。

有诗文著述多种。

因诸事不顺，心情郁闷，呕血半升，健康受损。

道光十七年丁酉　1837年　四十六岁

三月，由宗人府主事改礼部主事，祠祭司行走。

四月，补主客司主事，仍兼祠祭司行走。

本年，被选授湖北同知，辞不就。

叔父守正十二月任吏部右侍郎。

有诗文著述多种。

道光十八年戊戌　1838年　四十七岁

正月，作《在礼曹日与堂上官论事书》。

与友人有诗文来往多种。七月，作《会稽茶》诗，决意明年离京返乡。

九月三十日，因叔父守正署礼部尚书，被谕令照例回避。

十一月初十，林则徐入京，十一月十五日，被任命为禁烟钦差大臣。在京期间，与龚自珍见过一面。龚自珍作《送钦差大臣侯官林公序》。

冬，因生活困窘，赴保定向友人托浑布借贷。

十二月，林则徐于南下途中复函龚自珍。

十二月，叔父守正升授都察院左都御史，仍兼署礼部尚书。

道光十九年己亥　1839年　四十八岁

春，长子橙娶陈宪曾女为妻。

四月二十三日，辞官南下。离京时，不带眷属仆从，雇两车，一车自载，一车载文集百卷。行前，吴葆晋等友人为之饯行，并于出都日，在城门七里外设茶酒泪而别。

有多位友人在先生出都后，吟诗别之。

五月十二日，到清江浦（今淮阴），作《只筹一缆十夫多》诗。

识灵箫，有诗。

六月十五日晚抵镇江，在镇江作《九州生气恃风雷》诗。

九月初九到杭州，拜望父亲丽正。

到昆山，修复别墅羽琤山馆。

九月十五日晨，出发北上。九月二十五日，重到清江浦。

十一月二十二日，眷属出京。十二月二十六日抵昆山，安顿眷属于羽琤山馆。

自出都至接眷属回到昆山，其间共作诗三百一十五首，统题为《己亥杂诗》。

《病梅馆记》约作于回到昆山寓所后。

道光二十年庚子　1840 年　四十九岁

三月十九日，新安女士程金凤为其将《己亥杂诗》抄竣，并写跋。

《己亥杂诗》一卷付刊，杨钟麟为该书题签，版藏羽琤山馆。

该年先生大部分时间皆用于走访友人，并写诗作文。

鸦片战争爆发。

道光二十一年辛丑　1841 年　五十岁

前已就丹阳县云阳书院讲席，定于正月初三出门，前往丹阳县。

闰三月初五，父丽正卒于杭州。

八月上旬，留宿于扬州魏源絜园，为魏源侄女魏彦说古今人物，并题诗于素扇相赠。

八月，致函江苏巡抚梁章钜，约定辞去丹阳县云阳书院讲席，赴上海加入梁的幕府，参与谋划抗英事宜。

八月十二日辰时，以疾暴卒于丹阳县云阳书院。

（本年表据郭延礼《龚自珍年谱》和樊克政《龚自珍年谱考略》两著综合选录而成——作者注）

附录二 部分重要参考

书目及文献

一、著作

1.《龚自珍全集》，上海古籍出版社 1975 年 2 月版。

2.《龚自珍己亥杂诗注》，刘逸生注，中华书局 1980 年 8 月版。

3.《龚自珍词笺说》，杨柏岭著，黄山书社 2010 年 10 月版。

4.《龚自珍诗文选译》，章培恒等主编，凤凰出版传媒集团 2011 年 5 月版。

5.《龚自珍研究资料集》，孙文光、王世芸编，黄山书社 1984 年 12 月版。

6.《龚自珍年谱考略》，樊克政著，商务印书馆 2004 年 5 月版。

7.《龚自珍年谱》，郭延礼著，齐鲁书社 1987 年 10 月版。

8.《清代通史》，萧一山著，华东师范大学出版社 2006 年 3 月版。

9.《龚自珍诗词选》，孙钦善选注，中华书局 2009 年 8 月版。

10.《龚自珍评传》，陈铭著，南京大学出版社 2011 年 4 月版。

11.《剑气箫心——龚自珍传》，陈铭著，浙江人民出版社 2005 年 7 月版。

12.《龚自珍与二十世纪诗词研讨会论文集》，浙江古籍出版社 2009 年 10 月版。

13.《从龚自珍到司徒雷登》，傅国涌著，江苏文艺出版社 2010 年 5 月版。

14.《龚自珍鲁迅比较研究》，朱奇志著，岳麓书社 2004 年 5 月版。

15.《禁书·文字狱》，王彬著，中国工人出版社 1992 年 9 月版。

16.《龚自珍传论》，麦若鹏著，安徽大学出版社 2005 年 7 月版。

17.《郁达夫诗全编》，浙江文艺出版社 1989 年 12 月版。

18.《剑气箫心》，王镇远著，中华书局 2004 年 1 月版。

19.《龚自珍研究论文集》，上海书店出版社 1992 年 7 月版。

20.《大清才子的命运》，上官云飞著，西苑出版社 2005 年 10 月版。

21.《清朝大历史》，孟森著，京华出版社 2011 年 4 月版。

22.《柳亚子诗词选》，人民文学出版社 1959 年 12 月版。

23.《乾隆帝》，（美）欧立德著，社会科学文献出版社 2014 年 5 月版。

二、文论

1.《鲁迅与龚自珍》，邹进先，《文学评论》2004 年第 6 期。

2.《论龚自珍的理想人格》，彭平一、汪建华，《中国哲学史》2005 年第 4 期。

3.《龚自珍二三事》，黄裳，《读书》2004 年第 2 期。

4.《叛逆与复归——龚自珍文化心理裂变的轨迹及其动因浅析》，蔡世华，《江苏社会科学》1997年第5期。

5.《龚自珍的佛学思想》，孔繁，《世界宗教研究》1999年第3期。

6.《龚自珍轶事六则》，黄蔼北，《语文知识》2005年第1期。

7.《写作的焦虑：龚自珍艳情诗中的自注》，孙宜康，《北京大学学报》2006年第4期。

8.《龚自珍与常州学派》，陈鹏鸣，《江汉论坛》1996年第11期。

9.《选择的批判：梁启超论龚自珍》，杨焄，《中文自学指导》2007年第3期。

10.《兼得于亦剑亦箫之美者——论龚自珍的审美情趣与意象内涵》，吴调公，《文学评论》1984年第5期。

11.《龚自珍生平事迹及文学成就简论》，张强，《徐州师范大学学报》2010年第3期。

12.《龚自珍诗歌内容浅论》，黄丽娜，《文史博览》2010年第3期。

13.《龚自珍山水诗与准山水诗初探》，王英志，《文学遗产》2004年第4期。

14.《政论文学一百年——试论政论文学为新文学之起源》，沈永宝，《复旦学报社会科学版》2001年第6期。

15.《国民性改造思潮的最初发轫——龚自珍个性解放思想述评》，俞祖华，《中州学刊》2002年第5期。

16.《末世文人的悲怆与苍凉》，刘媛媛，《社会科学家》2007年增刊。

17.《浅谈近代美学思想与西方美学思想的融合——对龚自珍、梁启超、王国维的比较》，刘明明，《辽宁师专学报》2006年第6期。

18.《清代今文经学诸问题》，汤仁泽，《学术月刊》2002年第2期。

19.《浅谈龚自珍〈明良论〉中的吏治思想》，孙赫，《吉林师范大学学报》2005 年第 3 期。

20.《试论龚自珍的个性解放思想》，刘心坦，《福建教育学院学报》2002 年第 10 期。

21.《读樊著龚自珍考》，王元化，《读书》1993 年第 6 期。

22.《龚自珍、林则徐、魏源经世致用思想之比较》，伍君、王卫，《湖南农业大学学报》2007 年第 2 期。

23.《龚自珍〈病梅馆记〉写作时间与相关梅事考》，程杰，《江海学刊》2005 年第 6 期。

24.《龚自珍与 20 世纪的文学革命》，谈蓓芳，《复旦学报》2005 年第 3 期。

25.《龚自珍与晚清思想解放》，王俊义，《中国社会科学院研究生学报》2000 年第 4 期。

26.《龚自珍与王国维文脉承续一见》，彭玉平，《汕头大学学报》2009 年第 5 期。

27.《"人"的觉醒对传统文学原则的挑战》，王飚，《安徽师范大学学报》2002 年第 6 期。

28.《"将萎之花，惨于槁木"——试探龚自珍的社会批判思想》，黄开国，《四川师范大学学报》2009 年第 5 期。

29.《从考据到经世：嘉道之际的学术转向》，黄长义，《武汉大学学报》1999 年第 3 期。

30.《龚自珍经世思想学术渊源考论》，张昭军，《齐鲁学刊》2004 年第 4 期。

31.《龚自珍笔下的女性世界》，杨柏岭，《学术界》2006 年第 3 期。

32.《龚自珍社会改革思想研究》，陈鹏鸣，《求索》1997 年第 6 期。

跋

一定要读龚自珍

　　我说：一定要读龚自珍。并非是指一定要读这部龚自珍的传记，而是读龚自珍的诗文。

　　当然，你如果要走捷径，想用最短的时间了解龚自珍思想、艺术成就和生平形迹，这部传记可以毫无愧色地承担初识龚自珍的功用。但我奉劝读者永远也不要用辅助读物，取代阅读龚自珍诗文本身。

　　龚自珍是清代第一诗文大家。就如柳亚子说的："三百年来第一流。"如果仅仅从文学史角度来理解龚自珍的成就，那显然未能抓住龚自珍最具魅力的内核。过去，我对龚自珍的了解仅止于他的两首流行最广的诗，那就是："九州生气恃风雷，万马齐喑究可哀。我劝天公重抖擞，不拘一格降人才。"龚自珍研究专家陈铭先生说，在毛泽东著作引用的旧体诗词中，这一首唯一被整体引用。还有一首想必大多数人也耳熟能详："浩荡离愁白日斜，吟鞭东指即天涯。落红不是无情物，化作春泥更护花。"学界普遍认同的一种说法是，龚自珍是中国文学史上最后一位可与李白、杜甫、苏东坡等并列的旧体诗词大家。他的庄、骚兼容，儒、仙、侠杂糅而形成的"哀艳杂雄奇"的特有诗风、气质，迷倒了无数旧体诗词的写作者和爱好者。

如果对龚自珍的认识，仅止于此，龚自珍固然非常了不起，但他在历史上的不可取代性并没有真正体现出来。他让我们高山仰止的伟大之处，更在于他诗文中体现出来的对社会现实深刻的洞察力和犀利的批判力量，他在近代思想启蒙史上"但开风气不为师"的先导作用。研究了解中国近代思想史，龚自珍是绕不过去的一座山峰。从这方面说，龚自珍的思想史意义要大于文学史意义。梁启超曾说，初读龚自珍时"若受电然"。今天，我在读龚自珍时，同样有"若受电然"的感觉。在本传第一章"惊雷"中，笔者提纲挈领地展示了龚自珍思想的核心元素，这里毋庸赘述。

他的思想的载体，主要体现在那些讥切时政的政论文中，因此有人认为龚自珍开了中国近代史上政论文学的先河。我对"政论文学"的理解是，深刻的政论思想是通过文学性的表达来呈现的。"政论"而"文学"，将两者联姻，如同让坚硬的石头与柔弱的水交融。《病梅馆记》或可看作此类文本的代表作之一。鲁迅的杂文是否承续了他的文脉？有待专家研究。我曾对写时政评论颇有些不以为然，认为那些东西都是如同新闻一样的"易碎品"。过一段时间，想把那些文章汇集成书，都不免有些惶然羞赧。写时政评论需要快速反应，但它的生命也大多"快速消亡"。讥刺时弊的文字，理当与时弊共存亡。让我无比惊诧的是，龚自珍的此类文字，却能超越时政文章"易碎品"的宿命，而获得一种持久不衰的生命力。对此，能让我做出解释的理由无非有二：一是时弊，不是一时之弊，而成持久之弊，使得批评"弊病"之文，在与之对立中仍然具有存在价值；二是龚自珍在批判时弊中闪射的思想光芒，具有穿越人类生存时空的永恒力量。让后人学而时习之，总能获得新的启迪。

在《明良论二》开篇有这样一段文字："士皆知有耻，则国家永无耻矣；士不知耻，为国之大耻。"仅仅就为这寥寥数语，我便坚信，花四年时间为龚自珍写一部新的传记是值得的。

笔者第一次涉足此类带有学术色彩的历史名人传记写作，常感力有不逮。在写作过程中，曾得到诸多专家、学者、兄长的指点相助，在此一并谢过，就不一一列出大名了。

2015 年 8 月 19 日

第三辑已出版书目	21	《千古一相——管仲传》 张国擎 著
	22	《漠国明月——蔡文姬传》郑彦英 著
	23	《棠棣之殇——曹植传》 马泰泉 著
	24	《梦摘彩云——刘勰传》 缪俊杰 著
	25	《大医精诚——孙思邈传》罗先明 著
	26	《大唐鬼才——李贺传》 孟红梅 著
	27	《政坛大风——王安石传》毕宝魁 著
	28	《长歌正气——文天祥传》郭晓晔 著
	29	《糊涂百年——郑板桥传》忽培元 著
	30	《潜龙在渊——章太炎传》伍立杨 著
第四辑已出版书目	31	《兼爱者——墨子传》 陈为人 著
	32	《天道——荀子传》刘志轩 著
	33	《梦归田园——孟浩然传》曹远超 著
	34	《碧霄一鹤——刘禹锡传》程韬光 著
	35	《诗剑风流——杜牧传》 张锐强 著
	36	《锦瑟哀弦——李商隐传》董乃斌 著
	37	《忧乐天下——范仲淹传》周宗奇 著
	38	《通鉴载道——司马光传》江永红 著
	39	《琵琶情——高明传》 金三益 著
	40	《世范人师——蔡元培传》丁晓平 著

图书在版编目（CIP）数据

剑魂箫韵：龚自珍传 / 陈歆耕 著. -- 北京：作家出版社，2016. 1

（中国历史文化名人传丛书）

ISBN 978-7-5063-8599-2

Ⅰ．①剑… Ⅱ．①陈… Ⅲ．①龚自珍（1792～1841）- 传记 Ⅳ．①B251.5

中国版本图书馆CIP数据核字（2015）第292496号

剑魂箫韵——龚自珍传

作　　者：陈歆耕
责任编辑：邢宝丹
书籍设计：刘晓翔＋韩湛宁
责任印制：李卫东　李大庆
出版发行：作家出版社
社　　址：北京农展馆南里10号　　　　邮　　编：100125
电话传真：86-10-65930756（出版发行部）
　　　　　86-10-65004079（总编室）
　　　　　86-10-65015116（邮购部）
E-mail:zuojia@zuojia.net.cn
http://www.haozuojia.com（作家在线）
印　　刷：北京汇林印务有限公司
成品尺寸：152×230
字　　数：230千
印　　张：18.75
版　　次：2016年1月第1版
印　　次：2016年1月第1次印刷
ISBN 978-7-5063-8599-2
定　　价：35.00元